HISTOIRE

DES

ATELIERS NATIONAUX.

HISTOIRE

DES

ATELIERS NATIONAUX

CONSIDÉRÉS

sous le double point de vue politique et social ; des causes de leur formation
et de leur existence ;
et de l'influence qu'ils ont exercée sur les événements des quatre premiers
mois de la République, suivi de pièces justificatives.

PAR

ÉMILE THOMAS

PARIS

MICHEL LÉVY FRÈRES, LIBRAIRES-ÉDITEURS

de la Bibliothèque littéraire et de la Bibliothèque dramatique,
format in-18 anglais.

RUE VIVIENNE, 1.

1848

PRÉFACE.

J'éprouve une certaine répugnance à prendre la plume pour entretenir le public de faits, dont la plupart me sont personnels; aussi ai-je attendu bien longtemps, plus de deux mois, avant de pouvoir m'y décider. J'espérais que le temps, ce grand maître de toutes choses vaincrait bien des préventions, calmerait bien des haines, amortirait bien des vanités et qu'avec son aide, le bon sens public ferait justice des récriminations mal fondées et des imaginations absurdes.

Mais nous vivons à une époque où chaque événement, quelque grave qu'il puisse être, disparaît bientôt dans l'ombre projetée par un autre événement plus grave encore ; où chaque catastrophe politique ou sociale pâlit et s'efface dans la série accumulée des désastres, fruits amers semés par l'imprévoyance et l'aveuglement du dernier règne, et que la présomptueuse suffisance, que l'impéritie des premiers dictateurs de la République a fatalement fécondés et mûris, pour en livrer au pays la récolte funeste.

Et cependant, l'histoire du passé offre à l'avenir de sérieuses et d'utiles leçons ; la connaissance de la vérité importe à l'histoire, elle importe dès à présent au pays qui a le droit d'exiger qu'on l'éclaire sur la conduite des hommes auxquels des fonctions publiques furent confiées ; et quand ces hommes ont la conscience d'avoir rempli loyalement leur devoir, ils vont eux-mêmes au-devant de cette exigence ; ils contribuent de tous leurs efforts à ce que la lumière se fasse, d'autant plus que d'autres s'efforcent de l'obscurcir.

Ces considérations ont dû me déterminer à écrire ce que j'ai fait et ce que j'ai vu ; je l'écrirai sans fiel et sans crainte, sans préventions amies ni hostiles. Je ne veux pas plus me justifier, que je ne veux justifier ou attaquer les autres : je dirai donc mes erreurs et mes fautes, aussi bien que celles des hommes dont je parlerai.

Que parmi ces hommes, ceux qui ont eu le pouvoir aient été mes amis ou mes ennemis politiques, rien ne me sera plus facile que d'être impartial ; car si je n'ai plus rien à redouter des uns, les autres, grâce au Ciel, m'ont, à leur égard, dispensé, par leur conduite, de toute reconnaissance. Avant le 6 mars je ne connaissais encore aucun d'eux, depuis le 27 mai je ne connais plus aucun d'eux.

Je ne suis pas un républicain de la veille ; j'ai été franchement et ardemment un républicain du lendemain ; je le suis encore et le demeurerai, tant que la forme n'emportera pas le fond ; tant qu'on appellera républicain celui qu'anime un amour sincère de la grande famille qu'on nomme la

Patrie ; un désir passionné du bien, du juste et de l'honnête ; une répulsion profonde pour l'oppression , sous quelques traits qu'elle se manifeste ; une charité sans bornes pour ceux de nos frères qui souffrent , à quelque classe qu'ils appartiennent. Mais, hélas ! nous sommes bien loin de ces principes sacrés, et la république du *National* et de la *Réforme* ressemble bien plutôt au vieux Saturne qui dévore ses enfants, qu'à la nourrice féconde, dont le cœur est accessible à toute pitié, dont l'esprit accueille toute pensée généreuse, dont la force protége toute faiblesse.

Que le lecteur bienveillant me pardonne si je remonte un peu haut en abordant cette narration dont je suis le sujet ; mais puisque je vais commencer un récit où ce terrible pronom personnel doit revenir à chaque ligne, il faut bien que je tâche d'inspirer quelqu'indulgence pour l'auteur en disant d'où il vient, ce qu'il a été, ce qu'il est, ce qu'il veut être.

Je descends par mon père, d'une de ces

anciennes familles de bourgeoisie du Hainaut, de cette bourgeoisie qui n'a jamais oublié qu'elle sort du peuple et que la cause du
peuple est la sienne ; dont les nombreuses
générations, abritées par le même toit hé-
réditaire, ont vécu tour à tour à côté des
dominations étrangères, tantôt allemande,
tantôt espagnole, tantôt hollandaise, française enfin, lors de la première République,
sans avoir jamais forfait à l'honneur, au patriotisme, à l'indépendance surtout, et qui
libres, ont traversé les temps féodaux, en
demeurant unies et fidèles à leur origine,
en pratiquant la fraternité, fières d'être à
la fois les protectrices et les protégées du
peuple, leur source commune.

L'hérédité des professions était naturelle
dans ces familles patriarcales, où le maintien des corporations produisait de si mer-
veilleux résultats, parce que chaque membre, de quelque rang qu'il fût, en était
considéré comme un fils. Mes pères, ouvriers marbriers d'abord, furent successivement marchands, puis exploitants et

propriétaires' de carrières de marbre, en Belgique, en France et en Italie. Mon aïeul, Pierre Thomas, vint habiter Paris à l'époque où le Hainaut fut réuni à la République française ; il y fonda une maison, et ne quitta plus sa nouvelle patrie. Mon père y naquit et s'y maria à l'une des filles du chimiste Payen, ami des Monge, des Danton, des Berthollet ; aussi célèbre par sa science que par ses vertus austères, et assez chéri du peuple et des ouvriers pour que ceux-ci vinssent, à l'époque de l'affreuse détresse qui pesa sur la France, lui apporter un sac de farine, don patriotique, qu'ils avaient obtenu pour lui de la Convention. Ce nom déjà illustre, a d'ailleurs été rendu plus illustre encore par celui qui le porte aujourd'hui, et dont tous les efforts ont tendu à ce noble but de populariser la science et de la rendre familière aux ouvriers. Je veux parler du fils de mon grand-père maternel, de M. A. Payen, de l'Institut, professeur au Conservatoire des arts et métiers.

La ville de Paris a conservé la mémoire de mon père, Albert Thomas. Possesseur d'une belle fortune, il eût pu vivre dans le calme de la prospérité ; il préféra les ardeurs de la lutte industrielle , et doué d'une intelligence supérieure , il marcha courageusement dans la voie laborieuse du progrès. Il créa à Paris le système des entrepôts, du magasinage et des warrants publics ; il bâtit un quartier immense, et éleva de beaux et utiles édifices, là où naguère n'existaient que des cloaques impurs. Il consacra de longues veilles et de coûteux essais au problème résolu par lui, des réserves de grains ; et ses conseils, s'ils étaient suivis, rendraient la disette impossible en France. Magistrat municipal, il contribua puissamment à la prospérité du 5ᵉ arrondissement qu'il habitait. Administrateur intègre et désintéressé, il sacrifia sa propre fortune à celle des actionnaires des entreprises qu'il avait fondées, et à celle de sa ville natale. Il est mort pauvre, après avoir doté la ville de Paris de plus de deux cent mille francs de rente ; il est mort de fatigue et de chagrin, pour avoir lutté pendant quatre ans contre la faillite et l'avoir vaincue. Mais il a laissé à ses fils le plus bel héritage, celui que ne valent ni la gloire ni la fortune, l'héritage d'un nom pur, d'une mémoire vénérée.

Ma première éducation, ainsi que celle de mes frères, s'était, par la volonté de mon père, accomplie dans une école presque gratuite, qu'il voulut contribuer à fonder pour les enfants du peuple [1], et je dois dire qu'il m'est resté de cette époque de ma vie les meilleurs souvenirs ; loin qu'une démoralisation prématurée se manifestât dans cette école comme cela est si commun dans les colléges et dans d'autres institutions, l'innocence du premier âge s'y conservait dans toute sa candeur, et les bons exemples, les bons conseils, y étaient donnés, compris et suivis, et par les élèves et

---

[1] L'école Orthomatique, fondée dans le faubourg Saint-Martin, en 1829, par M. A. Lourmand, sous les auspices de la Société pour les méthodes d'enseignement, présidée par le vénérable Lasteyrie.

par les maîtres, dont la plupart déjà illus-
tres, s'étaient associés à cette œuvre toute
de charité et de dévouement.

Je dois à la mémoire de mon dernier
instituteur, M. Cournand, l'hommage d'une
profonde sympathie et de l'admiration
réelle, que lui ont portée tous ses élèves.
Je terminai, ainsi que mon second frère,
mes classes dans sa maison, et nous obtîn-
mes nos premiers grades dans les Facultés
des lettres et des sciences, lui à quinze ans
et demi, moi, plus âgé d'une année. Nous
entrâmes ensemble à l'École centrale des
arts et manufactures.

Porté vers les spéculations morales et
les sciences naturelles, l'aridité des ma-
thématiques élevées m'effraya, et je re-
nonçai, au bout d'un an et demi, à suivre
les cours de l'École ; j'embrassai dès lors
avec ardeur l'étude de la chimie industrielle sous les auspices de mon oncle,
M. Payen, au Conservatoire des arts et
métiers. Bientôt après, avec le concours
de MM. Dellisse et Boucard, dont l'affec-

tion et le dévouement ont fait pour moi de véritables frères, je fondai un cabinet d'ingénieurs chimistes, qui devint, à la mort de mon père, l'asile de ma famille. Notre réputation commençait même à grandir, la voie devenait tous les jours plus large et plus facile, et nos travaux nous procuraient, en même temps que des résultats avantageux, quelques jouissances scientifiques, et le bonheur d'une vie de famille, pleine d'union et de douceurs.

Lorsqu'éclata la révolution de février, je n'avais donc jamais tourné mes regards vers l'horizon politique ; seulement l'amour de la famille m'avait enseigné d'abord l'amour de la patrie, puis l'amour de l'humanité.

Si j'ai retracé trop longuement ces détails, peu intéressants pour le lecteur, j'espère qu'ils trouveront leur excuse dans cette considération sur laquelle je n'ai pas besoin d'insister ; c'est que la connaissance des antécédents d'un homme, fait mieux apprécier la ligne de conduite qu'il a suivie, et la marche des événements auxquels il lui a été donné de prendre part.

Avant d'entrer dans mon sujet, je sollicite encore une fois l'indulgence du public, en faveur de la franchise avec laquelle je parlerai, quelles que doivent être pour moi les conséquences d'une entière sincérité.

EMILE THOMAS.

Paris, 29 juillet 1848.

INTRODUCTION.

L'impression d'étonnement, qui frappa tous les esprits, lors du dénouement des journées de février, est encore présente à ma mémoire.

Trois motifs puissants de mécontentement contre le règne qui prenait fin, existaient dans tous les esprits : la tendance avouée d'une substitution des insignes royaux aux symboles de la nation ; la démoralisation profonde de l'administration ; la tyrannie d'une majorité factice, qui, grâce à la corruption électorale et aux principes mêmes de la loi de recensement des électeurs, ne représentait que la très-faible minorité de ceux-ci.

Un système de concessions successives, même peu importantes, eût sauvé la dynastie : mais l'obstination du roi à garder et son cabinet et le *statu quo,* irritait gravement le public.

Tout faisait donc présager, non pas une révolution, mais une rénovation politique de quelque portée. On voulait la réforme, on ne pensait pas à la république.

Rien ne justifie mieux cette assertion que l'attitude même de la garde nationale, qui provoqua l'explosion par son silence; je puis d'ailleurs sur ce point ajouter mon témoignage à celui de tant d'autres.

Le 24 février, à midi, je me joignis à la compagnie de grenadiers qui marchait en tête de la 6e légion et se dirigeait vers les Tuileries. Nous traversâmes dans la rue Meslay, la rue Sainte-Apolline et sur les boulevards jusqu'à la rue Neuve-Vivienne, de nombreuses barricades, mal construites, peu gardées. Les cris qui nous accueillaient, et que répétaient les hommes du peuple qui nous accompagnaient, au nombre de près de deux mille, étaient ceux-ci : *Vive la Réforme! A bas Guizot!* A la hauteur de la place de la Bourse, nous commençâmes à entendre la fusillade du Palais-Royal; elle nous surprit, car nous croyions tout terminé, et nous n'allions aux Tuileries que pour saluer de nos acclamations la chute du ministère, la dissolution de la chambre et la réforme électorale. Cependant, les figures, autour de nous, s'assombrissaient et devenaient inquiètes. Le peuple criait : *A bas Louis-Philippe! nous n'en voulons plus;* et sa voix semblait nous consulter. Nous gardions le silence, et ne répondîmes à ces cris, que lorsqu'arrivés à l'extrémité de la rue Richelieu, nous fûmes témoins de la lutte qui s'était engagée au poste du Château - d'Eau, que lorsque nous en contemplâmes les victimes. Cependant, même jusqu'à notre retour à la mairie du sixième arrondissement, vers trois heures, nous n'entendîmes pas une seule fois appeler par des acclamations, l'avénement de la République. Deux heures plus tard seulement nous sûmes qu'il en était question, et cette nouvelle surprit, effraya presque nos camarades. Il est certain que, le 24 février au soir, Paris ne comptait guère plus de dix mille républicains avoués.

Les premiers actes du Gouvernement provisoire

rassurèrent les esprits, sur lesquels une magnifique déclaration de la *Démocratie pacifique*, publiée le 24, à 7 heures du soir, avait produit le meilleur effet. Et le 25 février Paris entier était républicain, non pas par conviction, mais un peu par entraînement, parce que le mot sonne bien, et puis parce qu'avant tout on sentait la nécessité de l'ordre, et qu'en voyant l'attitude confiante et joyeuse du peuple après la victoire, le nom de M. Lamartine en tête de ceux du gouvernement, on respirait le calme après l'orage.

Si je m'en souviens bien, une des premières proclamations du Gouvernement provisoire contenait ces mots :

« Le sang du peuple a coulé comme en juillet ; » mais cette fois ce généreux sang ne sera pas » trompé.....

» Sous le gouvernement populaire que proclame » le Gouvernement provisoire, tout citoyen est ma » gistrat.....

» Le Gouvernement provisoire veut la *république*, » sauf ratification par le peuple, qui sera immé » diatement consulté...

» L'unité de la nation, formée désormais de » toutes les classes de citoyens qui la composent...

« Le gouvernement de la nation par elle-même.

« La liberté, l'égalité et la fraternité pour principes. »

Le peuple fut consulté ; mais était-ce bien le véritable peuple que ces deux ou trois mille hommes armés, pointant leurs canons sur l'Hôtel-de-Ville, qui *exigèrent* des membres du pouvoir, la proclamation immédiate de la République, qu'ils n'avaient pas le droit de proclamer ; qui exigèrent, et auraient obtenu le drapeau rouge, si l'accorder n'avait été trop de honte et trop de faiblesse ;

et si M. de Lamartine n'avait enfin compris que cette dernière concession, mettant le comble à la pression exercée sur le pouvoir, plaçait le pays entier, comme en 93, sous le régime de la *terreur !* — On a su beaucoup de gré à M. de Lamartine et à ses collègues, de leur fermeté dans cette circonstance. — Ils ont, ce jour-là, bien mérité de la France ; ajoutons pourtant qu'ils défendaient aussi leur tête. — Par exaltation et par faiblesse tout à la fois, ils n'avaient que trop fléchi devant les prétentions anarchiques d'un petit nombre d'exaltés ; un pas de plus, ils étaient débordés ; la république rouge, nous le savons tous maintenant, c'était la république sanglante, ils en auraient été les premières victimes.

Nous sommes tous républicains maintenant, et, pour ma part, je crois avoir donné assez de preuves, assez de témoignages à la cause démocratique pour qu'il me soit permis de juger les faits en dehors de tout préjugé de parti.

Or, voici quelle proclamation suivait, le 25 février, la première déclaration du Gouvernement provisoire qui, annonçait l'appel au peuple, l'exercice du seul droit qui lui fût légalement conféré.

RÉPUBLIQUE FRANÇAISE.

Liberté, Égalité, Fraternité

« AU NOM DU PEUPLE FRANÇAIS.

» Citoyens,

» La royauté, sous quelque forme que ce soit, » est abolie.

» Plus de légitimité, plus de bonapartisme, pas » de régence. »

» *Le Gouvernement provisoire a pris toutes les*

» *mesures nécessaires pour rendre impossible* le re-
» tour de l'ancienne dynastie, et l'avénement d'une
» dynastie nouvelle.
» La République est proclamée. »

Ce décret, constate naïvement une illégalité flagrante ; il reconnaît aux membres d'un comité *pro-*
visoire le droit monstrueux de prendre des mesures
pour rendre impossible, ce qui, n'était pas sans
doute, mais ce qui pouvait être, en définitive, le vœu
de la majorité de la nation.

Ce décret prouve jusqu'à l'évidence, ce que
chacun des événements dont le récit va prendre
place dans ce livre viendra confirmer.

C'est que, depuis le **25** février, nous avons été
gouvernés sous l'influence *de la peur* ; de la peur,
cette mauvaise conseillère qui paralyse toutes les
bonnes intentions, laisse passer toutes les imaginations pernicieuses, inflige à la majorité des honnêtes gens, le despotisme de la minorité mauvaise.

Telle est la république que nous avons eue ; et
c'est celle que j'aurais voulu ne pas avoir, précisément parce que je suis sincèrement républicain ; à
ce titre je veux le bien de tous par le concours de
tous ; je veux que le triple et divin symbole du Christianisme et de la République : LIBERTÉ, ÉGALITÉ, FRA-
TERNITÉ, soit fécondé au pouvoir par le triple caractère : *intégrité, loyauté, fermeté ;*

Reprenons l'histoire.

J'ai donc établi ce fait, que ce qui avait donné à
tous confiance et espoir dans la République naissante, c'était de voir à sa tête M. de Lamartine,
qui, la veille, n'était pas républicain ; à qui nous
connaissions tous un talent immense, une intelligence supérieure, une rare noblesse de sentiments ; de qui les qualités hors ligne nous faisaient
présager les institutions que peut créer un philo-

sophe, un poëte, un homme de bien indépendant et loyal.

Tout l'annonçait. —'Le 26 février, nous lisions ces mots sur les murs de Paris :

« Demain, l'agitation inquiète d'une partie souffrante de la population se calmera sous l'impression des travaux qui vont reprendre et des enrôlements soldés que le Gouvernement provisoire a décrétés aujourd'hui.

» Ce ne sont plus des semaines que nous demandons à la capitale et au peuple pour avoir réorganisé un pouvoir populaire et retrouvé le calme qui produit le travail. Encore deux jours, et la paix publique sera complètement rétablie ! encore deux jours, et la liberté sera inébranlablement assise ! encore deux jours, et le peuple aura son Gouvernement ! »

La résolution irrévocable du Gouvernement paraissait donc être de remplir le devoir borné mais glorieux auquel il était appelé ; de convoquer immédiatement l'Assemblée nationale, et de se refuser à toute destruction avant d'avoir édifié le seul pouvoir légalement législatif ; de rester inébranlable sur le seuil du provisoire, et de dire aux impatients : Nous n'avons qu'un seul droit, celui d'appeler le peuple à constituer sa souveraineté.

L'Assemblée nationale à son tour, continuatrice de ces nobles idées, ne devait-elle pas rédiger, promulguer la constitution, et se refuser à toute autre œuvre ?

C'était, il nous semble, la mission de l'Assemblée législative de porter le marteau et la truelle dans les flancs de l'édifice social, parce qu'alors la nation ayant déclaré sa volonté, le pouvoir suprême émanant d'elle, possédant toute sa force et toute sa légalité, l'anarchie était vaincue à jamais, et la rénovation politique et sociale s'accomplissait sans trouble si ce n'est sans efforts.

Mais nous avions trop compté sur notre héros, et nous ne connaissions alors ni toutes ses faiblesses, ni peut-être son ambition. — Peut-être aussi ne faisions-nous pas une part assez large aux influences, malheureuses de quelques-uns des hommes qui l'entouraient ; les uns, hommes de bien sans énergie ; les autres, intrigants sans capacité ; d'autres enfin, suffisants et gonflés d'un amour propre fatal, qui, pour s'éviter une honte, n'auraient pas reculé devant un crime.

Un homme, un ouvrier, je crois, doué d'une grande puissance morale, et d'une hardiesse incroyable, M. Marche, dictait le 25 février à M. Louis Blanc le décret que nous reproduisons ici ; ce décret, cause réelle des agitations de nos rues et des journées sanglantes de la fin de juin.

RÉPUBLIQUE FRANÇAISE.

Liberté, Égalité, Fraternité.

« Le Gouvernement provisoire de la République française s'engage à garantir l'existence de l'ouvrier par le travail ;

» Il s'engage à garantir du travail à tous les citoyens ;

» Il reconnaît que les ouvriers doivent s'associer entre eux pour jouir du bénéfice légitime de leur travail ;

» Le Gouvernement provisoire rend aux ouvriers, auxquels il appartient, le million qui va échoir de la liste civile. »

Garantir le travail à tous les citoyens ! Mais il fallait au préalable que l'autorité publique s'emparât de toutes les industries privées soit violemment, soit par une concurrence écrasante ; c'était la plus dangereuse des utopies, celle de l'*organisation du travail*. Et le Gouvernement provisoire, sur la proposition de M. Louis· Blanc, adoptait et promulguait ce décret, impossible à exécuter ; il se faisait ainsi législateur, la limite était franchie, le *provisoire* s'instituait *dictature !*

M. Louis Blanc voulait organiser le travail.

Ainsi que M. Marie me le raconta plus tard, dans une conversation que je rapporterai lorsque mon récit en sera arrivé à l'époque où elle eut lieu, M. Louis Blanc avait demandé, exigé de la façon la plus arrogante, au nom des ouvriers qui, prétendait-il, le réclamaient sur la place de l'Hôtel-de-Ville (avec des fusils), ainsi que dans la France entière, la création d'un *ministère du travail et du progrès,* et que ce ministère lui fût attribué. La majorité des membres du Gouvernement rejeta cette prétention dont elle sentait tout le danger ; mais elle tomba là encore dans une demi-mesure, et pour ne pas trop mécontenter M. Louis Blanc, qui menaçait d'en appeler au peuple, elle donna le décret suivant :

« Considérant que la révolution faite par le peuple, doit être faite pour lui ;

» Qu'il est temps de mettre un terme aux longues et iniques souffrances des travailleurs ;

» Que la question du travail est d'une importance suprême ;

» Qu'il n'en est pas de plus haute, de plus digne des préoccupations d'un gouvernement républicain ;

» Qu'il appartient surtout à la France d'étudier ardemment et de résoudre un problème posé aujourd'hui chez toutes les nations industrielles de l'Europe ;

» Qu'il faut aviser, sans le moindre retard, à garantir au peuple les fruits légitimes de son travail ;

» Le Gouvernement provisoire de la République arrête :

» Une commission permanente qui s'appellera *Commission du Gouvernement pour les travailleurs,* va être nommée avec mission expresse et spéciale de s'occuper de leur sort.

» Pour montrer quelle importance le Gouvernement provisoire de la République attache à la solution de ce grand problème, il nomme président de la *Commission du gouvernement pour les travailleurs* un de ses membres, M. Louis Blanc, et pour vice-président un autre de ses membres, M. Albert, ouvrier.

» Des ouvriers seront appelés à faire partie de la Commission.

» Le siége de la Commission sera au Palais du Luxembourg.

» ARMAND MARRAST, GARNIER-PAGÈS, ARAGO, ALBERT, MARIE, CRÉMIEUX, DUPONT (DE L'EURE), LOUIS BLANC, LEDRU-ROLLIN, FLOCON, LAMARTINE. »

Il est remarquable qu'ici, la signature de M. de Lamartine arrive la dernière. C'est que ce décret instituait la funeste expérience de l'organisation du travail. — C'est qu'en 1844, M. de Lamartine écrivait sur cette question brûlante, de magnifiques pages, qui, malheureusement, n'ont pas été assez lues ; c'est que M. de Lamartine, doué d'un grand génie et d'un grand courage, a fait aussi preuve d'une grande faiblesse ; c'est qu'il n'osait pas se séparer nettement de ce qu'il désapprouvait ; c'est qu'enfin M. de Lamartine non-seulement n'a pas osé faire tout le bien qu'il rêvait, mais encore n'a pas su s'opposer à tout le mal qu'on voulait faire.

Je ne saurais résister au désir de mettre sous les yeux de mes lecteurs, l'article tout entier dont je viens de parler ; en outre, qu'il juge admirablement la question, qu'il en prophétise pour ainsi dire les conséquences, il montre aussi combien, quelquefois, les actes d'un homme peuvent être en désaccord avec sa pensée.

OPINION DE M. DE LAMARTINE

sur la question de l'organisation du travail.

« Entendez-vous par organisation du travail ce *communisme* politique et savant qui consiste à s'emparer, au nom de l'Etat, de la propriété et de la souveraineté des industries et du travail ; à supprimer tout libre arbitre dans les citoyens qui possèdent, qui vendent, qui achètent, qui consomment ; à créer ou à distribuer arbitrairement les produits, à établir des *maximum*, à régler les salaires, à discipliner le travail ; en un mot, à substituer en tout l'*Etat*, propriétaire, industriel, aux citoyens dépossédés ? Nous concevons que des jeunes gens, à idées hardies et à caractère énergique, se laissent séduire quelques jours par cette illusion qui fait paraître grand ce qui est gigantesque, et fort ce qui n'est qu'audacieux. Ce système n'est autre chose que la *Convention appliquée au travail*, tranchant les fortunes au lieu de couper des têtes pour démocratiser le revenu. Ces jeunes théoriciens, frappés des difficultés et des inconvénients de la liberté des industries, la suppriment au lieu de la régler, ils rêvent le 18 *brumaire des travailleurs*. Ils ont le sentiment, on pourrait même dire, ils ont l'idée fixe du gou-

vernementalisme, ce sont les ultra-gouvernemen-
taux du temps. Ils veulent que le gouvernement,
pourvu qu'il soit démocratique, ose tout, fasse tout,
tienne tout. La tyrannie, qui leur paraît exécrable
en haut, leur paraît excellente en bas ; ils oublient
que l'arbitraire ne change pas de nature en se dé-
plaçant, et que si l'arbitraire des rois ou des aristo-
crates est insolent, l'arbitraire du peuple est odieux.
Nous ne nous étonnons que d'une chose, c'est que
ces *fermes penseurs* ne poussent pas leurs principes
d'ultra-gouvernement jusqu'à ses conséquences, et
qu'ils ne suppriment pas la faculté des discussions,
la liberté de penser et d'écrire.

» Ce serait logique, car puisqu'ils veulent que le
gouvernement démocratique possède, instruise, travaille, produise, vende et achète pour tous les citoyens, pourquoi ne le chargeraient-ils pas aussi de
parler, d'écrire et de penser pour tout le monde ?
L'unité serait plus complète, et la servitude mieux
assurée ! Nous venons de dire le mot, ce système serait la servitude. Voilà pourquoi il ne séduira pas
longtemps les âmes élevées et mâles qui le formu-
lent aujourd'hui. Ces jeunes hommes reculeront devant leur ouvrage, quand, au lieu de la liberté et de
l'organisation du travail, ils auront trouvé au fond
de la révolution et de la démocratie le monopole du
gouvernement, la dépossession des citoyens et la
servitude du travailleur. Une idée fausse peut séduire un moment leur esprit ; un système dégra-
dant ne séduira jamais leur cœur. C'est la propriété
qui, des esclaves de l'antiquité, et des serfs du
moyen-âge, a fait des citoyens. En rendant l'Etat
seul propriétaire, que feraient-ils ? Avec des citoyens, ils feraient en réalité des serfs et des esclaves
de l'Etat. L'Etat seul serait libre, les individus seraient tous prolétaires. Quel progrès ! Ce ne serait

pas là le triomphe, ce serait le vertige de la démocratie!

» Quant à l'organisation du travail par la fixation
des salaires, comme le salaire n'est lui-même fixé
que par le prix du produit, et que le prix du produit
dépend exclusivement de l'offre et de la demande,
aussi variables de leur nature que le besoin et le ca-
price du consommateur, à moins d'ordonner la con-
sommation par autorité, comment fixer le salaire
sans ruiner le producteur et sans tuer à l'instant le
travail? Il faudrait donc aussi fixer la valeur des éléments du travail, des denrées premières qui servent
aux manufactures, le cocon de soie, le brin de coton,
la laine du troupeau, la récolte du chanvre, de
l'indigo, du lin, du blé, de la vigne; commander
aux intempéries, gouverner les saisons, le ciel, la
terre, les lois de la population! Le taux des salaires
dépend de tout cela. Quelle main infaillible se char-
gera de faire tous les jours cette terrible équation
entre la faim de l'ouvrier, la circulation du numéraire, la demande du consommateur, les produits
des saisons? Celui-là seul cependant pourrait fixer le
prix des salaires et organiser le travail!

» Et d'ailleurs où s'arrêterait ce que vous appelez
travail, et par conséquent l'organisation du travail?
Eh qui donc ne travaille pas et n'aurait pas, selon
vous, le même droit de demander que la société
réglât, fixât, assurât le prix de son travail ou de son
salaire! Depuis le fonctionnaire jusqu'au manœuvre, la société n'est-elle pas une échelle non-inter-
rompue de travailleurs? Professions intellectuelles,
avocats, médecins, artistes, agriculteurs, écrivains,
vous! moi! qui donc ne travaille pas pour sa part de
salaire social? Faudrait-il assurer à l'avocat des causes, au médecin des malades, au laboureur des ré-
coltes, à l'artiste des acheteurs, à l'écrivain des lec-

teurs? Mais régler tous les travaux et tous les salaires de tout ce qui, à un titre ou à un autre, travaille pour un salaire incertain, ce serait régler la société tout entière, depuis le balayeur de vos rues jusqu'au ministre de vos autels; ce serait tarifer le monde !

» L'absurdité des conséquences prouve l'absurdité du principe. Il n'y a d'autre organisation du travail que sa liberté; il n'y a d'autre distribution des salaires que le travail lui-même, se rétribuant par ses œuvres et se faisant à lui-même une justice que vos systèmes arbitraires ne lui feraient pas; le libre arbitre du travail, dans le producteur, dans le consommateur, dans le salaire, dans l'ouvrier, est aussi sacré que le libre arbitre de la conscience dans l'homme. En touchant à l'une, on tue le mouvement; en touchant à l'autre, on tue la moralité. Les meilleurs gouvernements sont ceux qui n'y touchent pas. *Chaque fois qu'on y a touché, une catastrophe industrielle a frappé à la fois les gouvernements, les capitalistes et les ouvriers.* La loi qui les gouverne est invisible ; du moment qu'on l'écrit, elle disparaît sous la main.

» Cessons donc de chercher l'introuvable, cessons d'agiter ces idées vides devant les yeux et aux oreilles des masses ! Ces idées ne sont si sonores que parce qu'il n'y a rien dedans, si ce n'est du vent et des tempêtes. *Elles crèveront dans toutes les mains qui voudront les presser.* Ne donnez pas aux ouvriers ces espérances d'organisation forcée du travail, qui les trompent et qui leur font trouver plus cruelles les réalités contre lesquelles ils luttent, par le contraste avec les chimères que vous faites resplendir devant eux ! Ne faites pas semblant d'avoir un secret quand vous n'avez qu'un problème ; ne donnez pas la soif quand vous n'avez pas l'eau ; ne donnez pas la faim quand vous n'avez pas l'aliment.

» En résumé, nous voulons que la société reconnaisse le droit au travail pour les cas extrêmes et dans les conditions définies.

» Nous ne connaissons d'autre organisation possible du travail, dans un pays libre, que la liberté se rétribuant elle-même par la concurrence, par la capacité et par la moralité ! »

Ces lignes éloquentes, signées du nom de M. de Lamartine, ont paru, en 1844, dans le journal la *Presse*. Qui ne se sent ému et pénétré, en les parcourant, de la grandeur du génie qu'elles dévoilent ! N'est-ce pas là, à quelques détails près, la réfutation la plus positive, la plus irréfragable du dangereux système qui nous a coûté tant de larmes et tant de sang? N'est-ce pas la prophétie la plus claire, la mieux établie, qui tire ses déductions irrévocables de l'essence même des choses? Et comment, lorsque l'appréciation est aussi exacte, la conviction aussi profonde, l'homme supérieur d'où émanait un jugement presque divin, a-t-il pu céder à un entraînement que démentait sa conscience morale et intellectuelle? Ce sont-là de ces arcanes ténébreux que recèlent les faits accomplis et qui demeurent autant inexplicables qu'incompréhensibles. Tant de génie divin peut-il être associé à tant de faiblesse humaine !

A la suite du décret que nous venons de citer, MM. Louis Blanc et Albert s'emparèrent du Luxembourg, et y établirent le siége de la Commission des travailleurs. Cette Commission fut elle-même convoquée, et se composa successivement de sept cent cinquante délégués de toutes les professions. Chaque délégué devait être régulièrement élu par les ouvriers de sa partie, mais cette règle ne fut pas observée ; les délégués des menuisiers en bâtiment, par exemple, au nombre d'à peu près huit mille, à Paris, ne furent nommés que par environ six cents d'entre eux.

Les effets désastreux des conférences du Luxembourg ne se firent pas attendre longtemps, et bientôt (le 2 mars) parut un décret sollicité par la Commission, qui fixait à dix heures la durée de la journée de travail, fait qu'il importe de remarquer ; car, à dater de ce jour, les difficultés surgirent, et la ruine de l'industrie parisienne s'avança à grands pas.

Il ne nous appartient pas ici de discuter la convenance, l'opportunité surtout de semblables mesures; nous constatons seulement un fait qui doit nous servir de jalon dans l'étude des causes qui ont provoqué l'agglomération funeste d'hommes oisifs, appelée, comme par dérision : *Ateliers nationaux*.

Le décret qui instituait les Ateliers nationaux avait suivi de près la garantie du 25 février ; il était conçu en ces termes :

RÉPUBLIQUE FRANÇAISE.

Liberté, Egalité, Fraternité.

« Le Gouvernement provisoire décrète l'établissement immédiat d'Ateliers nationaux.

» Le ministre des Travaux publics est chargé de l'exécution du présent décret. »

Les membres du Gouvernement provisoire de la République.

Un second décret, émanant du ministre des Travaux publics, indiquait ainsi la manière d'obtenir le travail dont manquait en ce moment sept à huit mille ouvriers seulement.

REPUBLIQUE FRANÇAISE.

Liberté, Egalité, Fraternité.

AUX OUVRIERS.

« Ouvriers !

» Par décision en date de ce jour, 28 février 1848, le ministre des Travaux publics a ordonné que les travaux en cours d'exécution seraient immédiatement repris.

» A partir de mercredi, 1er mars, des travaux importants seront organisés sur divers points.

» Tous les travailleurs qui voudront y prendre part, devront s'adresser à l'un des maires de Paris, qui recevront leurs demandes et les dirigeront, sans retard, vers les chantiers. »

Or, quels étaient les travaux importants qu'on avait organisés ou qu'on organisa jusqu'au 6 mars ?

Dans les attributions du ministre des travaux publics, c'étaient :

Les travaux de nivellement de la place de l'Europe, dirigés par M. Baude, qui occupaient quinze cents ouvriers.

Des travaux de terrasse, exécutés au quai de la Gare, sous les ordres de M. Chanoine; ils employaient cinq à six cents hommes.

Le redressement et le nivellement de la route nationale passant par Courbevoie, où M. Onffroy de Bréville dirigeait sept à huit cents ouvriers.

Enfin quelques travaux insignifiants sur des routes départementales et nationales.

Le ministère de la guerre, de son côté, avait ouvert l'atelier du Champ de Mars, réglé et organisé par le génie, et qui, après avoir employé dans l'origine deux mille hommes à peu près, avait vu s'y accumuler, jusqu'au 18 mai, époque à laquelle ils rentrèrent dans la catégorie du bureau central, près de six mille hommes.

Voici comment s'opérait l'admission à ces divers Ateliers nationaux.

L'ouvrier se munissait d'abord d'un certificat de son propriétaire ou du logeur de son garni, constatant sa résidence à Paris ou dans le département de la Seine. Ce certificat était soumis au visa et au timbre du commissaire de police du quartier. Muni de cette pièce, l'ouvrier se rendait à la mairie de son arrondissement, où on lui délivrait, en échange, un bulletin d'admission aux Ateliers nationaux, lequel portait les indications du nom, du domicile et de la profession. Au moyen de ce bulletin, l'ouvrier était reçu par le directeur de l'atelier sur lequel le personnel pouvait être augmenté.

Tant que le nombre des travailleurs inoccupés n'atteignit pas le chiffre de six mille, tout alla bien ; mais, lorsque ce nombre fut dépassé, les ouvriers de chaque arrondissement, après avoir visité successivement et infructueusement chacun des ateliers ouverts, revenaient à leur mairie, harassés de fatigue, mourant de faim et mécontents.

On avait promis aux ouvriers du pain, à défaut de travail ; cela était rationnel et charitable ; mais on commit alors la faute énorme de leur donner, au lieu de secours en nature, si faciles à distribuer par l'action des bureaux de bienfaisance, de l'argent, et de leur distribuer cet argent aux mairies, à bureau ouvert.

Chaque mairie fut autorisée à délivrer à l'ouvrier

******

inemployé, et sur le vu d'un timbre constatant que nulle place n'existait aux ateliers ouverts, la somme de 1 fr. 50 c. par jour.

L'ouvrier, travaillant aux ateliers de terrassement recevait, lui, quelque fût son âge, la tâche accomplie et sa profession, la somme fixe de 2 francs.

Il faut rendre cette justice à M. Louis Blanc. qu'à cette époque l'égalité des salaires n'était pas inventée, puisque ceci se passait avant le 1er mars, et que, par conséquent, l'exemple précéda le précepte.

Il est vrai qu'une fois cette monstruosité admise, ils donnèrent le même travail de terrassement, au maçon comme au chapelier, au manœuvre comme au bijoutier. Il était impossible de rétribuer le travail à la tâche ; cela n'eût pas été juste, car le ter-rassier, ignorant et grossier, eût gagné trois francs par jour, près de l'ouvrier-artiste, fondeur, graveur, mécanicien, qui, tout au plus, aurait reçu le tiers de cette somme.

Nous verrons plus tard à quelles causes était due cette application inintelligente des secours.

Quoi qu'il en soit, l'ouvrier faisait ce calcul bien simple et le faisait tout haut : L'Etat me donne trente sous pour ne rien faire, il me paye quarante sous quand je travaille, donc je ne dois faire que pour dix sous d'ouvrage. C'était conséquent.

Aussi, et dès le 1er mars, la grève payée était autorisée, instituée, provoquée ; à côté de la garde mobile, cohorte prétorienne qu'on enrôlait à trente sous par jour, mais qui du moins avait un motif de création plausible, ne fut-ce que son institution en 1830, on créait un autre corps de lazzaroni officiels, payés de même trente sous par jour, parce que la République criait : *Égalité !*

A qui appartient l'idée de ce fatal encouragement à la paresse? Nul ne le sait; et la responsabilité scandaleuse doit en retomber sur le gouvernement tout entier, car nul arrêté n'en constate l'auteur; le fait existe, et voilà tout.

Les ateliers ouverts par le ministre des travaux publics étant fort éloignés les uns des autres, et les ouvriers ne pouvant les visiter tous tour à tour, pour s'assurer qu'on ne les y pouvait point recevoir, il fut institué deux bureaux de centralisation, l'un à la Halle-aux-Veaux, dirigé par M. Wissocq, l'autre près de la Mairie du cinquième arrondissement, rue de Bondy, confié à M. Higonnet. Je reviendrai tout à l'heure sur l'histoire de ce dernier.

Les ouvriers allaient donc faire viser leurs bulletins à l'un de ces bureaux, puis revenaient, le défaut d'ouvrage constaté, toucher leurs trente sous à leur mairie. Ce fait établit, et je tiens à le dire, que l'initiative de la centralisation ne m'appartient pas plus que celle de la paye à l'état d'inactivité; je repousse et je réprouve également ces deux institutions dangereuses, et ne réclame comme mien que l'établissement de cet ordre semi-militaire, de ces moyens d'influence morale, par lesquels, et pendant près de trois mois, j'ai pu parvenir à maintenir l'ordre dans Paris, dépourvu de tout moyen de compression, et à vaincre les suggestions perpétuelles de l'anarchie.

Dès le 26 février, je m'étais trouvé en relations suivies avec la promotion actuelle de l'Ecole centrale; ces jeunes gens, noblement jaloux de l'honneur que venaient d'acquérir les élèves de l'Ecole polytechnique, réclamaient instamment de leur directeur l'autorisation de reprendre un uniforme que leurs anciens avaient porté en 1830. J'avais été assez heureux pour leur donner quelque appui, en établissant parmi eux l'unité d'action dont ils manquaient ; et leur réclamation avait été écoutée : il en était résulté une mutuelle confiance et une amitié réciproque. Les élèves de l'Ecole centrale étaient animés de la louable ambition d'être, eux aussi, utiles à la chose publique, et je les avais aidés à formuler dans ce sens une requête au Gouvernement provisoire.

A cette époque, tout ce qui avait du cœur et de l'intelligence s'était rallié franchement au drapeau et aux principes républicains ; tous s'offraient à la cause de la patrie ; tous sollicitaient, dans la mesure de leurs forces et de leur capacité, l'honneur de servir gratuitement la République ; moi-même j'y avais aspiré. L'occasion s'en présenta bientôt.

Le bureau central, dirigé par M. Higonnet, était situé en face de ma demeure ; un des fils de M. Higonnet avait été à l'Ecole centrale ; cette considération l'amena naturellement à demander et à obtenir, pour l'aider à diriger les ouvriers, une vingtaine des élèves de troisième année, qui se joignirent à lui le 1er mars.

Le bureau central de la rue de Bondy ne comptait guère que huit à neuf cents ouvriers ; M. Higonnet les avait répartis en bricoles irrégulières de trente, quarante ou cinquante hommes, mettant un de nos jeunes gens à la tête de chacune de ces petites troupes. Mais, en moins de deux jours, le désordre le plus complet s'empara de cette organisation : les ouvriers, dirigés successivement de Chaillot à Saint-Mandé, de la barrière du Maine à Romainville, avec ou sans outils, ou pourvus d'indications vagues, revenaient exténués et irrités, sans avoir trouvé d'occupation. Dès cinq heures du matin, la rue de Bondy devenait le siége d'un rassemblement tumultueux, et, jusqu'au soir, le bureau et la mairie elle-même voyaient se produire dans leurs cours une émeute permanente. Un pareil état de choses ne pouvait durer. M. Higonnet perdait la tête et ne répondait à rien ; les élèves de l'Ecole ne savaient plus à quel saint se vouer, et, faute de mieux, avaient etabli un comité provisoire que présidait' un de leurs anciens camarades, M. Lemaire Teste, et dont les fonctions se bornaient à tâcher de calmer les ouvriers. Plusieurs d'entre les élèves m'étaient venus trouver, et s'étaient plaint vivement à moi de la position fausse et ridicule où ils se trouvaient placés.

Le jour même, 3 mars, j'allai voir un des anciens amis de mon père, M. Cauchois Lemaire, et je lui racontai les singulières scènes dont j'avais été le témoin. Si, lui disais-je, je connaissais le ministre des travaux publics, je crois bien que je pourrais lui donner un moyen de sortir d'embarras, et, par le concours des élèves de l'Ecole centrale, arriver à débarrasser les mairies qui doivent à peu près toutes se trouver, comme la nôtre, en état de siége, et occupées uniquement à maintenir les ouvriers. M. Cauchois-Lemaire m'avait promis de faire une démarche dans ce sens, lorsque arriva chez lui, en visite, une dame, madame Larive, belle-mère de M. Armand Coquet, chef du cabinet du ministre que je désirais voir. J'obtins, par son obligeante intercession, un mot de recommandation de son gendre pour M. Marie, et un rendez-vous pour le lendemain à sept heures du matin.

Ici se termine une introduction, bien longue peut-être, mais nécessaire pour comprendre, et l'origine, et les conséquences des événements dont j'ai entrepris de retracer l'histoire. Les Ateliers nationaux se rattachent étroitement, dans toutes leurs phases, à l'histoire politique des quatre mois qui viennent de s'écouler. J'ai été appelé par ma position à voir de

près bien des hommes et bien des choses; je veux
les faire connaître au public, tels que je les ai connus moi-même, non pas sous les impressions du
moment, mais sous celles plus impartiales et plus
exactes que laissent les souvenirs du passé.

HISTOIRE

DES

ATELIERS NATIONAUX.

La première date à laquelle se rattache l'histoire du bureau central des Ateliers nationaux est celle du vendredi 3 mars 1848.

La lettre d'introduction de M. Armand Coquet m'assignait, pour ce jour, à sept heures du matin, un rendez-vous avec le ministre des travaux publics ; cette lettre disait en substance, que je me proposais d'indiquer au ministre une organisation, au moyen de laquelle il pût parvenir à centraliser son action sur les ouvriers inoccupés, à les classer suivant leurs différentes professions, à les répartir enfin sur les divers services où il serait possible de les employer.

M. Marie me reçut presque affectueusement, et me pria de lui exposer en peu de mots mon projet. Je lui expliquai comment, en réalisant l'idée saint-simonienne d'organisation semi-militaire des ouvriers, j'espérais, avec le concours des élèves de l'École centrale, arriver à maintenir l'ordre parmi eux, en agissant surtout par des moyens d'influence morale, que la justice et la bienveillance rendraient faciles à acquérir dans un contact permanent avec eux.

Le ministre parut frappé de ce mode d'action, me remercia avec effusion, me serra la main, et me dit : Garnier-Pagès, le maire de Paris, va venir à neuf heures, passez dans le cabinet de M. Coquet, et écrivez, en attendant, l'énoncé du système sur lequel vous voulez vous baser.

Je me retirai pour exécuter ce petit travail, dont je ne reproduirai pas ici les termes, car ils ne donneraient que l'abrégé de l'œuvre que le surlendemain, je présentai dans son ensemble à l'Hôtel-de-Ville, où elle eut les honneurs d'une discussion complète que je rapporterai aussi exactement que mes notes et mes souvenirs me le rappelleront.

M. Coquet entra lorsque je venais de quitter la plume ; il était suivi d'un personnage, grand, légèrement voûté, grisonnant, à la physionomie bénigne et paterne, au regard atone.

— Permettez-moi, me dit le chef du cabinet, de vous présenter au secrétaire général du ministère, M. Boulage.

Je me levai et prononçai quelques mots de remerciement.

Je ne connaissais pas encore l'importance d'un secrétaire général, quelquefois plus ministre que le ministre lui-même.

— M. Garnier-Pagès doit être arrivé, murmura M. Boulage, avec un accent bourguignon prononcé ; passons chez le ministre.

Nous entrâmes. M. Marie était debout contre la cheminée, M. Garnier-Pagès assis, ou plutôt étendu sur un fauteuil, tenant ses genoux dans ses mains. La conversation était animée ; j'eus le temps d'examiner à mon aise les deux membres du gouvernement..

M. Garnier-Pagès est grand ; ses longs cheveux

gris flottent derrière sa tête. Il a le front découvert plutôt que haut, ses yeux ont quelque chose d'égaré, et sa physionomie respire l'exaltation ; son visage et ses habitudes de corps indiquent la plus grande satisfaction de lui-même, le plus profond respect pour ses propres opinions, la plus grande confiance en son infaillibilité.

J'éprouvai, à son égard , cette espèce de répulsion instinctive que m'avait déjà inspirée M. Boulage. Ce jugement antipathique ou sympathique qu'apporte le premier coup d'œil nous trompe rarement et nous devrions , le plus souvent, nous y fier. Mais l'homme, dans son orgueil, compte toujours plus sur sa raison, qu'il a formée lui-même, que sur l'instinct que la Providence lui a donné.

M. Marie , lui, me plaisait infiniment ; sa figure respire l'intelligence et la bonté, l'indulgence surtout ; ses traits sont loin d'être beaux et réguliers , mais ils possèdent un grand charme de franchise et de loyauté qui séduit tout d'abord.

La conversation , comme je viens de le dire , était fort animée ; on parlait , je crois , de la retraite annoncée du ministre des finances , l'honorable M. Goudchaux, devant des mesures financières qu'il jugeait ruineuses pour le pays , bien qu'elles fussent soutenues par le maire de Paris. M. Garnier-Pagès ne discutait pas, il tranchait et posait ses avis d'une voix stridente, en les entremêlant de sa locution adverbiale favorite : *Purement et simplement.* J'avais toujours cru, comme l'indiquait la clameur publique, que, des deux Garnier, Garnier-Pagès seul (le véritable Garnier-Pagès) était un homme d'un mérite immense et d'un talent incontestable, et que l'autre n'était sorti de la médiocrité qu'après la mort à jamais regrettable de son frère, et seulement à cause du nom qu'il portait et qu'il avait complété ; mais il paraît que je m'étais trompé , et que celui-là était aussi un grand homme, car le ministre des travaux publics l'écoutait avec une profonde déférence. Il est vrai que ceci pouvait tenir au caractère indécis, propre à M. Marie, et à son manque habituel de résolution et de ténacité : malheureux caractère , qui l'a empêché de faire tout le bien qu'il voulait , et de prévenir tout le mal qu'avec sa haute intelligence et sa droiture avérée, il distinguait souvent le premier ; qui pour jamais, a chargé la mémoire de sa carrière politique de ce lourd reproche de la stérilité des Ateliers nationaux ; malheureux caractère, qui rend parfois coupables des âmes généreuses, des cœurs intégres , des hommes de bien !

Si je mêle à mon sujet d'aussi longues digressions, c'est qu'il m'importe que ceux qui me liront avec quelque bienveillance, soient édifiés sur les principaux traits et sur la manière d'être de chacun des hommes avec lesquels, pendant trois mois, j'ai été en contact tous les jours; hommes qui, dans leurs mains, tenaient la destinée de la France. De cette appréciation sincère et loyale du passé peut naître quelque lumière pour l'avenir; quelques-uns de ces hommes sont encore au pouvoir, les autres peuvent y être appelés de nouveau. — Je reviens à ma conférence. Je développai devant M. Garnier-Pagès les mêmes considérations qui déjà m'avaient valu l'approbation de son collègue. Il daigna y ajouter son assentiment, et me proposa, comme lieu d'installation de la nouvelle administration, le Champ de Mars et l'École Militaire. A cela l'objection était toute simple; jamais le ministère de la guerre n'aurait consenti à livrer un point stratégique aussi important, à l'établissement de bureaux, qui, par leur nature même, eussent pu, à chaque instant, se trouver envahis par les ouvriers. Je fus donc autorisé à me mettre à la recherche d'un local plus convenable.

M. Marie enfin me présenta à son tour à son beau-frère, M. Boulage, qu'il chargea de discuter avec moi les questions de détails, et, avant que je me retirasse, il fut convenu que le surlendemain, dimanche 5 mars, on convoquerait, à l'Hôtel-de-Ville, les douze maires d'arrondissement, pour s'entendre définitivement en conseil sur l'adoption des mesures que je proposais.

Je suivis M. Boulage, à qui je demandai, comme commencement d'exécution, trois lettres : une pour l'administrateur provisoire des bâtiments de l'État, m'autorisant à faire les recherches dont je me trouvais chargé; la seconde pour les élèves de l'École centrale, exprimant à ces jeunes gens la reconnaissance du gouvernement de la République, l'acceptation de leurs offres de service, et les priant de se mettre à ma disposition pour accomplir les fonctions qu'on désignait à leur patriotisme ; la troisième enfin, écrite dans le même but au directeur de l'École centrale. Cette dernière lettre ne me fut remise que le surlendemain, à l'Hôtel-de-Ville; elle fut rédigée au nom de la mairie de Paris, par M. Mary, ingénieur en chef des ponts et chaussées, chargé du service des eaux de la ville, et professeur-administrateur à l'École centrale.

M. Boulage aborda ensuite une question fort délicate, qui me fit comprendre à quoi je devais attribuer l'excellente réception que je venais de recevoir. Il paraît que la veille, dans l'après-midi, l'un des adjoints au maire du cinquième arrondissement, accompagné de M. Higonnet, était arrivé au ministère, tout effaré, terrifié même; qu'il avait déclaré ne plus pouvoir tenir tête aux ouvriers ; que les réclamations montaient au diapazon de la menace; que la mairie était en danger, ne pouvait plus répondre de rien, et qu'enfin, et en tout cas, il fallait de l'argent sur l'heure. Des nouvelles analogues étaient arrivées de la mairie du huitième; on craignait à chaque instant que des troupes d'ouvriers, ne se dirigeassent sur le ministère; car, en désespoir de cause, les officiers municipaux auraient eu recours à cet expédient, pour écarter de leurs mairies, déjà encombrées par les enrôlements de la garde mobile, le flot populaire aux façons d'agir duquel ils étaient loin d'être encore accoutumés.

M. Higonnet, ajouta M. Boulage, est un homme des plus dangereux; son incapacité nous a mis dans une position, qui devient à chaque instant plus critique ; nous n'avons aucune confiance en lui; c'est un industriel que de fâcheux procès ont depuis longtemps compromis. Il nous a été imposé par M. Ledru-Rollin, avec lequel il est fort lié, d'abord comme inspecteur général des chemins de fer ; à ce titre, il est venu presque de force s'emparer des bureaux de la commission ; nous sommes parvenus, non sans peine, à nous en débarrasser en supprimant les fonctions qu'il remplissait; il nous est revenu par Garnier-Pagès qu'il tutoie, et avec les ouvriers sur lesquels il paraît exercer une grande influence. Nous serions fort contents d'adopter votre projet, qui nous semble devoir réussir mais je ne sais pas si nous le pourrons; car M. Higonnet est fort à craindre, et nous n'osons pas le déplacer, de peur de nous mettre les ouvriers sur les bras comme il paraît nous en menacer.

J'accueillis cette confidence avec toute l'attention qu'elle méritait; je cherchai à rassurer M. Boulage, lui promettant de prendre sur ce point des informations exactes, et je le quittai pour me mettre en course.

J'avais pensé d'abord aux écuries du Roule ; le régisseur de cet établissement, M. Deschamps, me le fit visiter dans tous ses détails avec infiniment d'obligeance, et me démontra l'impossibilité d'y amener des ouvriers, en raison de la quantité d'objets de haute valeur qui y étaient accumulés et qu'on ne pouvait déplacer ; toutes les voitures et les harnachements d'apparat qui ont servi aux cérémonies publiques, depuis l'empire jusqu'à nos jours, et dont quelques-unes ont, comme objets d'art, une valeur presque inestimable, remplissaient encore les remises.

Mais M. Deschamps. lorsque je lui eus expliqué la nature de l'administration que je voulais fonder, m'indiqua et me fit visiter avec lui, la succursale de Monceaux, où je trouvai avec satisfaction un immense manége, pour y faire les embrigadements à l'abri des intempéries de la saison ; des tribunes et des selleries qui pouvaient être facilement transformées en bureaux ; un pavillon enfin, fort dégradé, fort incommode, mais que des réparations sommaires et peu coûteuses pouvaient à la rigueur rendre encore habitable.

Je retournai au ministère, et fis part de ce résultat à M. Boulage qui en parut satisfait ; je lui dois cette justice de déclarer, qu'à dater de ce moment, et pendant les deux mois que M. Marie garda le portefeuille des travaux publics, il fut pour moi d'une obligeance extrême, et me montra la plus entière bienveillance et tous les dehors de l'intérêt le plus vif.

Aussi revins-je complètement de la prévention que j'avais conçue contre lui, et tombai-je dans l'excès contraire, en me livrant à lui avec la confiance la plus absolue.

Une question fort importante fut traitée dans cette conversation. La création de l'armée de travailleurs qu'il s'agissait de discipliner, reposait sur ce cadre d'officiers tout formés, et composé des élèves ou des anciens élèves de l'École centrale. —Tant que les brigades ou les compagnies devaient rester à l'état d'inactivité, ces officiers gardaient toutes les prérogatives du commandement. Lorsque, par la suite, et comme je l'espérais, on aurait trouvé le moyen d'appliquer les ouvriers aux travaux de leurs professions respectives, nos jeunes ingénieurs, se fussent encore trouvés, en restant à leur tête, dans leur spécialité industrielle, et au rang auquel les appelaient leurs études du génie civil. — Mais comme le plus pressé, et tout le monde était d'accord sur ce point, était de trouver d'abord du travail, quel qu'il fût, et que, pour cela, force était d'adopter les projets déjà élaborés du ressort des ingénieurs des ponts et chaussées, quelle devait être, dans ce cas, la position hiérarchique des ingénieurs civils ?

M. Boulage comptait leur attribuer à tous le grade de conducteurs, ou du moins les considérer comme tels, et, dans sa pensée, ils devaient regarder ce rang comme une faveur réelle.

J'étais loin de partager son avis, et je prévoyais là une source de graves dissentiments.

En effet, entre les ingénieurs civils et ceux des corps gouvernementaux, existe depuis longues années une rivalité presque haineuse, et qui se traduit en procédés hostiles et en reproches mutuels, souvent mérités de part et d'autre.

Mais avec cette différence pourtant, que les ingénieurs civils ne sont guère coupables que d'une certaine acrimonie et de préventions jalouses envers leurs adversaires ; tandis que ceux-ci, grâce à un préjugé de corps, et à des vues de privilége, abusent souvent de leur position presque magistrative, pour écarter des mémoires, préjudicier à des projets qui n'émanent pas de leur corps ; souvent même, et lorsqu'ils ont à effectuer la réception des travaux d'art au compte de l'État, pour nuire, sans la moindre nécessité, aux intérêts matériels des entrepreneurs, et à la réputation des ingénieurs civils.

Enfin, et tels sont les reproches les plus graves

qu'on peut leur adresser, reproches inhérents au monopole qu'ils exercent; on accuse les ingénieurs des
ponts et chaussées, de traiter leurs subordonnés, les
conducteurs, avec hauteur et dureté, comme s'ils
étaient pétris d'un autre limon que le leur, et cependant de leur laisser tout le soin des affaires; de travailler chèrement, parce qu'ils s'attachent plus à la
forme qu'à la solidité, et avec une lenteur et une mi-
nutie incroyables; et pour en finir avec cette série
d'incriminations, de manger à deux rateliers, c'est-à-
dire de percevoir d'une part les appointements que
leur donne l'État, tout en profitant de leur position
pour accaparer les travaux civils, au détriment de
leur confrères moins favorisés.

Hâtons-nous d'ajouter qu'il y a, dans le corps, de
nombreuses et honorables exceptions; pourtant l'esprit général, répond si bien à ces accusations, que le
corps entier est détesté, non-seulement par les entrepreneurs et les ingénieurs civils, mais encore par ses
subordonnés et même par les autres anciens élèves
de l'École polytechnique, officiers d'artillerie ou du
génie. Enfin, plus d'un exemple pourrait être cité,
semblable à celui qu'a donné l'illustre Polonceau, en
se séparant hautement et noblement de ses collègues,
et en donnant sa démission d'ingénieur en chef et de
membre du conseil général, pour ne pas participer à
des actes qui lui semblaient mesquins et indignes
d'hommes loyaux et réellement supérieurs.

Ces considérations, et d'autres encore, me firent
déclarer à M. Boulage que je ne pensais pas que mes
camarades, à quelque degré de leur carrière qu'ils
fussent parvenus, consentissent jamais à recevoir des
ordres des ingénieurs du corps; qu'ils connaissaient
trop bien le sort des conducteurs pour jamais accepter
de se placer dans des conditions semblables, rendues
trop humiliantes, et que moi-même je le leur décon-

seillerais ; que tout ce que je jugeais faisable, était,
lorsqu'il s'agirait d'exécuter des travaux de l'État, de
mettre à la disposition des ponts et chaussées le
nombre d'ouvriers embrigadés qu'ils désireraient, en
substituant à ce moment dans leurs cadres leurs conducteurs à nos élèves.

M. Boulage parut approuver ma manière de voir,
mais il me dit : Il y a là un service véritablement nécessaire à rendre au pays ; voyez les élèves actuels,
voyez vos anciens camarades, et tâchez d'obtenir de
leur bonne volonté un *mezzo termine*, qui nous permette d'agir ; tâchez de faire en sorte que, lorsque
nous serons en mesure d'agir, nous ne nous trouvions
pas arrêtés par des vétilles et des difficultés d'amour-
propre ; nous en aurons bien assez à vaincre, sans
celles-là ; il ne faut pas s'attendre à triompher rapidement des lenteurs des bureaux, des préjugés administratifs, et, je vous le dis en confidence, ajouta-t-il en
baissant la voix, des obstacles que font surgir devant
nous, nos ingénieurs eux-mêmes.

— Le croyez-vous ! — Ce ne sont pas toujours nos
bons amis, reprit-il en souriant, et si nous pouvions
employer les verges, elles nous seraient quelquefois
d'un bon secours, car ils ne se pressent jamais en
rien, si ce n'est pour trouver obstacle à tout.

— Au moins, dis-je, j'espère qu'ils comprendront
en cette circonstance l'appel fait à leur patriotisme.

— En tout cas, me répondit le secrétaire général, comptez sur moi comme sur un de vos meilleurs amis, et ne m'épargnez pas ; je vous soutiendrai
de tous mes efforts, pour vous aider à accomplir la
noble et dangereuse mission que vous avez acceptée.

En sortant du ministère, je rencontrai un de mes
camarades de promotion, Édouard Gonssolin, à qui
je proposai de prendre part à l'organisation que j'allais probablement établir ; il accepta. Je lui soumis en

même temps la difficulté que venait de soulever **M.** Boulage; il en comprit toute la portée, mais se montra fort hostile à toute espèce de concession. Il ajouta même que s'il s'agissait de se mettre aux ordres des ponts et chaussées, il en dissuaderait nos camarades. J'eus infiniment de peine à le persuader, et à l'amener à mes vues, et cela me fit mal augurer de l'avenir. Cependant, une dizaine d'élèves de troisième année, parmi lesquels se trouvaient Borda, Riot, Chappon et Jules Thévenet, vinrent me voir dans la soirée; c'étaient encore de tout jeunes gens; aussi leur répugnance n'entra-t-elle même pas en ligne de compte avec la joie que leur donnait l'espoir de se rendre utiles. Je réfléchis moi-même longuement à ce sujet; j'en conférai avec mon frère, avec mes associés, Dellisse et Boucard, qui s'empressèrent tous les trois de me donner leurs avis et leur concours en toutes choses, et j'arrêtai un *ultimatum* que je crus acceptable des deux côtés.

Le lendemain matin, 4 mars, je retournai chez le ministre; il m'accueillit un peu froidement, et me dit : Comment, voilà déjà des difficultés, nous ne pouvons donc plus compter sur vous? M. Boulage m'a dit que vos camarades se refusaient à tout contact avec nos ingénieurs; ce sont de singulières prétentions ! M. le ministre, répondis-je, je viens au contraire vous apporter une adhésion pleine et entière dont j'ai formulé les termes ainsi :

Toutes les fois que, sur des travaux qui se trouveront être du ressort du Conseil général des ponts et chaussées, les ouvriers devront être dirigés par les ingénieurs ou les conducteurs du corps, les élèves et anciens élèves de l'École centrale, faisant abnégation complète du titre que leur ont donné leurs études spéciales, ne se considèreront plus en aucune façon comme ingénieurs, mais bien comme officiers, commandant des brigades de travailleurs. Ils se trouveront, par conséquent, dans une position identique à celle qu'occupaient les officiers de l'armée de ligne, lorsque celle-ci fut employée, sous la direction du génie militaire, à la construction des fortifications de Paris; c'est-à-dire que, gardant sur les ouvriers toute l'influence que leur donnera un commandement habituel, ils useront de cette influence pour leur faire exécuter les ordres ou les indications des ingénieurs de l'État. En toute autre circonstance, ils reprendront, et leur rôle, et leur profession d'ingénieurs civils. C'est à cette condition que je puis formellement vous promettre le concours le plus dévoué et le plus désintéressé, non-seulement des élèves de troisième année de la promotion actuelle, mais encore de bon nombre de mes anciens camarades, dont la plupart possèdent une longue habitude, et de la direction des travaux, et de la conduite des ouvriers.

M. Marie adhéra lui-même à cette convention, et m'autorisa à le déclarer en son nom.

Le reste de la journée fut consacré par moi, à terminer l'étude du système d'embrigadement et à me préparer à la séance qui devait avoir lieu le lendemain à l'Hôtel-de-Ville.

Je dois faire remarquer, avant de continuer mon récit, que j'avais pris les plus scrupuleuses informations sur le degré d'influence que M. Higonnet, l'effroi du ministère des travaux publics, exerçait sur l'esprit des ouvriers, et qu'il en était résulté pour moi, comme pour M. Boulage, à qui j'avais fait part de mes renseignements à cet égard, la plus parfaite conviction de l'innocuité de ce personnage, sinon quant à ses intentions, du moins quant à la puissance qu'il prétendait exercer, et qui n'était, en définitive, rien moins que réelle.

Le dimanche 5 mars, avant la conférence de

l'Hôtel-de-Ville qui avait été fixée à une heure de l'après-midi, je devais me trouver encore une fois au ministère, en présence de MM. Marie et Garnier-Pagès. Je rencontrai dans le salon d'attente, M. Higonnet, ce qui me causa quelque surprise ; je fus plus étonné encore, lorsque l'huissier nous introduisit en même temps.

M. Marie l'interrogea d'abord sur l'opinion qu'il avait pu se former de la question des ouvriers. M. Higonnet répondit vaguement, ne précisa rien, mais se plaignit beaucoup, et du péril qu'il courait, et de la mauvaise volonté qu'il rencontrait de tous côtés ; il adressa quelques paroles très-familières à M. Garnier-Pagès, en le tutoyant effectivement comme me l'avait dit M. Boulage. Le maire de Paris qui n'en paraissait que médiocrement flatté, l'interrompit brusquement en me questionnant à mon tour. Lorsque je parlai des élèves de l'École centrale, M. Higonnet me dit : — Ils sont très-bons enfants, mais tout ça c'est trop jeune, et vous n'en ferez rien, il vous faut le conseil de vieux routiers comme moi ; soyez tranquille, nous travaillerons ensemble, et nous ferons quelque chose de bon. — Je répondis avec réserve à ces avances au moins singulières. — M. Higonnet me proposa ensuite de nous retrouver un peu plus tard pour nous rendre ensemble à l'Hôtel-de-Ville, — Je l'en remerciai et lui répondis que j'espérais l'y rencontrer. M. Marie me confirma dans cette pensée en m'apprenant qu'effectivement le conseil nous entendrait chacun à notre tour pour s'éclairer sur la meilleure marche à adopter, dans les circonstances difficiles où l'on se trouvait.

Deux heures après j'étais à l'Hôtel-de-Ville.

La séance était ouverte lorsque je fus introduit ; vingt-quatre personnes, à peu près, y prenaient part, sous la présidence du maire de Paris ; c'étaient d'une part, le maire-adjoint, M. Buchez ; M. Flottard, se-

crétaire général ; M. Barbier, chef du personnel ;
M. Trémisot, chef du service des eaux et du pavé de
Paris, depuis chef de la division de la grande voirie ;
les douze maires d'arrondissement. De l'autre, le ministre des travaux publics, et MM. les ingénieurs en
chef, Robin, du département de la Seine ; Mary, du service des eaux ; Prus, du pavé de la ville ; Michal, de
la navigation ; Baude et Onffroy de Bréville, des chemins de fer. L'assemblée était imposante ; cependant
elle ne me trouva pas aussi ému devant elle que je
l'eusse été, si l'on m'en avait nommé les membres qui,
presque tous, à cette époque, m'étaient inconnus,
avec lesquels pourtant je me trouvai successivement
en relation depuis, en raison même des fonctions que
j'occupais.

— MM. Higonnet et Wissocq, n'étant arrivés ni
l'un ni l'autre, dit M. Garnier-Pagès, nous allons entendre d'abord M. Emile Thomas, qui vient nous
proposer quelque chose de nouveau. Nous vous écou-
tons, Monsieur.

Voici, autant que je puis me le rappeler, en quels
termes je m'exprimai devant le conseil.

« Je ne connais pas exactement, Messieurs, les difficultés et les embarras de la position ; mais, autant
que j'ai pu le voir, il me semble qu'ils consistent
surtout dans l'impossibilité où la plupart des mairies
d'arrondissement se trouvent d'accomplir le nouveau
service des ouvriers, sans entraver les fonctions du
ressort municipal, déjà surchargé par les enrôlements
de la garde mobile ; l'extension des travaux des bureaux de bienfaisance ; le recensement et l'accroissement de la garde nationale, qui comprennent aussi
son armement et son équipement ; la confection des
listes électorales, et pour les élections générales, et
pour celles de la garde nationale ; enfin, par l'activité
démesurée donnée forcément à chacune des parties

du service, auquel le personnel de leurs bureaux, quoique presque doublé, peut à peine suffire.

» Il n'est pas douteux que si les municipalités pouvaient encore s'occuper de leurs administrés sous le nouveau point de vue dont il s'agit; que si l'unité d'action et d'organisation pouvait y être apportée, il ne faudrait par chercher mieux que l'autorité normale dont elles sont investies, et dont relève directement et naturellement chacun des citoyens qui composent la commune.

» Mais, malheureusement, Messieurs, il n'en est pas ainsi, et de graves abus, de terribles occasions de désordre et d'anarchie se produisent, en marchant dans la voie, qui, en temps ordinaire, serait préférable à toute autre. La plupart des ouvriers que vous recevez habitent des garnis, dont les maîtres, peu scrupuleux, leur accordent avec une déplorable facilité des certificats de logement anticipés, faux quelquefois. La journée des commissaires de police péut à peine suffire matériellement, à viser ces certificats, dont rien, dès lors, ne peut constater la validité. Vos employés qui les reçoivent ainsi n'ont sur eux aucun moyen de contrôle; de là naissent inévitablement de doubles et de triples inscriptions, et jusqu'à des inscriptions abusives que prennent des gens qui n'en ont aucun besoin, parce qu'ils savent maintenant que tous les ateliers ouverts regorgent de bras, et que le bulletin d'admission qu'ils obtiennent à leur mairie pour s'y rendre, ne les engage qu'à un visa illusoire, et vaut pour eux un contrat de rente de trente sous par jour qu'ils n'ont que la peine d'aller toucher à vos bureaux.

» D'un autre côté, les bons ouvriers s'irritent que la garantie du travail qui leur a été donnée, n'aboutisse qu'à un secours humiliant; tous vos ayant-droit s'impatientent et murmurent, parce que, pour tou--

cher ce secours, il leur faut encore attendre, à la pluie et au froid, pendant de longues heures, que leur tour soit venu ; l'autorité paternelle du magistrat est méconnue, parce qu'il lui est impossible de retenir par un contact permanent les esprits inquiets et turbulents ; tout moyen de compression ou de répression efficace lui manque devant un mécontement qui se traduit en menaces, quelquefois en voies de fait, et devient tous les jours plus dangereux.

» Je ne parle pas, enfin, de la confusion et du désordre que causent dans les cours, devant la façade et bien loin dans le voisinage des mairies, un rassemblement tumultueux d'ouvriers, qui commence au jour et ne se dissipe souvent qu'à la nuit, et dont l'effet le plus appréciable est d'empêcher toute circulation, d'anéantir presque l'action de chaque municipalité.

» Un pareil état de choses, Messieurs, ne peut durer plus longtemps sans danger pour la sécurité publique ; voici donc ce que je viens vous proposer pour atténuer autant que possible le mal, sinon pour le faire disparaître.

» Les moyens de compression manquent, il est vrai ; il n'y a pas, il n'y aura peut-être pas de longtemps à Paris, de corps militaire, pas de pouvoir physique pour arriver au maintien de l'ordre. Mais un des moyens les plus énergiques qui puissent arriver au même but, est à votre disposition, je veux parler de l'influence morale.

» Vous savez tous, Messieurs, combien le peuple aime les jeunes gens, les élèves des écoles surtout ; avec quelle facilité il se laisse guider par eux. Cela est naturel, rien ne ressemble plus que le peuple à un enfant. Accessible aux mauvaises inspirations, il est plus facilement accessible encore aux bonnes, aux généreuses pensées. Le germe de tout ce qu'il y a de beau, de noble, de grand, de vertueux, est dans son cœur, il ne faut que l'y développer. Il faut le suivre pas à pas, lui parler, le conseiller sans cesse, exciter son émulation, le contenir dans ses joies, le calmer dans ses haines, le consoler dans ses douleurs. Venir à lui sans défiance et sans armes, les bras ouverts, ne pas s'imposer à lui, mais lui faire accepter doucement une supériorité qu'il apprécie bien vite et qu'il chérit bientôt.

» Voilà, Messieurs, le rôle utile que j'ose espérer prendre, et que je veux faire partager à tous mes camarades de l'École centrale. Leur éducation les destine à conduire, dans les manufactures, dans les travaux d'art, les ouvriers qui en sont le principal élément; un grand nombre d'entre eux, même, furent élevés au sein de pareilles conditions; nos anciens camarades, ingénieurs civils, ont de plus une habitude pratique de semblables efforts.

» Je vous proposerai donc, Messieurs, d'établir dans un quartier assez éloigné des grands centres de population, pour qu'il n'ait rien à redouter de nos projets, une administration dont le but sera de centraliser l'action des douze mairies en ce qui concerne les ouvriers. Chacune des municipalités, à jour fixé d'avance, nous enverra les siens, munis de leurs bulletins, condition d'admission unique mais indispensable. En inscrivant leur nom, leur profession, leur demeure, nous leur remettrons un livret destiné aux différents contrôles que nous exercerons sur eux et auxquels ils ne pourront ainsi se soustraire. Nous les réunirons alors en brigades d'un nombre déterminé d'hommes; ces brigades en compagnies, dont chacune sera dirigée par un de nos jeunes camarades; un système de rayonnement basé sur ces principes, et reconnaissant la brigade comme unité, permettra à la paye, soit des secours, soit du salaire, de s'effectuer régulièrement, à des heures déterminées, sous l'influence d'une inspection salutaire, et moyennant l'émargement individuel de chaque ouvrier.

» D'autre part, M. le ministre des travaux publics, ainsi que la division des travaux publics de la ville, nous feront connaître, jour par jour, le nombre d'ouvriers de chaque profession pouvant être appliqués aux nouveaux chantiers ouverts, aux commandes faites par le gouvernement ; et, jour par jour également, nous dirigerons sur ces travaux, soit à Paris, soit dans les départements, les ouvriers qu'on nous y aura demandés ; nos jeunes gens les accompagneront encore. Pour les travaux du ressort du conseil général des ponts et chaussées, ils laisseront la direction de leur exécution aux ingénieurs du corps, et se contenteront de la modeste mais utile position d'officiers chargés du maintien de l'ordre et de l'observation du devoir ; pour ceux qui n'entreront pas dans cette catégorie, ils reprendront en même temps leur profession d'ingénieur.

» Enfin, les industriels, les fabricants, les entrepreneurs, qui auront besoin d'ouvriers, s'adresseront aussi à nous, et traiteront de gré à gré avec les ouvriers qu'ils recevront de nos mains, au lieu d'aller les chercher sur leurs rendez-vous de grève.

» En un mot, l'institution que je propose, est celle d'un bureau de placement gratuit et universel, qui, pour cette époque exceptionnelle, aura en même temps dans ses attributions, la centralisation du secours distribué par les mairies ; en tous cas, ce bureau classera sur ses registres les ouvriers par catégories de professions, et de fait les réunira suivant leurs arrondissements municipaux, afin d'éviter un contact et, par suite, une coalition d'ouvriers de la même profession entre eux, ce qui, pour certaines de ces professions, pourrait amener de graves inconvénients, sinon des dangers.

» En terminant, Messieurs, je ne dois pas vous dissimuler les craintes qu'une pareille organisation doit inspirer ; puissante pour le bien, elle peut l'être pour le mal ; car elle n'est pas très-différente dans sa forme de l'organisation par rayonnement des sections des sociétés secrètes. Si un travail suffisant ne vient pas chaque jour nous permettre de répartir sur différents chantiers la majeure partie des ouvriers oisifs, la direction en deviendra extrêmement pénible, sinon périlleuse, et des désordres incalculables pourront en résulter. Il sera d'ailleurs impossible d'empêcher, en pareil état de cause, l'existence des abus que j'ai eu l'honneur de vous signaler aujourd'hui. Mais avec du travail, tout sera pour le mieux ; les véritables ouvriers arriveront seuls vers nous, et la paye s'effectuant, même, jour par jour, sur le chantier, en présence de tous, les doubles emplois ne seront plus possibles. »

Le discours que je viens de reproduire fut accueilli par toute l'assemblée avec une bienveillance dont je fus presque honteux. M. Buchez s'avança vers moi, et me complimenta en des termes trop flatteurs pour que j'ose les répéter, mais dont il doit avoir gardé la mémoire. Je le remerciai avec effusion, comme je pourrais le remercier encore de m'avoir sans cesse soutenu, et par tous ses efforts, et par ses précieux et sages conseils dans la lutte de tous les instants qui pour moi commença de ce jour.

Je me retirai : MM. Higonnet et Wissocq furent entendus à leur tour ; bientôt on me rappela.

— Monsieur, me dit le président, votre projet est adopté, vous allez sur-le-champ vous mettre à l'œuvre ; dans combien de jours pouvez-vous commencer vos embrigadements ?

— Considérez, répondis-je, que tout est à faire : matériel à préparer, administration à fonder, employés à trouver. Il faut même que j'instruise mes camarades de mes intentions, et que je les mette au fait des détails qu'ils doivent connaître pour accomplir le mandat que vous leur décernez. Cependant je crois pouvoir répondre d'être prêt le 9 mars au matin, jeudi prochain, par conséquent.

Bien que tout préparer en trois jours fût presque impossible, MM. les maires trouvèrent encore le délai bien long, tant ils avaient hâte d'être débarrassés du lourd fardeau qui les oppressait.

On procéda sur-le-champ à un examen du nombre approximatif des ouvriers inoccupés (indépendamment des quatre à cinq mille déjà employés); le chiffre total se monta à dix-sept mille, sur lequel l'assemblée estima qu'un cinquième environ provenait d'inscriptions doubles. Personne ne fut d'avis que ce chiffre dût beaucoup s'accroître et on taxa d'exagération un des maires, celui du huitième, qui pensait devoir fournir à lui seul sept à huit mille ouvriers. (Qui aurait cru, à cette époque, que le chiffre, loin d'être excessif, n'atteignait que le tiers de la réalité! le huitième arrondissement a donné pour sa part, aux Ateliers nationaux, plus de vingt-deux mille hommes.)

Il fut convenu, dès lors, que la mairie du huitième, la plus encombrée, m'enverrait le 9, tous ses ouvriers, environ trois mille.

Que le septième viendrait le 10 avec douze cents hommes.

que le cinquième, le 11, en enverrait seize cents.

Quant aux autres, je devais également les prévenir, chacun trois jours à l'avance, de leur tour d'inscription.

Placé directement sous les ordres du ministre des travaux publics, je devais néanmoins, me tenir à la disposition du maire de Paris, et me mettre en correspondance avec chacun des maires d'arrondissement.

Je reçus des mains de M. Buchez, une réquisition à M. Marrast, directeur du séquestre de l'ancienne liste civile, pour qu'il mît à ma disposition la succursale des écuries d'Artois, sise dans les dépendances du parc de Monceaux, et je pris congé.

Ici je dois répondre sur-le-champ à une objection naturelle et probable : comment se fait-il qu'au lieu de penser à une telle organisation dont le danger, possible en certains cas, ne pouvait être méconnu, on n'ait pas pris le parti plus simple de distribution de secours à domicile ?

Parce que ce terrible, cet absurde décret du 25 février, de *la Garantie du travail à tous les citoyens*, avait force de loi, et qu'il ne faisait pas bon à cette époque, de manquer à une promesse faite au peuple de Paris, quelque légère, quelqu'inconsidérée, quelque fatale qu'elle fût.

Un mot encore : je sus plus tard, qu'en levant la séance, M. Garnier-Pagès s'écria lorsque je fus sorti : « Messieurs ! voilà un homme d'État qui se révèle ! »

Hélas, M. Garnier-Pagès, Dieu veuille que votre prophétie s'accomplisse, s'il voulait en même temps que cet homme d'État — ou un autre moins inhabile — pût réparer promptement tout le mal qu'on a fait au pays.

Je me rendis sur-le-champ à l'administration de la liste civile ; au bout de deux heures d'attente, je parvins à voir M. Marrast, qui n'est point facilement abordable. — Plus tard je dirai de lui, et quelles ont été mes impressions à son égard, et ce que j'ai pu juger et déduire de ses actes et de son attitude ; ce jour-là j'étais trop vivement préoccupé pour que son aspect me frappât; — j'obtins de lui, séance tenante, l'autorisation qui m'était nécessaire, et me retirai.

Je vis successivement, et dans la soirée même, des entrepreneurs de menuiserie, de charpente et de maçonnerie, que je pressai autant que possible, et je fis les diverses commandes que l'installation des bureaux rendaient indispensables, ainsi que celles des livrets et des différents insignes que je destinais aux divers grades. C'étaient, pour les chefs d'escouade, commandant dix hommes, un brassard de laine, bleu de ciel; pour les brigadiers qui réunissaient cinq escouades, le même brassard frangé de rouge; enfin, pour les élèves de l'École, des brassards de soie bleue avec des franges imitant l'argent ou l'or.

Le lendemain, je reçus communication de l'arrêté qui instituait le service; il était conçu en ces termes :

RÉPUBLIQUE FRANÇAISE.

Liberté, Égalité, Fraternité.

Le membre du Gouvernement provisoire, ministre des travaux publics,

Vu l'arrêté du Gouvernement provisoire, en date du 27 février dernier, qui ordonne l'établissement d'Ateliers nationaux,

Arrête ce qui suit :

Art. Ier. Il sera établi, à Paris, un bureau central, pour l'organisation des Ateliers nationaux du département de la Seine.

Ce bureau sera placé sous la direction de M. Émile Thomas, nommé à cet effet commissaire de la République.

Art. 2. Les travaux à exécuter dans l'intérieur de la ville sont exclusivement réservés aux ouvriers domiciliés dans le ressort des douze mairies. Les ouvriers résidant hors de la ville ne pourront être reçus que sur les ateliers ouverts dans la banlieue.

Art. 3. Les ouvriers domiciliés dans Paris ou dans la banlieue devront faire constater leur qualité et leur domicile par les maires de leurs communes.

Sur le vu des certificats délivrés par les maires, le directeur du bureau central fera procéder à l'embrigadement et au classement des ouvriers, pour les diriger successivement sur les lieux où il aura été possible d'établir des ateliers, et jusqu'à concurrence du nombre indiqué par les chefs de service.

Aucun ouvrier, non domicilié dans le département de la Seine, ne pourra être compris dans ce classement.

Art. 4. Lorsque les ateliers seront établis sur les voies de communication qui dépendent du ministère des travaux publics, les agents de tous grades préposés par le ministre ou par le directeur du bureau central, devront se conformer, dans l'exécution des travaux, aux instructions qui pourraient leur être données par MM. les ingénieurs.

Art. 5. Le directeur du bureau central fera publier, dans un délai de deux jours, un règlement pour l'exécution du présent arrêté. Ce règlement sera soumis au visa du ministre des travaux publics.

*Le ministre des travaux publics, membre du
Gouvernement provisoire,*

MARIE.

Paris, 6 mars 1848.

Comme on vient de le voir, l'arrêté sus-mentionné m'obligeait à donner, sous deux jours, un règlement général de l'administration que je fondais. A cet effet, je publiai plusieurs ordres du jour successifs, règlementant chacune des branches du service; mais, comme on le verra plus tard, et par des considérations que je développerai, le nombre des ouvriers augmentant sans cesse, il fallait à chaque instant inventer de nouveaux ressorts, et pour augmenter les moyens d'action que des causes étrangères affaiblissaient sans cesse, et pour simplifier la comptabilité.

En définitive, et vers le milieu du mois d'avril, c'est-à-dire quelques jours après la manifestation du 17, un règlement comprenant, résumant et amplifiant les précédents, fut soumis de nouveau à l'appréciation du ministre des travaux publics, publié et promulgué.

Disons d'abord, en peu de mots, quelle était l'organisation, non pas au commencement, mais telle qu'elle devint, lorsque le nombre des ouvriers fut assez considérable pour y donner lieu.

Onze hommes, appartenant au même arrondissement, formaient une *escouade*. L'*escouadier* était élu par les hommes de l'escouade par suite d'une décision spéciale dont je parlerai plus tard.

Cinq escouades composaient une *brigade*, non compris le *brigadier*, qui était aussi nommé par le suffrage direct des hommes de la brigade. Total, cinquante-six hommes.

Quatre brigades formaient une *lieutenance*, et étaient placées sous les ordres d'un *lieutenant*. Total : deux cent vingt-cinq hommes.

Quatre lieutenances composaient une *compagnie*, qui, avec le *chef de compagnie*, comprenait neuf cent un hommes.

Un *chef de service* avait trois chefs de compagnie sous ses ordres, et commandait ainsi à deux mille sept cent trois hommes.

Enfin, un *chef d'arrondissement* avait sous ses ordres un nombre de chefs de service proportionné à l'importance de l'arrondissement.

Quelques communes de la banlieue avaient été annexées, pour l'embrigadement, à divers arrondissements de Paris. Les autres communes formaient un 13e et un 14e arrondissement.

Comme on le pense bien, pendant le premier mois, l'organisation n'était pas aussi compliquée. Ainsi, la lieutenance n'existait pas; la compagnie ne comprenait que deux cent vingt-cinq hommes, et le service que neuf cents.

Quant au règlement dont je viens de parler, je vais le donner sur-le-champ dans tous ses détails, en faisant encore une fois remarquer que bon nombre d'articles n'y furent ajoutés qu'au fur et à mesure de l'expérience acquise ou des nouveaux besoins du service: et cela, parce que la lecture attentive de cette pièce, aidera singulièrement à l'intelligence des événements, en même temps qu'elle pourra abréger utilement mon récit en y évitant des répétitions oiseuses. Le voici :

RÉPUBLIQUE FRANÇAISE.

ATELIERS NATIONAUX.

Règlement pour l'embrigadement.

§ 1. L'embrigadement se fait pour les divers arrondissements dans l'ordre et à l'heure marquée par un ordre du jour envoyé aux Mairies.

§ 2. Il n'y a pas d'embrigadement les dimanches et les jours de fêtes nationales.

§ 3. Pour être embrigadé un travailleur doit :

1º Faire constater à sa Mairie qu'il est âgé de plus de seize ans, à moins qu'il ne soit orphelin de père, ou aîné de parents qui ont six enfants.

2º Se présenter lui-même, et seulement au jour et à l'heure indiqués pour son arrondissement, avec un bulletin portant son nom, sa profession, son adresse, le timbre de sa Mairie, et daté de la veille au moins du jour de l'embrigadement.

§ 4. Un travailleur qui sera de garde le jour d'admission de son arrondissement devra demander autorisation au chef de poste pour venir au bureau central.

§ 5. Un travailleur qui voudrait entrer dans une brigade formée antérieurement, devrait se présenter lui-même, au jour et à l'heure de son arrondissement, avec un mot du chef de cette brigade, indiquant son numéro, celui de sa compagnie et celui du service.

§ 6. Un travailleur qui aura perdu son livret devra se présenter au bureau des réclamations avec une attestation du chef de compagnie, pour en obtenir un nouveau, et alors il déposera 50 centimes.

§ 7. Les travailleurs entreront par brigades composées de cinquante-six hommes présents ; chaque brigade qui se présentera incomplète sera complétée par les derniers venus de la brigade suivante. Aucune brigade ne sortira incomplète du bureau de l'embrigadement, excepté la dernière.

§ 8. Les brigadiers et chefs d'escouade sont choisis d'avance par les travailleurs ; mais leur brigade ou escouade peut être prise pour compléter les cadres incomplets du même arrondissement. Leur nomination ne devient définitive qu'après l'embrigadement.

§ 9. Chaque jour, un lieutenant, envoyé par le chef

de l'arrondissement, viendra annoncer les numéros de service des compagnies, des brigades, auxquelles appartiendront les travailleurs nouvellement embrigadés, afin que ces numéros soient inscrits de suite sur les livrets. Les livrets porteront en outre les noms et adresses des chefs de service, de compagnie, des lieutenants, des brigadiers et chefs d'escouade.

Le Commissaire de la République,
Directeur des ateliers nationaux,

EMILE THOMAS.

RÉPUBLIQUE FRANÇAISE.

MINISTÈRE DES TRAVAUX PUBLICS.

ATELIERS NATIONAUX.

Règlement général des Travailleurs en activité ou en disponibilité.

Le Commissaire de la République, directeur des Ateliers nationaux, considérant que divers ordres du jour ont jusqu'ici règlementé les mesures adoptées pour l'administration de ces ateliers.

Qu'il importe de réunir dans un Réglement définitif les divers ordres du jour ci-dessus relatés ;

Arrête les dispositions ci-après, lesquelles ont été discutées en Conseil des chefs d'arrondissement, et présentées à l'assemblée des délégués des travailleurs des Ateliers nationaux, qui les ont adoptées dans leur entier.

Les salaires des brigadiers, chefs d'escouade et travailleurs sont fixés ainsi qu'il suit :

Jours de travail.

Brigadiers.   .   .   .   3 fr. » c. par jour.
Chefs d'escouade.   .   2 fr. 50 ».   id.
Travailleurs .   .   .   2 fr. » ».   id.

Jours d'inactivité.

Brigadiers.   .   .   .   3 fr. » c.   id.
Chefs d'escouade.   .   1 fr. 50 ».   id.
Travailleurs .   .   .   1 fr. » ».   id.

Les dimanches, le travail est suspendu, les brigadiers, chefs d'escouade et travailleurs ne reçoivent aucun salaire.

Tout individu embrigadé n'aura droit aux deux journées de travail qu'à partir du premier lundi qui suivra son embrigadement.

Tout chef d'escouade ou travailleur, commandé de garde tout autre jour que les dimanches ou jours fériés légaux, est considéré comme faisant un service d'ordre public, et il aura droit à la paye accordée les jours de travail actif, à charge de remettre à son chef de compagnie, dans les vingt-quatre heures, le billet qui le commande de garde, timbré du cachet de l'état-major de sa légion, lequel billet devra porter le prénom du travailleur. Passé vingt-quatre heures, le billet ne sera pas admis.

Le billet, remis comme il vient d'être dit, au chef de compagnie, sera transmis au directeur, par l'intermédiaire du chef de service, avec indication de l'arrondissement, du service, de la compagnie et de la brigade dont le travailleur fait partie.

Sont exceptées des dispositions ci-dessus les gardes hors de tour, et commandées à titre de punition.

Les lieutenants et les brigadiers sont exemptés du service de la garde nationale par le chef d'arrondissement, qui adressera une lettre au sergent-major qui les a convoqués.

La liste des hommes qui auraient reçu l'indemnité pour la garde sera remise tous les lundi et jeudi de chaque semaine, à une heure, au bureau de la sous-direction de M. Dellisse, avec le nom et l'adresse des hommes qui auront été convoqués.

Les hommes malades et alités, non admis dans les hôpitaux, reçoivent indistinctement une solde de 2 francs par jour, payée par les agents spéciaux du bureau médical, si leur état de santé a été préalablement constaté par un certificat de médecin, visé par le commissaire de police, et vérifié par un des médecins du bureau central.

Les hommes admis dans les hôpitaux ne seront pas payés, puisque l'État fait les frais des soins qui leur sont donnés ; s'ils sont mariés, leurs femmes et leurs enfants seront secourus à domicile.

La famille de tout travailleur admis à l'hospice, par suite de blessures reçues pendant le travail, reçoit la paye du malade à l'état d'inactivité.

Les jours où le temps sera reconnu trop mauvais pour la bonne exécution des travaux, le travail sera suspendu. Le chef d'arrondissement sera juge de la possibilité d'exécution du travail.

Tout ouvrier qui, venu sur le chantier à son tour de travail, se retirera sans l'autorisation du chef de service, sera considéré comme absent.

Dans le cas où il obtiendrait l'autorisation de s'absenter, il lui sera tenu compte, à l'heure de la paye, de 1⁄4, 1⁄2 ou 3⁄4 de journée, suivant l'heure à laquelle il quittera.

Pour simplifier la comptabilité et diminuer le nombre des pièces comptables, à partir de ce jour, les feuilles de rôle par escouade sont supprimées ; il sera établi de nouvelles feuilles de rôle par brigade, et conformément au modèle ci-après·

RÉPUBLIQUE FRANÇAISE.

FEUILLE DE ROLE.

Arrondissement. **Service.** **Compagnie.**

Journée du *Brigade.* **1848.**

Nº DES ESCOUADES.	Nº D'ORDRE.	NOMS, PRÉNOMS ET GRADES. Le brigadier doit mettre son nom et signer le premier.	SALAIRES A PAYER.	SOMMES PAYÉES.	AMENDES.	ÉMARGEMENT.	OBSERVATIONS. Indiquer les motifs de punition, d'absence, etc.

Pour les compagnies inactives, la paye sera faite dans un lieu déterminé par les chefs de service, et indiqué aux lieutenants, aux brigadiers et aux chefs d'escouade.

Elle commencera à trois heures et demié, et sera terminée à quatre heures et demie.

Les lieutenants sont responsables de la paye vis-à-vis de leurs chefs de compagnie. Cette paye sera faite, sous la surveillance du lieutenant, par les brigadiers, assistés d'un agent de paye.

La feuille de rôle porte les noms des cinquante-six hommes composant une brigade, y compris le brigadier et les chefs d'escouade. Cette feuille sera délivrée la veille au brigadier, qui devra, à l'avance, écrire son nom en tête de la feuille, et ensuite ceux de ses cinquante-cinq hommes.

Chaque homme devra toujours occuper le même numéro d'ordre sur la feuille de rôle.

Lorsque le chef de brigade payera un travailleur, il devra faire signer celui-ci dans la colonne de l'émargement, en regard de son nom. Tout homme, sur le refus de signer, ne sera pas payé. Si le travailleur ne sait pas signer, un homme de son escouade et le délégué certifieront, par leur signature, que le payement a été effectué en leur présence.

Le travailleur, en recevant sa solde, présentera son livret au brigadier, qui devra le parapher à la date du jour, et inscrire la somme payée.

Le lieutenant recevra du brigadier la feuille de rôle, et la remettra immédiatement après la paye à son chef de compagnie, pour que celui-ci puisse, à son tour, la remettre à son chef de service.

Amendes pour infractions au Réglement.

Tout chef de brigade, dont les feuilles de rôle ne

seraient pas dressées conformément au présent Règlement, sera passible d'une amende de 1 franc. — En cas d'irrégularités graves, il sera révoqué.

Tout travailleur qui, sans empêchement légitime, ne répondra pas aux appels, ne sera pas payé, à moins que son absence ne soit dûment justifiée dans la journée du lendemain.

Tout travailleur qui, sans empêchement légitime, aura manqué deux fois de suite à l'appel de la paye, sera rayé des cadres.

Un rapport journalier des amendes sera transmis par les chefs de service aux chefs d'arrondissement.

Tout brigadier, chef d'escouade ou travailleur, mis à l'amende trois fois dans une quinzaine, sera rayé des cadres

Les amendes sont infligées aux travailleurs par les chefs de compagnie sur les rapports des brigadiers et des lieutenants.

Le produit des amendes sera réparti tous les quinze jours entre les travailleurs de chaque brigade.

Dispositions spéciales aux Brigadiers et aux chefs d'escouade.

Tout chef élu par les travailleurs ne pourra quitter ses fonctions que dans un cas grave, apprécié par l'administration.

Il sera fait aux chefs d'escouade une retenue de 5 fr., dont le motif est indiqué ci-après, à l'article *Outils*.

Il sera fait aux brigadiers une retenue dont le montant accumulé formera un cautionnement de 15 fr. Ce chiffre atteint, il ne leur sera plus fait de retenue.

Bons de secours en nature.

Les bons de pain, de viande et de bouillon sont distribués au BUREAU DE SECOURS, *rue de Chartres*, 4, de 8 à 4 heures, tous les jours, aux pères de famille nécessiteux de chaque brigade dans la proportion suivante, et sur la présentation de la liste donnée par le délégué, vérifiée et visée par le chef de compagnie.

Pain.

Nombre d'enfants	kilogrammes.	
1	»	1/4
2	»	1/2
3		3/4
4	1	
5	1	1/4
6	1	1/2
7	1	3/4
8	2	
9	2	1/4
10	2	1/2

Viande et Bouillon.

1° Tout père de famille, malade et soigné à l'hospice n'est pas soldé ; sa femme et ses enfants recevront chaque jour des secours en pain, viande et bouillon.

2° Tout père de famille, malade et soigné chez lui, reçoit sa paye à l'état de travail, c'est-à-dire DEUX FRANCS ; les médicaments et les soins du médecin lui sont offerts *gratis*. Dans cette situation, il n'aura droit qu'à l'indemnité de pain, viande et bouillon accordée à tous les pères de famille nécessiteux.

Dispositions générales.

3° De six à dix enfants et au-dessus :
La distribution d'aliments aura lieu trois fois par semaine ;
De trois à cinq enfants : deux fois par semaine;
De un à deux enfants : une fois par semaine.

Bureau médical.

Un bureau est organisé, sous la direction de MM. les médecins en chef, Bujeon et Gaston Gaudinot, avenue Chateaubriand, 14, Cité Beaujon.

Les ouvriers des Ateliers nationaux seuls y sont admis :

1° Pour la consultation qui a lieu tous les jours, de 8 heures à 10 heures du matin ;

2° Pour les visites à domicile, le bureau médical est ouvert tous les jours, de 8 à 4 heures. On y reçoit les demandes des visites à domicile pour les malades alités ; ces visites sont faites par les médecins en chef et les médecins adjoints.

Consultations.

Tous les ouvriers malades sont admis à la consultation sur la présentation de leur livret. Ils y reçoivent 1° des conseils, des médicaments, et, en cas de plaies ou blessures, ils y sont pansés ; 2° des dispenses temporaires de travail leur sont accordées en cas de simple indisposition; ces dispenses ne pourront excéder le terme de dix jours.

Pour tout ouvrier qui se présentera à cette consultation et qui n'obtiendra qu'une prescription médicale, sans dispense de travail, l'apposition du cachet à la date du jour sur le livret, certifiera au brigadier que l'ouvrier s'est présenté à la consultation sans recevoir l'indemnité, et qu'il a droit à la paye de 1 franc.

Visites à Domicile.

Les ouvriers alités sont visités à domicile sur la demande transmise par leur chef de brigade ou délégué, et adressée au bureau médical ouvert de 8 heures à 4 heures. En cas d'urgence, les malades pourront s'adresser au médecin désigné par l'administration.

Douze médecins sont attachés au bureau médical; une liste des malades à voir à domicile leur est remise chaque matin. Ces malades reçoivent des soins immédiatement dans la journée. En cas d'urgence, les malades, comme il a été dit précédemment dans l'ordre du jour du 10 mai, peuvent appeler le médecin le plus proche qui recevra 2 fr. pour sa visite. Le malade fera prévenir en même-temps au bureau médical, afin que le médecin de l'administration puisse le visiter le lendemain.

Les femmes et les enfants des travailleurs auront également droit aux secours médicaux.

Les délégués recevront la liste des adresses des médecins dans les divers arrondissements.

Le réclamant en cas de simple indisposition , reçoit : 1° des conseils, des médicaments qui sont fournis par des pharmaciens désignés, et une dispense de quelques jours de travail à l'aide de laquelle il recevra la somme de 1 fr. 25 cent. par jour. Les ouvriers alités et chargés de famille auront seuls droit à la paye de 2 fr.

2º Dans les cas de maladies graves et devant fournir une période de plus de dix jours, les ouvriers seront tenus de se faire admettre dans un hospice ou de s'adresser aux médecins ordinaires des bureaux de bienfaisance.

Solde et Secours aux Malades.

1º Les ouvriers qui, à l'issue de la consultation, auront obtenu une dispense de travail, recevront, outre les secours de soins et de médicaments, une solde de 1 fr, 25 cent. par jour jusqu'à l'expiration de ce délai. Cette solde sera faite, au bureau médical, par le caissier qui apposera sa signature au-dessous du cachet du service médical. Il remettra seulement 25 cent. par chaque jour de dispense. La solde de 1 fr. sera remise au domicile par le délégué de la brigade;

2º Le bureau médical fera tenir chaque jour au malade alité la solde qui lui aura été allouée par le médecin.

Le médecin appelé chez l'ouvrier malade donnera, en cas d'urgence, des soins à la famille.

Ouvriers en Chantier.

Les chefs de compagnie, lieutenants, brigadiers, chefs d'escouade et travailleurs, doivent être réunis à 6 heures et demie au lieu du rendez-vous, d'où ils doivent partir pour le chantier.

Le chef d'arrondissement règlera l'heure de présence sur le chantier, suivant la distance que les travailleurs devront parcourir pour s'y rendre.

Les heures de repas sont fixées ainsi qu'il suit :

Repas du matin, 1 heure, de 9 heures à 10 heures.

Repas du soir, 1 heure, de 2 heures à 3 heures.

Le travail sera suspendu à 6 heures du soir.

Deux appels au moins se feront chaque jour par les chefs de compagnie. Tout inspecteur d'ordre, passant sur le chantier, pourra exiger du chef de compagnie, ou, en son absence, du lieutenant ou même des brigadiers, un appel supplémentaire.

Tout travailleur qui manquera à un appel, sera à l'amende de 25 cent. Le manquement à deux appels entraînera la perte de la paye du jour.

Tout travailleur qui ne paraîtra pas pendant deux jours sur son chantier sera rayé des cadres, s'il ne se trouve pas dans l'un des cas prévus par l'ordre du jour ci-dessus, réglant la paye.

Tout travailleur quittant momentanément le chantier, sans autorisation du chef ou du sous-chef de compagnie, sera mis à l'amende de 50 cent.

Les délégués ne pourront prendre d'informations auprès des travailleurs ni recevoir leurs réclamations pendant les heures du travail.

Les délégués centraux seront seuls admis au bureau de secours ; ils devront présenter les listes qui leur seront remises par les trois autres délégués.

Tout travailleur négligeant son travail, sur un rapport fait par le chef de compagnie, lieutenant ou inspecteur, sera mis à l'amende de 50 cent.

Tous les jeux sont interdits pendant les heures de travail. Les infractions à cet article entraîneront une amende de 50 cent.

Tout travailleur, chef d'escouade ou de brigade, refusant d'obéir à ses supérieurs, tout travailleur, etc., qu'on trouvera pris de vin sur un chantier perdra sa journée de paye. S'il y a récidive, il sera rayé des cadres.

Dans certaines circonstances graves, non prévues par le Règlement, le chef d'arrondissement a droit de suspendre de ses fonctions tout chef ou travailleur, jusqu'à décision de l'administration. Un rapport sur la mesure prise sera fait immédiatement au directeur.

Tout chef élu par les travailleurs ne peut être révoqué de ses fonctions qu'après examen de l'administration.

Tout travailleur doit porter sur lui son livret et le présenter à la première réquisition de l'un de ses chefs.

Les chefs d'escouade sont toujours à la disposition du brigadier et du délégué pour les aider dans leurs fonctions.

Tout brigadier ou chef d'escouade, privé de son grade sur le rapport de l'un de ses chefs, pourra réclamer par écrit auprès du directeur; mais, dans le cas où ses réclamations ne seraient pas jugées valables, il devra rentrer dans le cadre des simples travailleurs, et ne pourra pas être réélu.

Aucune mesure d'ordre, aucun marché, aucun payement ne sera valable que sur une autorisation écrite du directeur.

Outils.

Le magasin de tous les outils des Ateliers nationaux est situé rue de Chartres, 4.

Des magasins partiels seront établis sur les chantiers; les outils devront y être déposés chaque soir. Des gardiens spéciaux, désignés et nommés par le sous-directeur chargé du matériel, répondront des outils tout le temps qu'ils ne seront pas en œuvre.

Les brigadiers signeront, matin et soir, la feuille d'entrée et de sortie des outils.

Tous les outils seront marqués A. N. Cette marque sera posée sur les chantiers pour les outils déjà sortis, par les agents du matériel.

Aucun outil ne pourra sortir du magasin sans un

bon du chef de service auquel il sera destiné, visé par le sous-directeur chargé du matériel.

Aucun achat d'outil n'aura lieu sans un ordre écrit du sous-directeur; cet ordre restera entre les mains du marchand, et lui servira de titre pour être payé.

Aucun outil n'entrera en magasin que sur la présentation au garde-magasin d'un bon du sous-directeur.

Aucun outil ne pourra être mis en œuvre sans être préalablement entré en magasin et sorti régulièrement.

Les brigadiers sont responsables de tous les outils de leur brigade. La retenue de quinze francs qui leur est faite répondra des suites de cette responsabilité.

Le chef d'escouade est responsable vis-à-vis de son brigadier des outils de son escouade. La retenue de 5 francs sera également passible des suites de cette responsabilité.

Chaque travailleur est responsable près de son chef d'escouade de l'outil qui lui est confié.

Les outils brisés ou hors de service devront être rapportés au magasin, pour être remplacés par des outils en bon état et en nombre égal.

Le Commissaire de la République, Directeur
des Ateliers nationaux,

ÉMILE THOMAS.

Ainsi que je l'ai dit, les trois jours dont je pouvais disposer, du 6 au 9 mars, furent consacrés aux préparatifs nécessaires pour l'installation de la nouvelle administration à Monceaux.

Les travaux matériels étaient encore d'une certaine importance. Il fallait séparer, au moyen d'une haute palissade en planches, les jardins des cours, entre lesquels il n'existait qu'un simple treillage; des cloisons furent pratiquées dans les tribunes du manége pour les séparer en bureaux; on établit un corps-de-garde dans le couloir du rez-de-chaussée du même local; enfin, un magasin d'outils fut préparé dans la grande cour mitoyenne avec des pieux fichés en terre, qui supportaient des bâches goudronnées. Quant au pavillon, il était, pour ainsi dire, en ruines; et bien qu'il fût extrêmement incommode pour moi de venir tous les matins du boulevard Saint-Martin, où je demeure, jusqu'à Monceaux, je dus m'y résigner, car il ne fut pas possible d'habiter ce pavillon avant le 25 mars, bien que les réparations qu'on y fit, fussent tout à fait sommaires; qu'on se bornât, par exemple, à rejointoyer les parquets défoncés et pourris avec des voliges en sapin, à dissimuler les crevasses des murs ou les embrasures destinées autrefois à recevoir des glaces, en y posant des cadres entoilés, recouverts de papier commun.

Ces détails sont au moins inutiles, mais il faut bien que je les donne, car on m'a accusé d'avoir créé à Monceaux, une installation luxueuse, lorsque, loin de là, j'y étais à peine logé commodément.

En effet, le pavillon de Monceaux, bâti par Cambacérès, sans autre destination que celle de salle à manger d'un lieu de promenade, et beaucoup plus au point de vue architectural qu'à tout autre, ne se compose, au rez-de-chaussée, que de trois antichambres, d'un salon assez grand et de deux petites pièces rondes.

L'une des antichambres me servit de salle à manger; l'autre, de salle d'attente ou de réunion des employés; la troisième, de bureaux pour le secrétariat et l'impression autographique des ordres du jour.—Je couchai dans une des deux petites pièces, l'autre me servit de cabinet. Au premier se trouvait une pièce carrée, qui tint lieu de lingerie et de magasin de chemises provenant des Ateliers nationaux de femmes, et destinées à nos ouvriers ; puis une petite chambre à alcove, pourvue d'un cabinet de toilette, où ma mère se logea.

Enfin, le second étage ne se composait que de deux longues pièces mansardées et surbaissées ; on mit trois lits dans chaque, et elles servirent de dortoirs aux quatre sous-directeurs et aux jeunes gens que leur service pouvait attarder.

M. Demarest, chef de division à la liquidation de l'ancienne liste civile, m'avait remis un ordre pour le directeur du Garde-Meuble, M. Germain Delavigne, en qui je trouvai une rare bonne volonté, une complaisance et une activité qui me furent d'un grand secours[1].

J'obtins de cette administration un assez grand nombre de tables et de casiers en bois noirci, et de chaises foncées de paille pour les bureaux.

Quant à l'ameublement du pavillon, il fut tout des plus simples ; de vieux tapis et de vieilles tentures pour dissimuler les raccommodages des parquets et les replâtrages des murs ; des meubles fort antiques et fort peu élégants complétèrent cette installation, qui ne comprenait même pas une seule glace. Le transport des meubles, commencé vers le 20 mars, dans mon habitation, n'y fut terminé que vers les premiers jours de mai, ce qui ne laissa pas que de me gêner passablement.

Tel fut, en réalité, le faste qui m'entourait à Monceaux, et on voit qu'il y a loin de là, aux riches appartements de l'Hôtel-de-Ville, du Luxembourg et

---

[1] Je dois ici également donner le tribut d'éloges et de remerciements le plus sincère à M. Lagarde, régisseur du domaine de Monceaux, en qui j'ai trouvé la plus grande bienveillance et à qui j'ai dû les plus secourables indications.

des ministères ; loin de là, même, à mon simple et modeste appartement d'ingénieur, qui du moins n'exclut pas un certain comfort.

Je reviens à ma narration.

L'organisation financière de la nouvelle administration souffrait quelques difficultés. Je devais être considéré comme agissant par voie de régie ; et, dans ce cas, les règles administratives prescrivent de ne pas remettre à un régisseur plus de vingt mille francs à la fois, dont il doit justifier l'emploi avant de pouvoir toucher une seconde somme pareille. Or, et en ne calculant que sur le chiffre connu de dix-sept mille ouvriers, ma dépense pouvait arriver promptement à dépasser le chiffre de 20,000 fr. par jour, puisqu'il m'était ordonné de payer, à chaque ouvrier en non activité, 1 fr. 50 c. par jour ; à chaque ouvrier de profession quelconque, mais travaillant à la journée à des travaux de terrassement, 2 fr. par jour ; et, qu'enfin, chaque ouvrier travaillant à la tâche, dans sa profession, devait recevoir un salaire plus élevé.

Après en avoir longtemps conféré avec M. Boulage et M. Gauthier Dagoty, chef de la comptabilité au ministère des travaux publics, il fut convenu que je choisirais vingt-cinq de mes jeunes gens, à qui le titre de régisseur de travaux publics serait attribué, ce qui me mettrait à même de ne rendre compte que par somme de cinq cent mille francs touchés successivement.

Cet arrangement ne souffrait plus qu'un dernier obstacle. Il fallait obtenir du chef de la direction des travaux publics de la ville de Paris, la nomination de mes vingt-cinq régisseurs. J'allai trouver M. Mastrella, qui occupait cet emploi ; mais la règle administrative était d'une telle autorité près de ce personnage, qu'il n'y voulut jamais consentir. Il voulait que tout se passât dans les formes. Qu'en cas d'activité, les ouvriers fussent payés directement par les régisseurs des travaux classés , et aux époques fixées par les règlements, et qu'en cas d'inactivité, je reçusse directement de chaque mairie un subside proportionné au nombre d'ouvriers qu'elle m'aurait envoyé.

J'eus beau lui expliquer qu'il était impossible de payer par quinzaine des ouvriers dont la plupart n'avaient pas vingt-cinq centimes devant eux; que, d'autre part, jamais les municipalités, lorsqu'elles ne seraient plus talonnées par la présence des ouvriers et qu'elles n'auraient plus à les payer elles-mêmes, ne pourraient s'assujettir à réclamer exactement de la mairie centrale des allocations que contesterait sûrement le trésor, soit dans le fond, soit dans la forme ; et que cependant le moindre retard dans la paye de chaque jour deviendrait une source inévitable de désordres et de troubles; il n'en voulut jamais démordre, et, après une altercation assez vive, où je reprochai à ce fonctionnaire de n'avoir pas le moindre égard au danger de la position, je fus forcé de réclamer encore le secours bienveillant de M. Boulage.

Il en fut référé au ministre, qui s'en entendit en conseil avec son collègue des finances (M. Garnier-Pagès). Rien ne fut décidé en principe ; mais je fus autorisé provisoirement à toucher au trésor 20,000 fr. à mon nom, 20,000 à celui de M. Dellisse, et 20,000 à celui de M. Gonssolin, sommes qui, provisoirement aussi, durent être allouées sur le crédit des routes et ponts, par voie de virement de fonds. Je fus également autorisé à payer, par mes agents , les ouvriers en tous cas , sauf à régler ultérieurement les portions qui devaient en être supportées par la ville ou par les différents crédits du ministère.

Le 8 mars, dans la journée, je réunis au pavillon de Monceaux les élèves de deuxième année de l'École centrale; je leur communiquai le plan complet d'organisation de notre administration , et leur donnai tous les renseignements dont ils pouvaient avoir besoin pour commencer leur service; je les trouvai remplis de zèle et animés des meilleures et des plus courageuses intentions. Après leur avoir surtout bien fait comprendre que leur mission était de se mêler le plus possible aux ouvriers, de leur parler, de les éclairer, de leur communiquer, par des discours et des actes affectueux et sympathiques, l'amour de l'ordre et l'oubli de toute distinction de caste; de leur inspirer, en un mot, la fraternité qu'ils proclamaient, je leur donnai rendez-vous pour le lendemain matin, à six heures, au Manége.

Le soir, quelques anciens élèves, que j'avais convoqués, se rendirent à mon appel.

Il est bon de dire que cette convocation, faite par MM. Ed. Gonssolin et Victor Dellisse dans une réunion d'anciens élèves, formée pour arriver à la constitution d'une société d'ingénieurs civils, avait été vivement, si ce n'est déloyalement combattue par un de nos anciens camarades, répétiteur à l'École centrale, M. Faure. Plus tard, membre de la commission directoriale, M. Faure sollicita, au contraire, les mêmes hommes de demeurer sous la direction d'un ingénieur des ponts et chaussées, appelé à me succéder; lui dont le principal argument pour les empêcher de se joindre à moi, portait sur l'*humiliation*, disait-il, de se mettre aux ordres du corps des ponts et chaussées, de s'assimiler à des conducteurs!

Serait-il vrai qu'on a plus à redouter de *l'émulation* de ses pairs, que de la haine de ses ennemis?

Quoi qu'il en soit, bon nombre de mes anciens camarades ne tinrent pas compte de cet avertissement officieux, et je dois citer parmi les premiers que je vis, MM. Vincent, Humblot, Labouverie, Chabrier, Taguel, Desmazures, Pecquet, Mariotte, Lemaire, Rognon, Ebray, Mitchell, Langlois, etc. Ces Messieurs acceptèrent le concours que je leur proposais, et se mirent à ma disposition; je les convoquai également pour le lendemain. Je ne parle ici ni de mes associés, MM. Dellisse et Boucard, ni de M. Gonssolin, ni de mon frère, Pierre Thomas; j'ai dû trop à leur dévouement, à leur énergie, à leur intelligence pour les oublier un instant; mais ils me secondèrent de tous leurs efforts dès le premier jour, et je les ai déjà nommés.

Le lendemain, 9 mars, tout le monde était à son poste, à six heures et demie; M. Dellisse, aidé par MM. Borda et Jules Thévenet, se mit à l'embrigadement, et nous formâmes en brigades près de trois mille hommes du huitième arrondissement. Le zèle de nos jeunes gens était admirable; à peine initiés à ce service, ils en acceptèrent tous les embarras; plusieurs d'entre eux, même, servirent de brigadiers provisoires, afin de mettre tout au courant. Je dois, parmi ceux-là, citer surtout M. Riot, cœur d'élite, noble jeune homme dont le patriotisme, l'activité, l'énergie n'ont faibli devant aucune épreuve.

Je tenais beaucoup, au moins pour les premiers jours, à assigner à chaque compagnie un poste de travail, afin que dans nos rangs, encouragés par l'oisiveté, ne fussent pas appelés ces hommes, prêts à profiter de tout gain, quelque illicite, quelque honteux qu'il soit.

Dans la séance de l'Hôtel-de-Ville, rien n'avait été décidé à cet égard. Il avait été seulement convenu, que, par une circulaire, le ministre mettrait en demeure tous les ingénieurs du corps de lui fournir immédiatement les projets le plus rapidement exécutables; que tous les soirs, vers cinq heures, j'irais recueillir dans le cabinet de M. Boulage les instructions nécessaires pour diriger tel ou tel nombre d'ouvriers dans le service de tel ou tel ingénieur.

Mais ni le 7, ni le 8, il n'était arrivé de travaux.

J'eus recours à l'obligeance de M. Trémisot, chef du bureau du pavé de Paris, et lui soumis mon embarras.

Peu d'hommes, à mon sens, réunissent autant de qualités que M. Trémisot : droiture, fermeté, indépendance, bienveillance parfaite, telles sont les moindres prérogative de cette nature d'élite, que relèvent des facultés hors ligne, et une capacité des plus remarquables.

M. Trémisot m'autorisa à faire arracher sur les boulevards intérieurs et extérieurs, les tronçons des arbres abattus en février, et à replanter à leur place, des élèves que je pouvais me procurer, soit aux pépinières nationales, soit en les achetant à des pépiniéristes suivant des conditions indiquées par lui.

J'avais obtenu du ministère de la guerre la permission de retirer des différents forts qui entourent Paris les quantités d'outils, pelles rondes, pioches, serpes, haches, brouettes et camions à bras, qui pouvaient m'être nécessaires, afin d'en épargner l'achat, que, d'après l'expérience de M. Higonnet, je savais être fort dispendieux. Je m'étais entendu, à cet effet, avec le colonel Moreau, directeur des fortifications de Paris, homme de la plus haute distinction, et que j'avais trouvé pour moi d'une extrême obligeance.

J'avais d'abord fait venir, par des charrettes louées pour cet usage, les premières centaines d'outils dont j'avais besoin. Mais, et puisque les travaux de plantation et de désouchement des boulevards ne pouvaient occuper au plus que trois ou quatre cents hommes à la fois, il avait été décidé avec M. Boulage, et de l'aveu du ministre, que plutôt que de laisser dans l'oisiveté nos premières brigades, et en attendant qu'on trouvât des travaux sérieux, j'emploierais les hommes embrigadés à aller, soit aux forts, chercher des outils, soit aux pépinières, chercher des arbres.

Il était évident qu'un tel système de transport était

à la fois absurde et ruineux ; mais qu'importait la dépense de quelques centaines de francs, devant cet effroyable exemple d'un subside donné à des hommes oisifs!

Nos premières compagnies, commandées par MM. Cohen et Auguste Lemaire, qui, bientôt après, pour cause de santé, fut remplacé par M. Godin, furent donc dirigées sur les boulevards ; les autres, sous la conduite de MM. Séveste, Cournot, Riot, et d'autres élèves dont les noms m'échappent, se rendirent à Aubervilliers, au fort de l'Est, à celui de Romainville, au Mont-Valérien pour y chercher des outils ; à Ville-d'Avray pour en rapporter des arbres.

Dans l'origine, et comme je ne devais pas supposer que le nombre des compagnies de deux cent vingt-cinq hommes dût se monter à plus de soixante-dix à quatre-vingts ; que, par conséquent, chaque élève de l'École centrale, n'ayant à commander que quatre brigades ou vingt escouades, il pouvait facilement les surveiller scrupuleusement ; que d'ailleurs, ce qu'il importait le plus de réaliser, était de disséminer les ouvriers et de ne jamais, en cas de non activité, les réunir plus de dix à la fois pour l'ordre ou pour la paye, les rendez-vous rayonnaient jusqu'à l'escouade, et les feuilles de rôle ne se composaient que de onze noms ; seulement le chef de compagnie devait alternativement assister à la paye de chaque escouade et les contrôler toutes, afin qu'il ne se commît pas de fraude ; aussi, indépendamment d'instructions imprimées, distribuées dans chaque escouade, et que je ne crois pas nécessaire de reproduire ici, puisqu'elles ne faisaient qu'expliquer aux ouvriers la pensée fondamentale de l'organisation que j'ai développée plus haut tout au long, aussi, dis-je, publiai-je dès le premier jour, les quatre ordres suivants :

RÉPUBLIQUE FRANÇAISE.

ATELIERS NATIONAUX.

ORDRE DU JOUR

Pour les compagnies en disponibilité.

Dans le plus bref délai les adresses des chefs d'escouade seront inscrites sur les livrets des ouvriers de leur escouade;

Celles des brigadiers sur les livrets de leurs chefs d'escouade.

Celles des chefs de compagnie sur les carnets de leurs brigadiers.

Les rendez-vous des chefs d'escouade et de brigade avec leurs subordonnés seront, autant que possible, donnés à leur domicile.

RENDEZ-VOUS DES CHEFS DE SERVICE.

Dans le cabinet du directeur.

À 11 heures pour la paye,
À 4 heures et demie pour l'ordre du lendemain.

CHEFS DE COMPAGNIE.

Dans leur bureau.

À 12 heures pour la paye.
À 5 heures pour l'ordre.

CHEFS DE BRIGADE.

À leur point de réunion.

À 1 heure pour la paye,
À 7 heures pour l'ordre.

CHEFS D'ESCOUADE.

Chez leur chef de brigade.

A 2 heures pour la paye,
A 8 heures pour l'ordre.

OUVRIERS.

Chez les chefs d'escouade.

A 3 heures et demie du soir pour la paye.
A 6 heures et demie du matin pour l'ordre.

Le Directeur,

ÉMILE THOMAS.

ORDRE DU JOUR.

Système de payement.

Le chef de compagnie reçoit tous les jours, à midi, 20 feuilles de rôle et l'argent de la paye du jour que lui donne son chef de service.

A une heure, il remet à chacun de ses chefs de brigade cinq feuilles de rôle et l'argent pour cinq escouades.

A deux heures, chaque chef de brigade remet une feuille de rôle et l'argent à chaque chef d'escouade.

Le chef d'escouade, à trois heures, ayant réuni ses hommes, inscrit son nom en tête de la feuille, les noms de ses dix hommes à la suite, les fait signer en regard de leur nom et les paye.

Toutes les feuilles sont alors remises successivement par les chefs d'escouade aux brigadiers, par les brigadiers, aux chefs de compagnie, avec leurs différents visa.

Le Directeur du bureau central,
Commissaire de la République,

ÉMILE THOMAS.

ORDRE DU JOUR.

Concernant les brigadiers.

Les brigadiers reçoivent *trois francs* par jour ; mais il ne leur sera fait d'avances que jusqu'à concurrence de *deux francs* par jour ; le troisième restant, devant leur être remis à leur émargement de quinzaine, et pouvant supporter des retenues si leur service n'a pas été convenable.

Ces retenues seront déterminées par les chefs de service, sur le rapport du chef de la compagnie.

Le service des brigadiers sera incessant, bien que leur brigade soit en disponibilité ; leur paye sera donc toujours la même.

Quand la brigade sera en disponibilité, l'office du chef de brigade sera de veiller à l'exécution des ordres qui lui auront été remis par son chef de compagnie ;

De visiter, dans leur domicile, chacun de ses ouvriers ou chefs d'escouade, qu'il doit connaître tous, et de faire des rapports à son chef de compagnie sur la situation morale, physique et pécuniaire de ses hommes.

Signé : *Le Directeur du bureau central,*
Commissaire de la République,

ÉMILE THOMAS.

ORDRE DU JOUR.

Concernant les chefs d'escouades.

Les chefs d'escouade reçoivent 2 fr. 50 quand ils travaillent, mais il ne leur est fait d'avances que jusqu'à concurrence de 2 fr. par jour.

Les 50 centimes restant, devant leur être remis à leur émargement de quinzaine, et pouvant supporter des retenues si leur service n'a pas été convenable.

Quand ils ne travaillent pas ils reçoivent 1 franc, sans aucune retenue comme les simples travailleurs.

Le Directeur du bureau central,
Commissaire de la République,

ÉMILE THOMAS.

L'embrigadement du 7ᵉ arrondissement, au nombre de douze cents hommes environ, s'opéra le 10 mars, sans autre difficulté que celle des innombrables recommandations d'un des adjoints au maire de cet arrondissement, M. Martelet, qui, je crois, m'aurait envoyé plus de brigadiers et de chef d'escouade que d'ouvriers.

A ce propos, j'avais fait, et je regrette de ne plus posséder une curieuse collection de ces recommandations qui, ainsi que tous mes papiers, m'a été soustraite lors de mon enlèvement, et du petit coup d'Etat, que m'a fait subir le citoyen Trélat.

L'administration des Ateliers nationaux était devenue pour chacun de ces MM. du pouvoir, une sorte d'exutoire, par où ils écoulaient soit les protégés de leurs amis, soit les solliciteurs et les coureurs de places, parasites inévitables, courtisans éhontés de tout nouvel ordre de choses, et le plus souvent malheureusement, victimes honorables de la faim qu'avaient amenée le désordre et le discrédit du gouvernement.

Le plus fécond, sans contredit, de ces recommandeurs, était M. David (d'Angers), que je n'ai jamais eu l'honneur de connaître, et dont je possédais pourtant plus de sept cents autographes; j'en avais d'ailleurs, de tous les membres du Gouvernement provisoire, sans en excepter leurs femmes, leurs enfants et leurs huissiers; j'en avais de MM. Louis Blanc, Flocon, Albert et *tutti quanti,* du général Courtais, de MM. Barbès, Caussidière , Sobrier , et plus tard, de quelques centaines de représentants.

Après tout, cela pouvait être un moyen électoral, et il ne fallait alors mécontenter personne.

Le 11, l'embrigadement du 5e arrondissement fut singulièrement facilité. Il y avait à la mairie de cet arrondissement, un homme fort intelligent, fort remuant surtout, qui s'était chargé, en voyant les embarras de M. Higonnet, du bureau des ouvriers. M. Jaime, dont j'ignorais, dont j'ignore encore les antécédents, fut pour moi, un homme précieux; il avait compris sur-le-champ, d'après les instructions de M. Vée, maire du 5e arrondissement, mon mode d'opérer, et m'envoya ses hommes en brigades toutes formées. Il vint me voir dans la soirée, et me proposa de m'aider à lever les difficultés que je rencontrais surtout dans mes relations administratives extérieures. J'acceptai son offre avec reconnaissance, et l'employai dès le lendemain; mais je vis bientôt que, sous ce point de vue, il fallait y renoncer, à cause de son esprit tant soit peu brouillon. Il avait une grande fermeté, une certaine chaleur d'exécution; le tumulte, loin de l'effrayer le moins du monde, lui plaisait à calmer; son lot fut bientôt trouvé, et dans l'organisation administrative, que je décrirai plus loin, il fut chargé de la partie disciplinaire, où il rendit de réels et d'éminents services.

Ce pauvre Jaime pourtant, avait le talent de se faire des ennemis avec une merveilleuse facilité. Je me rappelle, entr'autres, une violente algarade qu'il faillit avoir avec M. Martelet : ce dernier qui s'obstinait à nous envoyer chaque jour les ouvriers de son arrondissement pour s'en débarrasser, et bien que leur tour d'inscription fût passé, ou ne fût pas revenu, avait-il aussi eu à subir les explications de M. Jaime? il me demanda dans un billet quelques éclaircissements, à ce sujet, avec cette périphrase : *un citoyen nommé Jaime* ; ce qui avait singulièrement offusqué celui-ci.

Cependant les travaux n'arivaient pas ; chaque jour, j'allais au ministère ; chaque jour j'en revenais avec cette désolante réponse : les ingénieurs n'ont encore rien apporté.

M. Boulage et M. Marie se lassèrent comme moi de cette singulière inertie ; tous les ingénieurs en chef du service du département furent convoqués à une réunion extraordinaire pour le 15 mars au soir.

Cette assemblée, présidée par M. Marie, se composa de MM. Boulage, Buchez, Trémisot et Poisson, pour la partie administrative. J'y vis, en outre, les ingénieurs en chef dont les noms suivent : MM. Onfroy de Bréville, Prus, Mary, Chanoine, Baude, Michal et Robin.

M. Marie ouvrit la séance, et, après en avoir exposé le motif, me pria d'exposer la situation.

Je dis que, malgré les promesses qui m'avaient été faites, aucune demande d'ouvriers ne m'avait été, jusqu'à ce jour, adressée par les ingénieurs ; que je concevais parfaitement qu'il fût impossible, sans de mûres réflexions, sans un examen consciencieux et approfondi, d'attribuer à nos ouvriers des travaux dans leurs professions respectives, mais que je ne comprenais pas quels retards pouvait éprouver l'indication de travaux de terrassement quelconques, indispensables à la situation.

Qu'en effet, les ouvriers embrigadés se montaient actuellement à près de quatorze mille, et que ce nombre s'accroissait tous les jours ; qu'il était indubitable que, si le bruit se répandait qu'en définitive les ouvriers n'avaient à remplir chez nous d'autre tâche que celle de se présenter à certaines heures, et de recevoir un subside immérité, les bons ouvriers seraient honteux et irrités de ne recevoir, en dépit des promesses formelles du Gouvernement provisoire, qu'un secours humiliant au lieu d'un travail honorable, tandis que la foule des oisifs accourrait bientôt, et que, sous des professions déguisées, avec des domiciles d'emprunt, nous aurions bientôt à embrigader tous les portiers et tous les vagabonds, de la capitale.

Qu'un pareil état de choses présentait encore des inconvénients plus graves ; qu'en effet, d'une part, les ouvriers qui, en dépit, ou plutôt à cause des conciliations du Luxembourg, voulaient faire grêve pour forcer leurs patrons à accepter des conditions ruineuses, profiteraient inévitablement de cette grêve organisée que nous leur offrions ; que, d'autre part, une foule d'ouvriers, recevant d'ailleurs un salaire gagné par un travail qu'ils exécutaient, ne se feraient aucun scrupule de venir encore toucher, dans nos brigades, la sportule bénévole qu'ils pouvaient y recevoir sans y avoir droit, par ce fait même que leur présence continuelle n'avait pas à être constatée par nous sur des chantiers que nous ne possédions pas.

Qu'enfin, et indubitablement, les ouvriers de la banlieue, puis ceux des départements, alléchés par l'appât d'une solde prétorienne, viendraient en foule à Paris, et accroîtraient, sans mesure et sans que nous en puissions prévoir le terme, le nombre de nos ouvriers, et, par suite, nous plongeraient dans une situation dont on ne pouvait présager l'issue.

Que je n'avais accepté les fonctions que j'exerçais, fonctions gratuites et toutes de dévouement, qu'à la condition que je m'y verrais aidé par un concours loyal et actif, sans lequel il m'était impossible de résister aux difficultés de toute nature qui m'assiégeaient; que mon bureau d'embrigadement et de classement était déjà bien assez pénible à diriger, sans que

je dusse encore employer au temps précieux à chercher des travaux, ce dont je n'étais en aucune façon
chargé d'abord ; et que, devant de tels obstacles, bien
que mon courage n'y faillît pas, je serais sans doute
forcé de me retirer, parce que je présageais, dans
cette voie, toutes les conséquences fatales d'un encouragement donné à la paresse, et de facilités dé-
plorables accordées à la propagande anarchique.

Qu'un seul moyen devait être employé, sans lequel
je ne devais plus répondre de rien ; que ce moyen
était de donner du travail, quel qu'il fût, et à tous les
ouvriers ; que, lorsqu'ils sauraient bien qu'il fallait,
pour gagner le pain de chaque jour, travailler réellement et s'exposer aux intempéries du ciel, ceux-là seuls
qui en avaient sincèrement besoin resteraient parmi
nous, et que les autres regagneraient, qui leurs ateliers, qui leurs occupations journalières, qui leur existence assurée.

Qu'en un mot, j'avais, à ce jour, quatorze mille
hommes inoccupés, et que je ne pouvais sortir de la
conférence qu'avec du travail pour tous, ou, hors de
cela, qu'après avoir donné ma démission.

M. Marie approuva mes paroles, et me remercia
de la netteté et de la franchise que j'y avais apportées ; puis, se tournant vers les ingénieurs, il leur
prescrivit d'exposer sur-le-champ, chacun dans leur
ressort, le détail des travaux possibles plutôt que réellement utiles, et le nombre d'ouvriers qu'on y devait
employer.

Les ingénieurs prirent successivement la parole
pendant une heure, environ, et leurs conclusions n'a-
menant aucune ressource positive, n'anonçant que
des travaux insignifiants, propres tout au plus à employer deux ou trois cents ouvriers, M. Marie les interrompit avec impatience et leur dit :

— Encore une fois, Messieurs, je ne vous demande

pas de ces projets longuement élaborés qui exigent une dépense plus considérable en matériaux et en charrois qu'en main-d'œuvre ; il ne s'agit pas ici de faire des œuvres d'art. Nous sommes dans une position réellement périlleuse ; pouvez-vous ou voulez-vous nous en tirer ?

Un silence profond fut la seule réponse que reçut le ministre.

M. Trémisot se leva indigné ; il exprima en termes chaleureux et énergiques toute sa stupéfaction de l'incroyable conduite des ingénieurs, et la stygmatisa de toute l'animadversion qu'elle lui inspirait.

— Comment, Messieurs, leur dit-il, vous voyez la situation, elle est menaçante, et vous ne trouvez rien ! En vérité, il y a lieu de croire de votre part, ou à une incapacité profonde, ou à une mauvaise volonté bien avérée. Ou vos ressources sont pitoyables, ou vous êtes de mauvais citoyens.

La vérité était bien dure ; il fallut cependant l'écouter jusqu'au bout, car M. Trémisot était à la fois trop ferme et trop digne pour laisser même à ses adversaires la dernière ressource des réponses irritantes qui cependant étaient sur leurs lèvres.

— Vous ne savez pas trouver de travail à faire, Messieurs ! eh bien ! moi, qui n'ai pas l'honneur d'appartenir à votre corps, je vais vous en indiquer, ajouta-t-il.

Et, successivement, M. Trémisot exposa, avec toute la lucidité, toute la logique qui lui est familière, une série entière de travaux importants.

L'abaissement des terrains de l'abattoir Montmartre et leur transport aux bas-fonds du cimetière avoisinant, où l'on pouvait appliquer cinq cents ouvriers.

Les déblais et remblais des rampes d'Iéna, et le

tracé d'une nouvelle rue sur ces terrains, employant le même nombre d'hommes.

L'abaissement de la pelouse de Chaillot et le transport des déblais sur les terrains bas, situés dans le voisinage. Ces terrassements pouvaient encore occuper cinq cents ouvriers.

L'exécution du chemin de halage de Neuilly, également par le même nombre d'hommes.

En moins d'une heure, M. Trémisot nous tailla ainsi de l'ouvrage pour deux mille travailleurs.

Il sentait néanmoins que cela n'était pas suffisant, et, un peu en souriant, il rappela au ministre un projet, fort exécutable quoique entièrement de luxe, le projet de construction, en travaux de terrassement, d'un immense cirque en gradins où pourraient s'asseoir vingt mille spectateurs, et dont l'arène se serait à volonté transformée en naumachie. Ce monument, élevé et creusé dans les plaines qui avoisinent la barrière du Trône, serait au moins resté pour témoigner de la sollicitude éclairée du gouvernement dans la crise que nous traversions; et, s'il n'avait pas eu d'utilité directe, il aurait pu devenir le théâtre de magnifiques fêtes populaires.

Je regrette vivement, pour ma part, que M. Trémisot n'ait pas insisté pour l'exécution de ce gigantesque travail; mais, à cette époque, qui de nous prévoyait l'abîme où nous plongeait la stérilité, l'oisiveté de ces masses d'hommes qui plus tard composèrent les Ateliers nationaux?

Pour ma part, enfin, je proposai au ministre de refaire en cailloutis l'enceinte complète des chemins de ronde de Paris, et toutes les rues non pavées qui y aboutissent. J'avais là de l'occupation pour six à huit mille hommes que je répartissais ainsi presque chacun sur leur arrondissement. Ce projet fut adopté, ainsi que les quatre propositions de M. Trémisot.

La partie était gagnée, et, dès le surlendemain, j'avais de l'ouvrage pour la plus grande partie de nos hommes.

Le ministre, en levant la séance, pria les ingénieurs de vouloir bien se rendre à ses vues; il leur expliqua que très-probablement le nombre de nos brigades allait s'accroître encore et qu'il fallait que les travaux s'accrussent dans la même proportion, par conséquent, qu'il n'y avait pas de temps à perdre; de son côté, il allait s'appliquer à résoudre le problème du travail professionnel, le seul rationnel et possible, avec quelque suite et quelque fruit.

Nous restâmes en conférence avec MM. Buchez et Boulage. M. Buchez exposa au ministre que la dépense des Ateliers nationaux s'élevant désormais à vingt mille francs par jour, les revenus entiers de la ville n'y suffiraient point, et qu'il fallait que le Trésor partageât cette dépense extraordinaire. Qu'en tout cas, il fallait aviser à une économie, qu'il fallait réduire la paye à l'état d'inactivité, pour arriver même, plus tard, à la supprimer.

M. Marie s'effraya de l'effet que pouvait produire une pareille mesure; il me demanda si j'oserais en répondre.

— Certainement, répondis-je, dans la position actuelle, je le peux. En supposant que, d'ici à la fin du mois, la moyenne des ouvriers soit de vingt mille hommes, celle des travaux étant de neuf à dix mille journées, je promettrai aux ouvriers du travail de deux jours l'un; en réduisant le secours, dans un cas à 1 fr. par jour, la paye, dans l'autre cas, étant fixée à 2 fr., la moyenne reste de 1 fr. 50 c., je me charge du succès de la négociation. Et, dans le cas, ajoutai-je, où j'aurais du travail pour tout le monde, je n'augmenterai pas le salaire, qui pourra ne pas être supérieur à 1 fr. 50 c. par jour; nous y aurons tout avantage. — D'ailleurs je ne paye pas le dimanche, ce que faisaient les mairies, et cela n'a pas souffert de graves difficultés. — Il est bien malheureux qu'on ait accoutumé les ouvriers à un subside en espèces ; des secours en nature auraient été bien préférables, car ils ne fussent devenus ni une aumône, ni même un encouragement à la paresse. Je vais en essayer l'effet, nous en reparlerons plus tard.

Le lendemain matin, j'annonçai aux ouvriers la détermination prise la veille par une proclamation que je rapporte ici en son entier.

RÈPUBLIQUE FRANÇAISE.

ATELIERS NATIONAUX.

ORDRE DU JOUR.

OUVRIERS DU BUREAU CENTRAL DES ATELIERS NATIONAUX.

Le Gouvernement provisoire fait des sacrifices énormes pour procurer des moyens d'existence aux ouvriers sans travail ; vous comprendrez facilement qu'il doit ménager ses ressources, s'il veut continuer à vous venir en aide.

En conséquence, à partir de demain vendredi, 17 de ce mois, les journées des ouvriers non travaillant seront réduites à 1 fr., au lieu de 1 fr. 50 c.

Le Directeur peut affirmer aux ouvriers, qu'à partir de ce jour, ils seront occupés au moins de deux jours l'un ; dans ce cas leur paye sera de 2 fr.

Les ouvriers comprendront la sollicitude du Gouvernement provisoire pour eux : et la République compte sur leur sagesse et sur leur patriotisme.

Qu'ils sachent, qu'ils comprennent tous que les fonds qui nous sont alloués, que nous leur distribuons, sont le pain des pauvres, leur pain quotidien ; qu'ils nous aident à le leur dispenser, qu'ils n'admettent dans leurs rangs que ceux qui véritablement ont *droit* à un secours parce qu'ils en ont *besoin.*

Le Commissaire de la République,
Directeur du bureau central.

ÉMILE THOMAS.

Paris, le 16 mars 1848.

L'exécution de cette mesure ne souffrit point d'obstacles, et j'eus la satisfaction, dans un rapport au ministre, d'en annoncer le plein et entier succès.

Ce jour-là même, jeudi 16 mars, eut lieu la manifestation de la garde nationale, dite *des bonnets à poils.* Cette démonstration avait pour but de chercher à maintenir l'influence de l'ancienne garde nationale, en lui faisant conserver les cadres de ses anciennes compagnies ; elle avait un autre but plus sérieux encore, mais qui n'était pas avoué. On s'apercevait des tendances dominatrices du Gouvernement provisoire, et l'on comptait rendre fixe ainsi l'époque des élections qu'il avait eu l'intention de retarder, en même temps qu'on aurait protesté contre la faiblesse de la fraction modérée du Gouvernement en présence des exigences de la fraction violente, des excitations anarchiques et destructives de MM. Albert et Louis Blanc, et des tendances ultra-républicaines de MM. Ledru-Rollin et Flocon.

Le but était assurément des plus louables, mais la manifestation n'eut pas d'ensemble et son prétexte pouvait prêter au ridicule. Ce côté de la question fut habilement exploité par le parti rouge. Il sut provoquer pour le lendemain une immense contre-manifestation en accusant de réaction contre la République, ceux-là même qui ne songeaient qu'à en maintenir purs, honnêtes et légaux les principes sacrés. Ils accusèrent *les bourgeois*, comme ils les désignèrent aux ouvriers, d'avoir protesté, non pas contre les intentions, mais contre l'existence même du Gouvernement provisoire, et par suite contre la forme républicaine, et d'avoir voulu, par esprit de monarchisme et d'aristocratie, se rendre maîtres du peuple, en l'enserrant dans les cadres de compagnies déjà fortes et unies. C'est ainsi que le bon sens populaire fut trompé et que ses sentiments généreux furent escamotés au profit de la fraction violente.

La manifestation était hautement annoncée; il me fut donc possible, en ce qui nous concernait, de prendre les mesures que je jugeai convenables. Tous les ouvriers furent convoqués pour le lendemain 17, à six heures du matin, afin de prendre des outils au bureau central, et de se diriger de là sur leurs chantiers, que, dans une réunion de tous les chefs de service, nous avions limités sur le plan de Paris.

J'avais déjà mille hommes environ sur les boulevards extérieurs, occupés au désouchement et à la plantation de nouveaux arbres; il m'en restait treize mille, et je résolus, coûte que coûte, sinon de les faire travailler tous, au moins de les diriger tous pour ce jour-là, sur les chemins de ronde et les autres travaux.

Jusqu'à onze heures du matin, tout se passa bien, et les douze premiers services, composant plus de dix mille hommes, étaient outillés et partis pour leur destination. Mais, vers cette heure, de grandes affiches rouges, proclamant encore plus hautement le sens de la manifestation, furent apportées par des émissaires jusque dans les cours de l'administration. Je fis saisir sur-le-champ presque toutes ces affiches; elles étaient ainsi conçues:

RÉPUBLIQUE FRANÇAISE.

Liberté, Égalité, Fraternité.

Le Peuple a été héroïque pendant le combat, généreux après la victoire, magnanime assez pour ne pas punir.....

Il est calme, parce qu'il est fort et juste...

Que les mauvaises passions, que les intérêts blessés se gardent de le provoquer !...

Le peuple est appelé aujourd'hui à donner la haute direction morale et sociale.

Il est de son devoir de rappeler fraternellement à l'ordre ces hommes égarés qui tenteraient encore de se maintenir en corps privilégiés dans le sein de notre égalité.

Il voit d'un œil sévère ces manifestations contre celui des ministres qui a donné tant de gages à la Révolution[1].

Que le peuple se rassemble donc aujourd'hui, à dix heures du matin, sur la place de la Révolution ; qu'il exprime sa volonté.

Nous avons versé notre sang pour la défense de la République ; nous sommes prêts à le verser encore.

Nous attendons avec confiance la réalisation des promesses du Gouvernement provisoire.

Nous attendons... nous qui manquons souvent du nécessaire...

A cette heure, ceux qui marchent contre la Révolution, ouvertement ou sourdement, commettent un crime de lèse-humanité.

A nous donc, Citoyens ! Allons au Gouvernement provisoire l'assurer de nouveau que nous sommes

[1] M. Ledru-Rollin.

prêts à lui donner notre concours pour toutes les mesures d'ordre, d'unité et de salut public.

VIVE LA RÉPUBLIQUE!

Aujourd'hui à dix heures du matin, place de la Révolution.

J'ai su depuis que cette proclamation était due à la plume de Sobrier, qui cependant n'avait point osé ou avait cru plus habile de ne pas la signer.

Quoi qu'il en soit, elle nous causa une véritable émeute. Les trois mille hommes qui devaient encore prendre des outils et qui stationnaient sur la place de l'Europe et dans la rue de Valois, crièrent à la trahison; ils prétendirent qu'on cherchait à les éloigner pour tenter un coup de main sur Paris; ceux d'entre eux, qui, tenaient des outils, menacèrent de les jeter, et voulurent courir à la place de la Révolution. Nous eûmes toutes les peines du monde à les calmer; nous y réussîmes cependant en leur démontrant qu'on ne les éloignait pas, qu'autour de Paris et dans son enceinte même ils étaient à portée de tout voir, qu'il y aurait bien sans eux assez d'hommes à la manifestation, et que le premier devoir d'un bon républicain était d'abord de se mettre au travail que leur offrait la patrie, et dont le salaire devait vénir en aide à leurs familles.

Tout s'apaisa; tous, jusqu'au dernier, prirent leurs outils, et, sous la conduite des élèves de l'École centrale, leurs chefs de compagnie, tous se dirigèrent successivement sur leurs travaux.

J'ai raconté cette scène quelque peu explicitement, parce que le rapport du comité d'enquête, avec une légèreté inconcevable, accuse les Ateliers nationaux d'avoir *composé* la manifestation du 17 mars. Or cette manifestatio[n, sa]ns [exa]gérer, comptait à peu près cent mill[e] [illegible] [com]me l'on vient de voir que les

6

quatorze mille hommes que nous dirigions alors
peuvent parfaitement, à cet égard, constater leur
alibi.

L'effet de la manifestation du 17 mars fut terrible.
D'une part, il consterna la fraction modérée du Gouvernement, en portant presque jusqu'au triomphe le
pouvoir de M. Ledru-Rollin et de ses amis. De l'autre,
il donna aux ouvriers la mesure de leur puissance de
compression, et de la crainte qu''ils faisaient éprouver à l'ancienne garde nationale.

Il est bon de connaître quelle était, à cette époque, l'attitude du Gouvernement. Avant le 17 mars,
il se scindait ainsi : D'un côté, MM. de Lamartine,
Marrast, Garnier-Pagès, Arago et Marie; de l'autre, MM. Ledru-Rollin, Flocon, Crémieux, Louis
Blanc et Albert. — Je ne parle pas du vénérable
M. Dupont (de l'Eure), que son âge, et plus encore
son caractère, ont soustrait aux entrainements de ces
ambitions adverses.

Après le 17 mars, le parti modéré se trouva réduit
à MM. Marrast, Arago et Marie : M. Garnier-Pagès
resta indécis. M. de Lamartine, terrifié par la nature
et la force du mouvement, hésita devant la guerre
civile; de ce moment il devint neutre pour s'unir plus
tard à l'homme que semblaient protéger toutes les
sympathies populaires. — MM. Crémieux, Louis Blanc
et Albert se rattachèrent plus étroitement à MM. Flocon et Ledru-Rollin, qui désormais à lui seul imprima
l'impulsion au Gouvernement provisoire; sauf cependant les prédications insensées de M. Louis Blanc,
qui, un mois plus tard, devaient le séparer de tous
ses collègues et le rejeter dans les bras de la faction de MM. Raspail, Barbès et Blanqui.

Telle devint la force d'action de M. Ledru-Rollin,
qu'il put dicter à la fois à ses collègues et leur faire
signer, et une désapprobation antidatée du mouve-

ment du 16, mouvement accompli tout entier dans leurs intérêts, dans ceux de la prudence et de la sagesse, et une proclamation remplie des éloges les plus pompeux sur la manifestation du 17, qu'ils désavouaient du plus profond de leur cœur et qui leur ôtait toute leur influence.

Je citerai textuellement ces pièces qui me semblent dignes du plus haut intérêt. Voici la première :

« Le Gouvernement provisoire déclare que le décret qui a eu pour objet de faire rentrer dans la masse générale de la garde nationale les anciennes compagnies de grenadiers et de voltigeurs n'a été pris qu'après mûre délibération, par le Gouvernement tout entier, et après l'avis de l'état-major.

» Le sentiment de l'égalité a motivé cette mesure, qui se justifie, du reste, par les considérations les plus hautes d'ordre public.

» Accorder à telle ou telle compagnie la faculté de se recruter elle-même et de conserver ses anciens cadres, ce serait l'accorder à toutes : bientôt les compagnies se recruteraient, tantôt par convenance personnelle, tantôt par convenance de service, et bientôt peut-être par affinité d'opinion ; on établirait ainsi un germe d'inégalité parmi les citoyens, on aurait plusieurs familles séparées dans une famille ; l'unité et la fraternité en souffriraient également.

» Le bon sens des citoyens reconnaîtra que le Gouvernement républicain ne saurait admettre une institution fondée sur de telles bases.

» Le Gouvernement provisoire regrette que cette mesure, mal comprise, ait excité dans la garde nationale des manifestations contraires à l'ordre public.

» Il rappelle à tous les citoyens qu'il entend délibérer et exercer le pouvoir dans la plénitude de sa liberté ; toute pression intérieure, d'où qu'elle vienne, trouvera le Gouvernement provisoire décidé à maintenir les résolutions qu'il a prises et qui lui sont dictées par ses principes dont il ne déviera pas.

» Le Gouvernement provisoire est accessible à toutes les réclamations ; il s'éclaire des vœux, des lumières des citoyens, dont son pouvoir provisoire est l'expression ; il n'a d'autre force que ce concours ; mais ce concours est d'autant plus puissant qu'il est plus calme ; et son action légitimement influente , quand elle se produit sous la forme de conseil, rend la résistance du Gouvernement nécessaire quand elle ressemble à une menace ou à une force.

» Fait à l'Hôtel-de-ville, en conseil de gouvernement, le 16 mars 1848. »

La seconde proclamation qu'on va lire, complète la pensée de M. Ledru-Rollin. La voici :

RÉPUBLIQUE FRANÇAISE.

Liberté, Égalité, Fraternité.

LE GOUVERNEMENT PROVISOIRE AU PEUPLE DE PARIS.

Citoyens,

Le Gouvernement provisoire croit de son devoir de vous remercier de la manifestation si imposante dont vous avez donné hier le magnifique spectacle.

Proclamé, pour ainsi dire, sous le feu du combat et dans le premier moment de la victoire, le Gouvernement provisoire a vu hier ses pouvoirs confirmés par ces deux cent mille citoyens [1], organisés comme une armée, marchant avec le calme de la puissance, et qui, par leurs acclamations, ont apporté à notre au-

---

[1] Le calcul de la durée du défilé et la vitesse du passage des rangs en moyenne, n'indique que cent mille hommes à peu près.

torité transitoire la force morale et la majesté du souverain [1].

Peuple de Paris, vous avez été aussi grand dans cette manifestation, si régulière et si bien ordonnée, que vous aviez été courageux sur vos barricades.

Notre désir, notre intérêt, notre vœu le plus cher, c'est de faire entrer dans les cadres de la garde nationale cette population vigoureuse dont les instincts d'ordre et d'organisation se sont produits hier avec un ensemble qui fait notre orgueil.

Le Gouvernement provisoire veut que tous les citoyens exercent leurs droits, que la garde nationale ne soit pas seulement en principe, mais en fait, le peuple armé.

Déjà le nombre des gardes nationaux, qui était, au 1er février, de 56,751, forme aujourd'hui un effectif de 190,299.

Quels hommes, quels partis seraient assez insensés pour espérer de faire prévaloir des idées à jamais ruinées, en présence de cette force démocratique qui, établie d'abord dans la capitale, le sera bientôt dans tous les départements.

Le Gouvernement provisoire, qui a voulu donner aux citoyens le temps nécessaire pour [se faire inscrire sur les listes électorales, veut aussi que les citoyens puissent se réunir, s'entendre, discuter les candidatures et arrêter le choix de tous les officiers. Ce désir, qui nous a été exprimé par la population, nous semble d'autant plus raisonnable qu'avec un effectif presque quadruplé, il n'y aurait pas d'élections sincères sans une discussion complète de tous les candidats nouveaux.

C'est pour cela que nous prolongeons jusqu'au 5 avril prochain les élections de la garde nationale.

[1] Première révélation de la dictature.

Le Gouvernement provisoire accomplit son devoir : Citoyens, c'est à vous de faire le vôtre. Organisez vos candidatures sans perdre de temps ; songez dès aujourd'hui à vos choix pour l'Assemblée nationale ; préparez-vous par une attention virile à l'exercice sérieux de vos droits ; comprenez combien il importe à la patrie que les gardes civiques reçoivent un complet développement ; comprenez combien il est nécessaire que la puissance provisoire du Gouvernement soit remise aux représentants du peuple librement discutés, librement choisis par lui. Prouvez par votre activité que vous avez, non pas seulement le sentiment de votre souveraineté, mais que vous en possédez l'intelligence. Conservez ce calme, cette union, qui ont donné à tous vos mouvements un si noble caractère. Portez, enfin, dans les opérations électorales cet accord, cet ensemble dont votre manifestation d'hier a été un si éclatant symbole.

Encore une fois le Gouvernement provisoire vous en remercie.

Le Gouvernement provisoire,

Vu l'effectif des citoyens inscrits sur les contrôles nouveaux de la garde nationale,

Arrête :

Les élections de la garde nationale pour Paris et la banlieue commenceront le 5 avril prochain.

Les membres du Gouvernement provisoire.

DUPONT (DE L'EURE), LAMARTINE, ARAGO, CRÉMIEUX, LEDRU-ROLLIN, GARNIER-PAGÈS, MARIE, MARRAST, ALBERT, LOUIS BLANC, FLOCON.

Le secrétaire du Gouvernement provisoire,

PAGNERRE.

Effectif des légions de Paris au 18 mars 1848.

LÉGIONS.	EFFECTIF au 1er février.	INSCRITS du 1er février au 18 mars	TOTAL.
1re................	4,599	10,000	14,599
2e................	7,605	7,395	15,000
3e................	5,082	2,918	8,000
4e................	3,978	8,053	12,031
5e................	4,752	15,230	19,983
6e................	6,230	21,910	28,140
7e................	4,743	12,604	17,347
8e................	4,901	15,199	20,100
9e................	2,382	6,413	8,795
10e................	5,406	4,997	10,403
11e................	3,954	13,320	17,274
12e................	3,118	15,509	18,627
	56,751	133,548	190,299

De son côté, l'ancienne garde nationale croyait ainsi devoir expliquer sa conduite, pour chercher à ressaisir quelque peu de son influence.

LA GARDE NATIONALE A SES NOUVEAUX CAMARADES.

Chers concitoyens.

Une circonstance regrettable a suscité avant-hier un malentendu entre la population et une partie de la garde nationale.

Deux mots d'explication à ce sujet.

La fraction de la garde nationale qui se portait avant-hier à l'Hôtel-de-Ville est accusée à tort de vouloir des priviléges. Elle ne les aime et n'en veut pas plus que vous.

Avant sa démarche, elle avait d'elle-même renoncé

à toutes les distinctions de titre et d'équipement qu'a-
daient les compagnies de grenadiers et de voltigeurs,
vont les rangs s'ouvraient avec empressement à tout
le monde.

Elle ne demandait qu'une chose : c'était de conserver en faisceaux ses compagnies, afin que des
milliers de citoyens, habitués à se connaître depuis
des années, ne vissent pas se rompre tout à coup les
liens d'amitié et de camaraderie qui les unissent, en
étant disséminés dans tout le bataillon.

En portant, dans l'attitude la plus calme et la plus
pacifique, l'expression d'un vœu au Gouvernement
provisoire, elle usait de son droit.

Les citoyens qui ont cru qu'elle le transgressait,
et qui lui ont barré le passage au pont Notre-Dame,
n'ont-ils pas outrepassé le leur ?

La garde nationale en députation eût été la première à s'incliner devant la décision du Gouvernement provisoire.

Elle s'est retirée sans insister, afin d'éviter toute
collision avec des citoyens maintenant garde nationaux comme elle ; en un mot, ses amis, ses frères,
malheur sur lequel elle serait la première à gémir.

Ses intentions n'avaient pas été bien comprises.

Elle espère que maintenant elles ne seront plus
méconnues.

En fait de privilége, la garde nationale ne demandait qu'à marcher la première contre toute faction
qui menacerait le Gouvernement de la République.

En un mot, convaincue que ce léger dissentiment
est déjà tombé dans l'oubli, elle tend la main fraternellement aux citoyens qui s'étaient mépris à son
égard, et dont le concours est nécessaire pour le
maintien et la prospérité de notre glorieuse Révolution.

VIVE LA RÉPUBLIQUE !

Ce 18 mars 1848.

Enfin, après la pièce sérieuse, la parade; on affi-
cha aussi une ridicule proclamation du général Courtais, à la suite de laquelle furent opérés ces malencontreux armements, qui allèrent chercher des gardes
nationaux jusque dans les garnis :

RÉPUBLIQUE FRANÇAISE.

ÉTAT MAJOR-GÉNÉRAL.

Citoyens,

Hier, encore une fois, vous vous êtes levés tous
pour fêter le triomphe de la République. Cette manifestation spontanée, cet élan d'enthousiasme, inspiré
par l'amour de la patrie, vous honorent et honorent
la France.

Dans quel autre pays du monde pourrait-on voir
deux cent mille hommes, unis comme deux cent mille
frères, marcher avec plus de dignité dans leur indépendance? Voilà bien la majesté du peuple!

Citoyens, vous le savez : le Gouvernement provisoire s'appuie sur votre force ; vous lui avez prouvé
qu'il avait raison de compter sur vous pour accomplir l'œuvre gigantesque de la régénération des
peuples.

Au milieu de vos chants patriotiques, vous deman-
diez des armes : à quelles mains plus dignes de les
porter pourrait-on les confier? Vous en aurez tous !
La garde nationale ainsi agrandie sera la plus solide
colonne de notre République naissante.

En vous voyant défiler devant moi comme l'armée
la mieux disciplinée, j'ai éprouvé un sentiment d'orgueil que je suis heureux de vous exprimer. Oui, je

partage vos joies et vos espérances, et si je puis ambitionner un titre, c'est celui de *Général du Peuple.*

Le général commandant supérieur,

H. COURTAIS.

Par ampliation,

Le chef d'état-major général,

A. GUINARD.

Quelle n'était pas la culpabilité de ceux qui permettaient qu'ainsi on exaltât le peuple, qu'on l'abusât sur la proportion normale de ses droits, qu'on l'aveuglât sur ses intérêts, qu'on le berçât, enfin, d'aussi terribles niaiseries !

Je ressentis bientôt de la manière la plus vive, le contre-coup des actes dont je viens de parler.

Un esprit d'indiscipline se propagea parmi les ouvriers, leurs chefs suffisaient à peine à les contenir, et dans les théories désordonnées dont leurs discours m'offraient souvent les lambeaux, je reconnus la voix des clubs violents, les doctrines du Luxembourg.

Je ne me décourageai cependant en aucune façon, et pour opposer à un antagoniste redoutable, un appui sérieux et efficace, je me liai étroitement à la mairie de Paris.

M. Armand Marrast remplissait alors les fonctions de maire ; mais sa santé chancelante et les nombreuses occupations dont il était assailli, le rendaient peu abordable. Aussi ne le vis-je qu'à peine pendant le mois de mars. Je voyais, au contraire, tous les jours, M. Buchez, à qui toutes mes sympathies étaient acquises, et M. Recurt, homme froid, mais juste et ferme, et dont le caractère hautement honorable ne s'est pas, à mon sens, démenti une seule fois.

Comme premier acte évident du soutien que m'accordait la mairie de Paris, M. Buchez publia la proclamation suivante :

RÉPUBLIQUE FRANÇAISE.

Liberté, Égalité, Fraternité.

MAIRIE DE PARIS.

AVIS AUX OUVRIERS.

Le membre du Gouvernement provisoire, Maire de Paris, rappelle aux ouvriers que M. Émile Thomas a été nommé commissaire de la République, pour diriger le bureau central des Ateliers nationaux. Il fait observer que le moindre trouble apporté aux mesures prises par le directeur du bureau central, aurait pour effet certain de désorganiser le travail et de nuire aux intérêts des ouvriers eux-mêmes. Il les engage donc paternellement à se conformer aux dispositions ordonnées par le bureau des Ateliers nationaux, et à les exécuter sur les indications des élèves de l'École centrale, chargés de la direction du service.

Le maître adjoint.

BUCHEZ.

À l'Hôtel-de-Ville de Paris, le 19 mars 1848.

A partir de ce moment, la position fut bien tranchée et mes attributions se définirent clairement.

Bien que je ne dusse ressortir administrativement que du ministère des travaux publics, je dépendis politiquement de la mairie de Paris.

Pour tout ce qui concernait la première de ces deux lignes, je prenais les conseils de M. Trémisot et je suivais les instructions du ministre, étudiées et discutées d'abord avec soin entre M. Boulage et moi.

Pour toutes les précautions, tous les actes que nécessitait la seconde, l'impulsion m'était entièrement donnée par M. Buchez, en qui la loyauté n'excluait pas l'habileté et la profondeur des vues : M. Marrast et par suite M. Marie avaient en lui une confiance absolue, et tellement justifiée, que, selon moi, la prépondérance remarquable qu'obtenait sur la conduite des événements la mairie de Paris et la couleur dont elle était le type, provint exclusivement de cette confiance. Elle fut, je le répète, due en grande partie à la supériorité intellectuelle, aux talents éminents, à la puissance et à la merveilleuse adresse oratoire de M. Buchez; celui-ci fut dignement secondé, par l'intégrité, la fermeté et la bonté de M. Recurt, lequel jouissait, à juste titre, d'une grande popularité, et enfin par le courage, le zèle et la capacité administrative de M. Edmond Adam.

Il est évident pour moi, et je voudrais que cela le fût pour tous, que sans la prodigieuse activité déployée par ces trois hommes ; que sans leur patriotisme inaltérable, sans leur persévérance courageuse à vouloir le bien et à empêcher le mal, la république rouge et les aberrations d'un socialisme égaré eussent jeté le deuil sur la France, et englouti dans l'abîme de la terreur, que vingt fois ont failli ouvrir sous nos pas les partisans effrénés de formes exagérées et de folles utopies, la propriété, l'industrie, la richesse, l'honneur et la sécurité publique.

Si jamais je me suis glorifié en quelque chose, si jamais j'ai tenu à honneur d'avoir accompli un devoir c'est d'avoir pu, dans la sphère étroite de mes lumières, de mon courage et de ma constance, concourir avec quelqu'énergie à la lutte sublime que ces hommes, mes amis, mes maîtres, ont soutenue jusqu'au bout; c'est de leur avoir en cela apporté toutes mes forces et toutes mes facultés ; c'est d'avoir pu prêter quelque secours à leur œuvre, dont leur modestie seule n'a pas laissé connaître à leurs compatriotes tout le péril et toute la grandeur.

Tant que ces hommes sont restés à la place que le danger public leur avait assignée, ils lui ont été une digue vivante et infranchissable. Vaincre les menées et la violence des clubs ; annihiler l'effet, prévenir les conséquences matérielles, imminentes chaque jour des promesses fallacieuses du parti du Luxembourg, dictées par l'implacable vanité et l'ambition démesurée de son chef ; déjouer l'astuce, les sourdes menées et les provocations incessantes de M. Caussidière ; combattre de front et avec succès l'exagération politique et le despotisme républicain des Flocon et des Ledru-Rollin ; s'opposer, en un mot, à la fois au bonnet rouge et à la désorganisation du travail, à toutes les ambitions et à tous les désordres, et descendre presque sur la place publique pour y dompter l'émeute ; jour et nuit, parler et agir, menacer et promettre, haranguer ou conseiller sans cesse, voilà la noble tâche que, pendant deux mois, ces hommes ont accomplie, jusqu'au jour où l'unité d'action a été enlevée à la mairie de Paris ; jusqu'au jour où s'est venue joindre à cette lutte gigantesque et victorieuse, une autre lutte épuisante, impossible...

Je l'ai déjà dit, et je ne saurais trop le répéter : le mal n'est pas venu du pays, il est venu du gouvernement. Une commission provisoire, composée de onze membres, pouvait atteindre son but, celui de créer par l'appel au peuple, la représentation nationale destinée à constituer le pouvoir normal, mais à la condition de ne point s'en écarter. Elle voulut gouverner ; qu'en résulta-t-il ? une guerre terrible de chaque partie du pouvoir contre le pouvoir lui-même, dans laquelle chaque fraction essayant de soulever le peuple comme une massue, voulait écraser les fractions adverses. Le mal était grand, et la mairie de

Paris cependant put le prévenir en partie, car elle n'avait à amoindrir les atteintes que de trois ou quatre factions et d'une vingtaine d'influences. Mais que pût-elle faire, lorsque l'Assemblée, au lieu de la constitution, voulut faire du gouvernement, et régner à son tour? Comment pouvait-elle même penser à résister aux efforts accumulés ou divergents de vingt partis et de neuf cents rois? Et l'on s'étonne du 15 mai? du 22 juin? Je ne m'étonne, quant à moi, que d'une seule chose, c'est que les deux premiers mois d'un pareil gouvernement n'aient pas amené un effroyable cataclysme, le bouleversement, le renversement de la société jusque dans ses fondements; quelque chose comme une désorganisation générale.

Pour en revenir aux Ateliers nationaux, on voit par ce qui précède, que presque chaque jour, j'avais deux conférences obligées, l'une avec M. Boulage, l'autre avec MM. Buchez, Recurt et Adam; aussi presque toutes mes instructions étaient-elles verbales. Nous agissions, chaque jour, en vue du danger que promettait le lendemain. Cette considération suffit à elle seule pour faire excuser les fautes qui, nécessairement, ont dû être commises; elles ne laissent sans apologie possible, qu'une seule de ces fautes, celle d'avoir laissé manquer les Ateliers nationaux de travail. Là gît la source de bien des désastres, et cependant personne ne songe à la reprocher à qui de droit.

Quelques mots, maintenant, sur le mécanisme administratif qui, graduellement, se construisit à Monceaux.

L'administration intérieure des Ateliers nationaux était partagée entre quatre sous-directeurs, ou plutôt entre trois; car l'un d'eux, M. Jaime, n'avait aucune attribution administrative régulière; sa mission était toute particulière et consistait en une action disciplinaire et une surveillance générale exercée sur tout le personnel inférieur. — Il avait à recevoir toutes les réclamations tumultueuses, à calmer les effervescences de toutes sortes, et la besogne ne lui manquait pas ; il est juste, aussi, de dire qu'il n'y a jamais failli et que son concours a été, dans bien des circonstances, un véhicule puissant de tranquillité publique.

LA PREMIÈRE SOUS-DIRECTION, dont M. V. Dellissé était le chef, comprenait dans ses attributions, l'ordre général, l'embrigadement, le personnel, et les secours.

Le *bureau de la sous-direction* occupait six employés ; là étaient renvoyées toutes les questions d'ordre, les demandes d'emploi, etc. Là se faisaient les nominations, les radiations pour toute cause quelconque ; le service des voitures et des chevaux dépendait de ce bureau ; des inspecteurs d'ordre, au nombre de douze, relevant de cette sous-direction, étaient chargés de faire exécuter les règlements sur les chantiers et apportaient chaque soir un rapport détaillé sur l'état disciplinaire de leur circonscription.

Le *bureau du personnel,* qui occupait dix ou douze employés, était chargé presque exclusivement du classement des hommes embrigadés, des recensements et des renseignements de toute sorte.

Deux *bureaux d'embrigadement* fonctionnaient à la fois et nécessitaient à eux deux un personnel de quinze ou vingt employés. Là se distribuaient les livrets et se formaient les brigades ; les bulletins de mairie et autres pièces qu'on retirait aux ouvriers, en échange du livret, étaient remis chaque soir pour être classés au bureau du personnel avec la liste des embrigadements du jour.

Huit commissaires spéciaux, sorte de *policemen,* étaient attachés à ces bureaux et au bureau des secours pour maintenir, parmi les ouvriers, l'ordre nécessaire aux opérations ; ils avaient été choisis dès les premiers embrigadements parmi les plus turbulents, pour morigéner les autres, et ce système m'avait, en cela, parfaitement réussi ; car ils devinrent aussi sévères, aussi énergiques qu'ils avaient été récalcitrants.

Le *bureau de secours* faisait les distributions de bons de pain et autres, à tous les ouvriers non encore embrigadés, et porteurs de bulletins des mairies, ainsi qu'à ceux déjà embrigadés et chez qui une nombreuse famille rendait ce surcroît de secours indispensable.

En dehors de Monceaux, mais encore sous la dépendance de cette sous-direction, fonctionnait le *bureau médical* qui recevait en consultation tous les ouvriers porteurs de livrets, et dont les médecins faisaient, dans les cas nécessaires, des visites à domicile. Il était composé de deux médecins en chef et de deux internes auxquels s'adjoignirent successivement douze médecins d'arrondissement.

Pour la vérification de la distribution de secours de toute espèce, quarante-huit agents visitaient chaque jour, à domicile, un certain nombre d'ouvriers et s'assuraient de l'opportunité et de la remise exacte des secours qui s'opéraient par les mains des délégués, sur des listes dressées par eux, vérifiées par ces agents, et visées par les chefs de compagnie. Les agents d'arrondissement avaient en outre dans leurs attributions, la révision des listes de recensement ; visitant les ouvriers à l'improviste, ils s'assuraient de leur domicile et de leur profession réelle, et formaient ainsi des listes de radiations, soumises à l'approbation du directeur.

Le deuxième sous-directeur, M. Pierre Thomas, avait dans ses attributions la comptabilité, le matériel, tels que mobilier, outils, chevaux et voitures, etc.; l'administration intérieure des bureaux, la police extérieure. Six bureaux principaux subdivisaient cette sous-direction.

Le *bureau de caisse*, composé d'un caissier central, un sous-caissier et deux teneurs de livres. Le caissier, chef de ce bureau, recevait l'argent du trésor, payait chaque jour les chefs d'arrondissement sur leur reçu et toute facture visée d'un sous-directeur portant le bon à payer du directeur ; il tenait les livres de comptabilité générale sous sa responsabilité et devait présenter, à l'appui de chaque dépense, une pièce comptable régulière.

Le *bureau des comptables d'arrondissement*, dans lequel chaque chef d'arrondissement avait ses employés, chargés de tenir le compte spécial de l'arrondissement.

A la fin, en raison du nombre d'ouvriers, ce seul bureau s'était tellement augmenté qu'on l'avait subdivisé en 14 autres, placés dans les arrondissements de Paris et de la banlieue, dans chacun desquels se faisait alors la répartition des fonds entre les compagnies.

Ces bureaux se composaient chacun, comme personnel, d'un caissier comptable et d'un employé teneur de livres pour chaque service d'environ deux mille hommes.

Le bureau de vérification. Le chef des vérifications et dix employés étaient chargés de l'examen et de la régularisation de toutes les pièces comptables ; le chef de ce bureau était en outre nommé par le ministre des finances, percepteur spécial, et autorisé à toucher, pour le compte de l'État, les sommes provenant de diverses ventes des produits des ateliers spéciaux. C'est à ce bureau que les chefs d'arrondissement soumettaient leurs comptes et pièces détaillées.

Le bureau du matériel. Comptabilité générale, par entrées et sorties :

Des outils en magasin ;

Des meubles ;

Des chevaux, voitures et fourrages ;

Des matières premières ;

Des marchandises fabriquées dans les ateliers spéciaux.

Le magasin d'outils et chacun des ateliers spéciaux (cordonniers, tailleurs, charrons) avaient en outre leur comptabilité spéciale et très-détaillée, par entrées et sorties ; ainsi le garde-magasin d'outils devait connaître non -seulement le nombre de chaque espèce d'outils en magasin ou en œuvre, mais encore les fluctuations de ce matériel, d'un chantier à l'autre, le compte des outils en réparation ou à réparer, etc.

Un gardien spécial sur chaque chantier était sous les ordres du garde-magasin général, et quatre inspecteurs étaient chargés de la surveillance des chantiers sous ce rapport ; ils remettaient à la sous-direction, tous les dix jours, une situation en forme de tableau, du matériel de leurs circonscriptions respectives.

Bureau de police extérieure, chargé des renseignements à donner, soit sur les hommes soupçonnés, de fraude dans leur admission, soit sur les brigadiers ou autres chefs, accusés d'infidélité, soit enfin sur les individus réclamés ou signalés par l'autorité. Ce bureau occupait, outre quatre ou cinq employés ordinaires, deux agents de la police de sûreté pour les commissions difficiles.

Enfin, le *bureau du commis d'ordre*, chargé de l'administration intérieure des bureaux, de la paye des employés, des distributions d'imprimés aux chefs de service, etc.

M. Ed. Gonssolin qui était chargé de LA TROISIÈME SOUS-DIRECTION n'avait à s'occuper que de l'exécution des travaux et de l'étude des projets présentés, et conservés religieusement dans les cartons du ministère, d'où je n'ai jamais pu les faire sortir.

Un bureau d'études, composé de quatre ingénieurs et de deux architectes, travaillait sans relâche aux susdits projets.

La surveillance de l'exécution des travaux en construction, était confiée à douze inspecteurs qui parcouraient constamment les chantiers, donnaient aux chefs les instructions nécessaires et faisaient chaque jour le rapport sur leurs tournées. Ces inspecteurs étaient subordonnés à un inspecteur en chef, M. Peaucellier. Tous les jours des inspecteurs se réunissaient, sous la présidence du sous-directeur, pour étudier en commun les questions d'exécution pendantes, et arriver par-là à donner aux travaux la meilleure direction possible. Le résumé de la discussion de chacune des séances de ce conseil des travaux était chaque jour autographié et distribué aux intéressés. Je vais transcrire ici un de ces comptes-rendus, il sera facile d'apprécier par cet exemple le mode d'opérer des inspecteurs.

SOUS-DIRECTION.

INSPECTION DES TRAVAUX.

CONSEIL DES INSPECTEURS DES TRAVAUX.

Présidence de M. E. Goussolin.

SÉANCE DU 8 MAI 1848.

Il a été arrêté que les marchés pour les fournitures de cailloux seraient traités par MM. les inspecteurs, et seraient soumis à l'approbation de M. Goussolin.

MM. les inspecteurs en feront surveiller la livraison et viseront, sur les factures des fournisseurs, les quantités fournies.

Tous les vendredis ces factures seront présentées à la séance.

Chacun de MM. les inspecteurs fera ses efforts pour obtenir, dans sa section, l'achèvement des travaux commencés, et surtout des chemins de ronde.

Ils voudront bien aussi se préoccuper de trouver des travaux pour occuper dans leurs sections les ouvriers, après l'achèvement des travaux en cours d'exécution.

SÉANCE DU 12 MAI 1848.

Communication d'une lettre de M. Homberg, ingénieur des ponts et chaussées, pour établir des rapports entre les ingénieurs des ponts et chaussées et les inspecteurs des Ateliers nationaux.

M. Gonssolin demande la situation des travaux et la valeur des travaux exécutés, arrêtés au 15 mai.

L'avis indiquant l'intervention des inspecteurs dans l'achat des matériaux, n'est pas parvenu complètement aux chefs de compagnie et de service.

Diriger demain les travaux vers les points fréquentés, à l'occasion de la fête.

Faire éclairer les points des ateliers qui présenteraient du danger dans la soirée de dimanche.

Que chaque inspecteur soit muni d'un niveau d'eau.

Profils en long, des chemins de ronde et des boulevards intérieurs, et profils en travers, embrassant à la fois les routes intérieures et extérieures, etc.

En dehors des sous-directions, existait un bureau spécial attaché à la direction même : celui du secrétariat. Le chef du cabinet, M. A. Boucard, était chargé des réceptions et de la correspondance. Trois fois par semaine, je recevais toutes les personnes qui m'en faisaient la demande, et qui en avaient expliqué préalablement le motif au chef du cabinet qui donnait audience tous les jours pendant trois heures. Il va sans dire que les personnes étrangères à l'administration subissaient seules ces formalités, et que j'étais à toute heure accessible aux réclamations des ouvriers, dont ils chargeaient le plus souvent leurs délégués, et que je leur demandais de faire autant que possible, par écrit, afin qu'il en restât trace et que je perdisse le moins de temps possible.

La correspondance était volumineuse; elle se composait, en moyenne, de plus de deux cents lettres par jour, quelquefois elle se montait au double. M. Boucard lisait toutes les lettres, me remettait celles qui exigeaient une réponse de quelque gravité, et les annotait toutes. Il renvoyait à chacune des sous-directions celles qui les concernaient, après en avoir averti les signataires par une réponse émanant du secrétariat. Chaque jour, la correspondance, quelque volumineuse qu'elle fût, était dépouillée, classée, les réponses faites, signées le soir même et expédiées le lendemain.

Quant aux questions, soit verbales, soit écrites, qui présentaient de l'importance, elles étaient soumises, soit au conseil des travaux, soit à deux autres conseils supérieurs dont je vais parler. Le conseil de direction, composé du directeur, du chef du cabinet et des quatre sous-directeurs, se tenait tous les jours immédiatement après le dîner; il discutait toutes les affaires extérieures, toutes les modifications, toutes les additions à apporter à l'organisation entière.

Le conseil des chefs d'arrondissement, dont M. Cauchois-Lemaire, archiviste des Ateliers nationaux;

était le vice-président, se réunissait tous les matins; les questions qui lui étaient posées par la direction, s'éclairaient par la discussion générale, et recevaient une solution sanctionnée par le directeur. Il se composait des quatorze chefs d'arrondissement et de ceux des sous-directeurs ou des employés supérieurs du ressort desquels était l'ordre du jour. Les comptes-rendus qui suivent et que j'ai choisis parmi les plus importants, détermineront l'importance des fonctions de ce conseil, en même temps qu'ils donneront des détails utiles sur quelques parties de l'administration.

RÉSUMÉ DE LA SÉANCE DU 4 MAI 1848.

Des Inspecteurs d'ordre.

Les inspecteurs d'ordre, ne relèvent que du sous-directeur, ayant dans ses attributions l'ordre général.

Ils n'ont aucun rang hiérarchique.

Ils sont chargés de faire exécuter les règlements dans toute leur étendue.

A cet effet, ils s'adressent sur les chantiers au chef présent le plus élevé, quel qu'il soit, lieutenant et même brigadier.

Ils font des rapports, et préviennent les chefs auxquels ils s'adressent, qu'ils proposent dans leurs rapports des mesures qui pourraient être de telles ou telles conséquences.

En cas de désordre sur le chantier, ils prient le chef le plus élevé, présent au moment de sa visite, de faire rétablir l'ordre; ils peuvent aussi le prier de faire faire l'appel des ouvriers présents.

Ils ne doivent jamais faire d'observations, sans préalablement avoir fait connaître leur qualité par la présentation de leur carte.

Des chefs d'Arrondissement.

Les chefs d'arrondissement prendront des mesures pour réunir chaque jour, à l'heure qui leur conviendra le mieux, leurs chefs de service, pour leur faire connaître les décisions prises à la réunion du matin. Les chefs de service en feront de même pour leurs chefs de compagnie qui réuniront aussi leurs lieutenants.

Il a été fait une demande aux douze mairies de Paris, pour obtenir un bureau spécial pour chaque chef d'arrondissement dans chaque mairie.

Discipline.

Les chefs de service et de compagnie, les lieutenants qui auront manqué trois fois par mois au règlement, pourront être rayés des contrôles des Ateliers nationaux.

Caisse centrale.

Toute somme d'argent qui n'aura pas été employée dans la journée, sera remise par le comptable au chef d'arrondissement, qui la rapportera le soir à la caisse centrale.

Dispositions particulières.

Une information sera prise à l'état-major général de la garde nationale, sur la durée du service de piquet, et si ce service peut avoir la même valeur que celui d'une garde.

ORDRE DU JOUR.

1º Dépôt du livret entre les mains du brigadier.
2º Moyens de travaux.

RÉSUMÉ DE LA SÉANCE DU 5 MAI 1848,

Des chefs d'Arrondissement.

Il avait été décidé dans la séance d'hier que les chefs d'arrondissement feraient connaître à leurs chefs de service, la décision prise dans la séance du matin.

Cette communication devra être faite avant l'heure de la paye.

La demande faite aux douze mairies d'un bureau spécial pour chaque chef d'arrondissement, a été acceptée.

Dispositions générales.

Les informations qui devaient être prises à l'état-major de la garde nationale sur la durée du service de piquet, seront ajournées.

Mode de payement.

Le délégué étant le surveillant naturel du payement par brigade, devra assister à la paye.

Il vérifiera la feuille de payement et la contrôlera sur un bulletin à part qu'il remettra au chef de compagnie.

Les lieutenants devront assister à la paye des quatre brigades sous leurs ordres ; les brigadiers leur remettront les feuilles d'émargement.

Les chefs de compagnie inspecteront à des jours indéterminés, la paye faite aux ouvriers par les brigadiers.

Livrets. — Le livret reste entre les mains de l'ouvrier.

Il est paraphé par le brigadier au moment du payement.

A un jour donné et pris au hasard, un inspecteur d'ordre ou un chef de service prend les feuilles de paye d'une brigade quelconque avec lesquelles il se rend à l'heure et au lieu où se fait la paye. Il exige la présentation des livrets, et à mesure de cette présentation, la confrontation est faite sur les feuilles.

Il est bien entendu, comme il a été décidé dans la séance du 2 mai, que le livret portera la désignation de l'arrondissement du service, du n° de la compagnie, de ses lieutenants et de la brigade auxquels appartient l'ouvrier.

RÉSUMÉ DE LA SÉANCE DU 8 MAI 1848.

Il est stipulé qu'on ne louera des locaux pour les bureaux d'arrondissement qu'en cas d'impossibilité de s'en procurer autrement. MM. les chefs d'arrondissement s'entendront avec M. le directeur du matériel pour l'acquisition des meubles.

M. le président donne lecture d'une lettre qui dénonce l'absence des chefs de service sur plusieurs chantiers, et l'abus que commettent certains travailleurs en imposant aux tombereaux une contribution forcée de 80 cent. par tombereau.

On décide que les chefs d'arrondissement devront indiquer aux chefs de service une heure fixe pour leurs réunions, afin que ces derniers puissent se trouver le reste du temps sur les chantiers.

Tout bon de sortie ne sera délivré sur le chantier au conducteur d'un tombereau qu'après examen du travail. Tout lieutenant qui aura délivré un bon sans remplir cette formalité sera passible d'une amende de 1 franc.

Ou signalera à l'état-major général de la garde nationale l'abus des billets de garde délivrés aux travailleurs pour des billets de piquet.

La commission d'examen des lieutenants sera composée ainsi qu'il suit :

Un président, deux élèves de l'École centrale, deux élèves des Arts et métiers ; un ouvrier par arrondissement.

L'exécution de la mesure, quant à la désignation des ouvriers est laissée aux chefs d'arrondissement.

Programme des connaissances exigées pour les emplois de lieutenants.

1° L'arithmétique comprenant les quatre règles, les fractions, le système métrique, les proportions, la racine carrée, la racine cubique.

2° Le toisé ;

3° Le nivellement ;

4° Le levé des plans ;

5° Notions sur les matériaux employés dans la construction.

MM. Albrizio et Bénard sont nommés membres du comité d'examen des lieutenants, pour l'École centrale.

L'époque de l'examen sera fixée ultérieurement.

FRAIS DE VOITURES POUR LES INSPECTEURS D'ORDRE ET DES TRAVAUX.

MM. Dellisse et Goussolin, après s'être entendus avec les inspecteurs d'ordre et de travaux, sont chargés de prendre une décision au sujet des frais de voitures afférents à ces derniers.

La proposition suivante de M. Courtépée, inspecteur-général des travaux, est adoptée :

« Dans l'intérêt de la bonne exécution des travaux
» les lieutenants seront tenus, les jours d'inactivité
» de leur compagnie, de se tenir sur les chantiers à la
» disposition de leur chef de service, et d'y rester
» jusqu'à l'heure de la paye de leur compagnie. »

M. le chef de la comptabilité donne lecture du projet de règlement ci-après, qui sera discuté à la prochaine séance.

PROJET DE RÈGLEMENT.

**De la comptabilité à tenir par les comptables des chefs
d'arrondissement.**

Il est établi dans chaque mairie de la ville de Paris, et près de chaque chef d'arrondissement, un agent comptable qui prendra le titre de sous-caissier d'arrondissement.

Cet agent sera chargé de tenir les comptes du chef d'arrondissement vis-à-vis du caissier central, de surveiller les écritures des comptables, des chefs de service attachés au chef d'arrondissement, et de transmettre au bureau central, après vérification préalable, les pièces justificatives des dépenses effectuées.

Le sous-caissier d'arrondissement partage avec le chef d'arrondissement la responsabilité des fonds remis par la caisse centrale et de la régularité des justifications des dépenses.

Les fonds destinés à la paye des brigades seront remis au sous-caissier sur reçu extrait d'un livre à souche, tous les jours, par le caissier central.

Tous les jours, le sous-caissier devra faire connaître par une note écrite, le montant des sommes nécessaires au service du lendemain.

Tous les cinq jours, le sous-caissier transmettra à la caisse centrale un bordereau sommaire de ses opérations avec les pièces de dépenses à l'appui. Ce bordereau sera établi conformément au modèle ci-joint. (*Voir le modèle.*)

Le sous-caissier d'arrondissement tiendra les écritures suivantes :

1° Un livre de caisse où il portera en *recettes* les fonds qui lui sont remis par la caisse centrale ou reversés par les chefs de service, et en *dépenses* les sommes payées par lui, soit directement, soit par l'intermédiaire des chefs de service; ce livre sera arrêté chaque jour, et le solde en résultant sera comparé exactement, chaque soir, avec les valeurs en caisse.

2° Un grand livre sur lequel seront ouverts : 1° Un compte intitulé : *Caisse centrale des Ateliers nationaux*; où l'on fera figurer en recettes les fonds remis par cette caisse, en dépenses, et, dans trois colonnes distinctes, le montant des versements opérés et à opérer à la caisse centrale, en feuilles de rôles, en autres pièces de dépenses et en numéraire ; 2° des comptes à chaque chef de service, afin que le sous-caissier puisse à tout moment vérifier la situation de chaque comptable des chefs de service.

Les sous-caissiers et comptables ne doivent acquitter en principe que les dépenses résultant de la solde des ouvriers. S'ils étaient appelés à acquitter d'autres dépenses, les pièces justificatives seraient versées à la caisse centrale comme numéraire, et comme si la dépense avait été acquittée directement par cette caisse.

On prévient à cet égard les sous-caissiers qu'ils devront, pour les dépenses dont il s'agit, fournir une pièce distincte par compte ouvert au grand livre de la caisse centrale.

La nomenclature de ces comptes est la suivante :

1° Frais généraux ;
2° Frais de voitures ;
3° Employés des bureaux ;
4° École centrale. (*Indemnités.*)

5° Matériel ;

6° Frais de bureau ;

7° Ville de Paris. (*Charrois, achats de cailloux, etc.*)

Les sous-caissiers et comptables seront soumis à toutes les vérifications que le directeur des Ateliers nationaux jugera convenables ; ils devront en conséquence ouvrir leur caisse et produire leurs écritures à tout agent ayant mission.

Les inspecteurs des finances, délégués près les Ateliers nationaux, et tous autres agents désignés par les ministres, ont, par ce seul fait, tous les pouvoirs nécessaires pour inspecter et contrôler la gestion des chefs d'arrondissement, de service, et des comptables sous leurs ordres.

RÉSUMÉ DE LA SÉANCE DU 12 MAI 1848.

M. le président donne lecture d'une lettre du directeur de la colonie de Petit-Bourg, qui demande plusieurs ouvriers.

M. l'inspecteur des travaux rend compte des informations qu'il a prises sur l'accident qui avait été signalé au chemin de fer, barrière de la Santé. Il résulte de ces informations que rien de semblable n'est venu à la connaissance de l'administration du chemin de fer.

Le règlement d'ordre pour la tenue des séances est adopté à l'unanimité.

MM. les chefs d'arrondissement se plaignent de n'avoir pas connaissance d'un ordre du jour pris en leur nom, concernant les mesures nécessitées par les fausses indications d'adresses.

On demande qu'un procès-verbal de chaque séance des délégués soit autographié et distribué aux chefs d'arrondissement.

M. le directeur, sur la demande qui lui est faite, annonce qu'un ordre du jour sera pris pour fixer les attributions des chefs d'arrondissement. — Ils ont été institués pour décentraliser l'administration. — Le chef d'arrondissement est le représentant de la direction dans les arrondissements; il administre en son nom, mais toutes les fois qu'il se présente des questions graves, les chefs d'arrondissement font un rapport d'après lequel le directeur prend une décision.

Quant à la réunion des chefs d'arrondissement, elle a été instituée d'abord pour établir un point de contact entre eux, afin qu'ils puissent s'éclairer mutuellement et se faire part des difficultés ou des incidents qui se présentent dans chaque arrondissement; ensuite, pour que les mesures proposées par la direction puissent leur être soumises et être sanctionnnées par leurs avis.

En résumé, pour qu'une mesure règlementaire puisse avoir force de loi, elle ne peut compter que du jour où elle a été signée par M. le directeur, et revêtue du visa de M. Cauchois-Lemaire, constatant qu'elle a été soumise au conseil d'arrondissement.

Les réclamations formées par les ouvriers doivent être adressées aux chefs d'arrondissement qui les transmettent au directeur, lequel les distribue aux sous-directeurs, suivant leurs attributions respectives. Il est entendu qu'aucun chef d'arrondissement, aucun chef de service, aucun chef de compagnie, aucun lieutenant ne peut avoir à prendre de détermination sans consulter le chef du service compétent.

M. le directeur annonce qu'un ordre du jour sera présenté demain au ministère, portant que l'administration des Ateliers nationaux établit, place du Carrousel, un bureau de placement volontaire pour les travailleurs. Ce service comprendra un bureau des patrons, et un bureau des ouvriers. Les chefs d'arrondissement prendront les demandes des ouvrierss et les transmettront au bureau.

Il est incontestable que l'administration centrale des Ateliers nationaux contenait plus d'employés qu'il n'était rigoureusement nécessaire pour mener à fin le travail de chaque jour. Mais, je l'ai déjà dit, et on doit le remarquer; j'étais assailli à chaque instant de demandes d'emploi, accompagnées de recommandations dont un grand nombre étaient des ordres, car elles émanaient de mes supérieurs. Toute cette foule subalterne de républicains de la veille, de combattants de février, d'amis ou de clients des fonctionnaires, pour laquelle le nombre des destitutions opérées n'offrait pas le dixième des places qu'elle demandait, m'était adressée de tous les côtés, et à chacune des objections que me suggérait l'encombrement auquel j'étais en proie, on me répondait : Tâchez de caser ces gens-là, nous leur avons des obligations, nous ne pouvons pas les laisser mourir de faim, et nous n'avons rien à leur donner. Il est impossible de les renvoyer dans les cadres de l'embrigadement sans exciter un mécontentement extrême, voyez à créer des attributions nouvelles.

C'est ainsi qu'un jour, le ministre des travaux publics m'envoya d'un seul coup, avec injonction d'examiner leur réclamation, six cents personnes, artistes dramatiques, peintres, sculpteurs, dessinateurs, ex-employés de maisons de banque ou de commerce.

Ils étaient allés trouver M. Marie, et lui tenir ce langage bien simple : La République a garanti le travail à tous les citoyens, nous en sommes privés; nous n'en demandons pas, comme pourtant on l'a promis, chacun dans notre profession, cela serait impossible, nous le savons ; mais au moins, faites que nous puissions gagner honorablement le pain dont nous manquons ; nous sommes à bout de ressources, et les mairies refusent de nous donner des bulletins d'admission aux Ateliers nationaux, parce que nous avons des habits et qu'il répugne à nos habitudes de prendre la blouse. Nous sommes pourtant, comme les ouvriers, dignes de quelque commisération.

M. Marie avait été touché de cette triste position ; j'avais de lui un ordre ; c'est de grand cœur que j'y obtempérai, et je créai pour ces hommes, si véritablement à plaindre, le service des agents de paye, dont les fonctions consistaient, à surveiller dans chaque brigade, l'emploi des fonds destinés à la paye quotidienne, et l'émargement des feuilles de rôle, en même temps qu'à exercer à domicile une inspection de l'état physique et moral des ouvriers.

Je fis entrer successivement dans les cadres de cette inspection, soumise chacune dans son ressort aux chefs d'arrondissement, tous les infortunés qui venaient, dans les mêmes conditions, me demander du pain, puis tous ceux dont je *devais* accueillir les recommandations.

Dès les premiers jours de l'embrigadement, il s'était présenté à Monceaux, bon nombre d'anciens gardes municipaux. Ces hommes qui, en définitive, n'avaient fait qu'obéir aux ordres qui leur furent donnés, et il faut leur rendre cette justice, qui l'avaient fait avec humanité, étaient un objet d'exécration pour le peuple, comme l'avaient été les gendarmes en 1830, comme le sera toujours un corps chargé de l'exécution militaire des règlements de police dans la capitale.

Ils avaient tout perdu dans l'incendie de leurs casernes ; ils venaient presqu'en haillons, tremblants, affamés, s'exposer, dans les rangs des ouvriers, aux

insultes et aux menaces qui ne leur faisaient pas faute, pour obtenir les secours offerts à tous.

Le Gouvernement provisoire avait eu la cruauté
de les repousser, de briser leur carrière signalée par
de longs et d'honorables services, et de les laisser en
proie à la misère la plus affreuse.

Je m'aperçus des très-mauvais traitements et des
humiliations que, dans nos brigades, ils avaient à
subir, aussitôt que leur chaussure d'uniforme, et
leur tournure militaire, qu'ils ne pouvaient dissimuler, les avaient fait reconnaître; je résolus de les
réunir, de leur assurer des moyens d'existence, sûr
que le moment viendrait de les rendre encore une fois
utiles à la patrie.

Le hasard m'avait mis en relation avec M. Cloquié,
ex-lieutenant de la garde municipale; je demandai à
ce brave et digne homme, s'il consentirait à reprendre
le commandement de ses anciens soldats, s'il tâche-
rait avec moi, de les soustraire à tous les maux dont
ils étaient menacés.

M. Cloquié me remercia avec effusion et accepta
mon offre.

J'essayai d'abord de former avec les anciens gardes, dont je n'avais qu'une vingtaine, une brigade
de gardiens du domaine de Monceaux, faisant en
même temps le service d'estafette; mais bientôt cette
résolution transpira au dehors, et je reçus de plusieurs côtés l'avis qu'elle ne pouvait sans danger être
mise à exécution. D'ailleurs le nombre des nouveaux
arrivés, informés par les camarades, s'accroissait avec
une rapidité telle que ma première idée devenait
impossible.

Je songeai alors à les éloigner de Paris.

J'avais dirigé, comme ingénieur, les constructions
encore inachevées, d'une belle usine métallurgique à
Beaumont-sur-Oise; je demandai, d'une part, aux

gérants de cet établissement, la permission d'y faire exploiter les minières de fer que contiennent les forêts avoisinantes, par les anciens gardes, à la charge par eux-mêmes, de rembourser à l'État le prix estimatif du minérai extrait. D'autre part, je sollicitais du ministre la même autorisation qu'il m'accorda également.

Je prévins alors le ministre de la guerre et celui de l'intérieur de la détermination que j'avais prise, en mettant dès ce jour à leur disposition les ex-gardes municipaux, pour l'époque où ils le jugeraient convenable.

Mon frère P. Thomas, et M. Cloquié, accompagnés de M. G. Jonnart, l'un des gérants de l'affaire, partirent pour Beaumont; ils visitèrent successivement les autorités communales de la ville et celles des villages environnants, qui les accueillirent avec bienveillance; ils préparèrent enfin de la manière la plus convenable les logements des nouveaux hôtes qu'ils allaient amener, et commencèrent à faire disposer sur le terrain le travail qu'ils devaient exécuter.

L'avis suivant fut alors répandu.

« Des ex-gardes municipaux se sont naturellement trouvés, et en assez grand nombre, dans la nécessité d'avoir recours aux Ateliers nationaux. Ayant été reconnus des autres travailleurs, ce fait a donné lieu à une irritation qui aurait pu leur devenir fatale.

» Ces citoyens ont été éloignés de Paris, sur leur demande, par les soins du bureau central des Ateliers nationaux, qui a trouvé moyen de les faire employer à des travaux dans les départements. Il en sera de même des autres travailleurs qui se trouveront successivement placés dans la même catégorie, et qui devront, aussitôt que possible, formuler une demande à cet effet, entre les mains du citoyen Cloquié au bureau central.

» Il est important que tout chef de service fasse répandre, verbalement, parmi ses hommes, les avis susceptibles de les informer suffisamment de la circonstance pénible qui vient d'être signalée et de la mesure d'urgence à laquelle elle a donné lieu.

» Les chefs de service auront aussi pour devoir de chercher à bien pénétrer leurs hommes de la véritable position de bons et braves soldats d'élite, sortis comme eux des rangs du peuple et de l'armée, et animés au fond du cœur des mêmes sentiments qu'eux, mais qui se sont trouvés momentanément dans l'affreuse nécessité, ou de manquer aux devoirs ordinaires imposés par la discipline, ou de subir les conséquences d'une collision entre enfants d'une même famille.

» Enfin, les chefs de service s'empresseront d'adopter tous les moyens possibles de provoquer l'oubli du passé envers des citoyens détournés de leurs devoirs naturels par certaines influences qu'ils ne pouvaient vaincre dès l'abord, mais qui sont désormais anéanties ; les enfants du peuple, si généreux envers le malheur, comprendront facilement qu'ils manqueraient aux conseils de leur cœur en ne se disposant pas à admettre bientôt parmi eux, après une première preuve d'effervescence, et sans haine ni arrière-pensée, des concitoyens leurs frères, qui, comme eux, ont droit au travail, qui, comme eux, n'aspirent qu'à vivre honorablement et à saisir tous les moyens praticables de servir utilement la patrie sous la conduite de chefs dignes d'eux. »

Le Commissaire de la République,
Directeur des Ateliers nationaux,

Émile Thomas.

La compagnie du chemin de fer du Nord se prêta avec la plus rare complaisance au transport des hommes qui bientôt arrivèrent de tous côtés. D'anciens officiers du même corps furent placés à la gare pour en faciliter le départ, et nous formâmes successivement, à Beaumont, quatre compagnies de deux cent vingt-cinq hommes, commandées chacune par un chef-officier et deux lieutenants ou sous-officiers, puis un service d'inspection et un bureau de paye, occupant en outre un certain nombre d'officiers et de sous-officiers; l'effectif de ce dépôt se monta, en définitive, à près de mille hommes.

Non content d'avoir assuré à ces ouvriers-soldats une existence tranquille, je m'occupai, de concert avec M. Cloquié, de leur position future, et je fis à cet égard, nombre de démarches, en remettant à qui de droit, et leurs pétitions, et leurs états de service; malheureusement, elles ne purent avoir aucun résultat; une répugnance invincible retenait les membres du gouvernement, qui n'accordèrent, et à force de sollicitations, à nos protégés, que le droit d'entrer dans les compagnies de vétérans, ou de se réengager dans les cadres de l'armée en perdant leur temps de service. Devant cette offre inacceptable, je leur conseillai d'attendre qu'un moment plus favorable revînt pour eux.

Puisque je retrace cet incident, je vais en rappeler l'issue.

Pendant tout le temps que durèrent les Ateliers nationaux, les anciens gardes municipaux restèrent à Beaumont; les habitants les traitèrent avec des égards d'ailleurs parfaitement mérités. Je dois rappeler aussi la noble conduite de leur chef, M. Cloquié, qui, pour leur être utile, ne marchanda ni ses soins, ni sa fatigue, ni ses démarches; il les consolait, il s'efforçait d'entretenir le courage des uns, de dissuader les autres du désespoir où les plongeait la perte de leur carrière, en leur offrant la perspective d'un avenir meilleur.

Lorsque arrivèrent les événements de juin, sur ma proposition, le général Cavaignac, enchanté de retrouver à sa disposition ces soldats d'élite, donna à mon jeune frère Albert l'ordre de les ramener à Paris. Mon frère courut, le samedi 23 juin, d'assez grands dangers pour parvenir à Saint-Denis. Plusieurs fois, il fut arrêté par les insurgés qui, fort heureusement, n'eurent pas la pensée de le fouiller, cas auquel l'ordre dont il était porteur l'eût exposé à une mort certaine. A Saint-Denis, il prit le convoi du Nord, arriva heureusement à Beaumont, prévint M. Cloquié de sa mission, et, de concert avec lui, ramena ces hommes à l'Assemblée nationale. Le général Cavaignac les fit armer, et les caserna à la Manutention dont ils formèrent la garnison. Huit jours après, on les envoya à Versailles, et bientôt on en forma le corps de gendarmerie mobile qu'ils composent aujourd'hui. Le lieutenant Cloquié, en récompense de sa belle conduite, reçut les épaulettes de capitaine qu'il avait certes bien gagnées.

Pour en finir avec les détails de l'administration, je vais dire encore quelques mots d'une institution dont j'ai déjà parlé plus haut; du bureau médical.

Tout le monde connaît la répugnance invincible qu'éprouvent les ouvriers, si pauvres qu'ils soient, à se présenter aux hôpitaux, dont l'accès même quelquefois leur est difficile.

Sujets à de nombreuses indispositions, qu'ils négligent le plus souvent, faute d'avoir à leur portée les moyens d'y remédier, leur position, sous ce point de vue, était encore aggravée par la misère affreuse qui les dévorait.

Aussi se dirigèrent-ils avec empressement vers le bureau de consultations gratuites que je leur ouvris.

et ce bureau fut-il un bienfait réel pour les classes pauvres. — Sans entrer ici dans les détails de l'organisation intérieure de ce bureau, je dois dire, comme le constatent les chiffres que je cite plus loin, qu'il présenta, en outre de son efficacité, des avantages économiques tels qu'il serait à désirer qu'on reconstituât, en l'élargissant, cette création détruite, comme plusieurs autres, par mon successeur avec un discernement qu'il ne m'appartient pas de qualifier. Et je dois apporter le tribut d'éloges le plus complet et le mieux mérité aux médecins qui, presque gratuitement (moyennant cinq francs par jour), accomplissaient ce service avec joie, et surtout au dévouement sincère, intelligent et désintéressé des médecins en chef, les docteurs Gaudinot et Bujeon.

L'état suivant indiquera les proportions de ce service.

Note de la dépense faite par le bureau médical pour le service des malades des Ateliers nationaux, du 1er au 27 mai inclusivement.

Factures de pharmacie.	483 f. 60 c.
Bons de bains.	234 20
Factures de verrerie.	43 50
Factures d'instruments de chirurgie.	33 90
Frais de voitures.	21 60
Ports de lettres	3 60
Dépenses diverses pour articles de bureau.	7 50
Émargement général de tous les médecins, employés et sous-employés du bureau.	3,710 30
	4,538 20 c.

Le nombre des malades admis à la consultation

du bureau médical, basé sur une moyenne de 250 par jour, donne pour 27 journées 6,750 malades, nombre auquel il faut ajouter 2,102 malades visités à domicile, ce qui donne un total de 8,852. Ainsi le bureau médical a donné ses soins à huit mille huit cent cinquante-deux malades, qui n'auront coûté à l'administration, en moyenne pour chacun d'eux, qu'un peu plus de *cinquante et un centimes.*

Les employés supérieurs des ateliers nationaux ont été si durement calomniés, dans ces derniers temps, à propos de leurs appointements, qu'il importe de rectifier les faits erronés qui ont pu être avancés à ce sujet.

J'ai déjà indiqué le chiffre de la paye des employés subalternes. Les lieutenants touchaient 4 francs par jour, ainsi que les sous-chefs de bureau ; tous les employés de ces mêmes bureaux touchaient 3 francs, sauf ceux du bureau des vérifications, qui étaient payés 3 fr. 50.

Tous les élèves ou anciens élèves de l'École centrale, quelque fonction qu'ils occupassent, avaient seulement droit à une indemnité de 5 francs par jour, qu'ils fussent chefs de compagnie, de service ou d'arrondissement. Les mêmes honoraires étaient alloués aux chefs de bureaux et aux inspecteurs d'ordre ou de travaux, qui recevaient en sus une indemnité fixe de 2 francs par jour pour frais de voitures.

Cinq personnes seulement, à savoir le chef du cabinet et les sous-directeurs, avaient 10 francs par jour.

Quant à moi, et sur ma demande formelle, mes fonctions étaient complètement gratuites; lorsque le ministre m'avait parlé d'honoraires, je lui avais répondu que je ne croyais pas que je dusse en accepter, en raison même de la nature du service que je remplissais.

Cependant, et parce que ma fortune ne me permettait en aucune façon de soutenir les frais de maison assez considérables auxquels je me trouvais obligé, ni même de subvenir à ma propre existence, autrement que par mon travail, j'avais demandé l'autorisation de prélever sur les fonds qui m'étaient alloués les frais matériels de la maison du directeur. Je livrais donc, comme· pièces comptables, les factures des différents fournisseurs de vivres qui y étaient consommés.

Ces frais ne laissaient pas que d'être assez élevés, car je recevais tous les jours à ma table et à chaque repas, les cinq chefs supérieurs de l'administration, l'officier de garde mobile commandànt le poste, et au moins quatre des employés, élèves de l'École ou autres, que j'invitais alternativement; ce qui, en y comprenant ma mère, mes jeunes frères et moi, composait, au minimum, douze à quatorze couverts.

Un tel état de choses était rendu nécessaire par les exigences du service, pénible et rigoureux à la fois, et je n'avais guère d'autre moyen de faire honneur au dévouement de mes camarades, pour qui la faible somme qu'ils touchaient n'était point un salaire, mais une indemnité à peine suffisante. Plus tard, et sur l'avis de l'inspecteur des finances, ce mode d'opérer parut irrégulier, et le ministre signa un arrêté en vertu duquel j'étais autorisé à entretenir une table de dix couverts, à raison de 6 francs par tête et par jour.

Loin que je cherchasse à économiser sur cette allocation, et bien que ma table fût servie sinon avec parcimonie, du moins avec une grande simplicité, je dépassais le plus souvent cette allocation à mes frais; cela est bien facile à comprendre pour quiconque sait ce que coûtent, à Paris, deux repas convenables servis à douze personnes au minimum ; de telle sorte que, loin de bénéficier à la position que j'occupais, j'y dépensais mes faibles économies.

On se rappelle que rien de positif n'avait été statué à l'égard du service des finances des Ateliers nationaux ; les premiers 800,000 francs avaient été imputés, par voie de virement, sur le crédit des routes et ponts. Le ministre ordonnançait par fractions de 10,000 à 20,000 francs ces sommes à mon nom, et je les touchais directement au trésor. Les formalités nécessitées par cette marche irrégulière étaient souvent d'une grande difficulté à vaincre. Nombre de fois, pour obtenir le montant de la paye du jour, il fallait attendre ou courir, pendant des heures entières, d'un bureau à l'autre, du ministère des finances à celui des travaux publics ; souvent aussi ma présence devenait indispensable, et je devais tout quitter pour aller perdre mon temps à discuter sur des questions de forme avec le payeur ou l'ordonnateur.

Je déclarai nettement que je ne pouvais plus continuer à subir les conséquences des dissentiments des deux ministres, et qu'il fallait que promptement on adoptât un système régulier pour éviter désormais toute entrave.

Je commençais d'ailleurs à m'effrayer de la lourde responsabilité que, de tous côtés, on rejetait sur moi, et je ne pouvais consentir à rester plus longtemps le seul arbitre et le seul répondant de la distribution et de la destination des deniers publics, qui m'étaient confiés.

J'insistai donc, mais vainement, pour obtenir l'introduction d'un contrôle sérieux et direct dans l'administration, réclamation que j'avais présentée dès le premier jour, et à laquelle, par des motifs que je ne puis expliquer, on n'avait point encore obtempéré.

A l'égard de la première de ces demandes, le ministre m'invita à lui présenter un rapport.

Quant à la seconde, il me donna quelques lignes pour M. Garnier-Pagès, que je fus trouver et auquel je n'arrivai qu'avec les plus incroyables difficultés.

Seul, je n'y pouvais parvenir; j'allai successivement trouver le payeur central, M. Bruzzo, et M. Thomas, caissier central; ces Messieurs comprirent parfaitément tout le danger de ma position à l'égard des comptes à rendre ultérieurement; ils consentirent tous deux à m'accompagner chez le ministre. Bien que l'huissier les eût tous deux annoncés, ils attendirent le bon plaisir de l'excellence républicaine avec moi, pendant plus d'une heure. Je ne sais trop si, en ce moment, M. Garnier-Pagès, assisté de M. Duclerc, mettait la dernière main à l'illustration de son administration, en proclamant son décret sur l'abolition de l'impôt du sel, exécutable en 1850 (ô prévoyance magnanime du *provisoire!*), ou en détruisant les octrois de Paris, ou les revenus du timbre, sauf ensuite à ne pouvoir plus faire honneur aux engagements de l'État et à reculer l'échéance des bons du trésor; toujours est-il que je ne puis m'expliquer comment les deux plus importants fonctionnaires des finances devaient gaspiller leur temps de la sorte pour parvenir jusqu'à leur chef.

M. Garnier-Pagès nous laissa à peine le temps de nous expliquer, et nous fit un très-long discours, d'où il ressortait que lui seul au gouvernement était capable de quelque chose; il m'accorda cependant ce que je demandais, et j'obtins qu'il serait désigné, pour s'entendre avec moi, un inspecteur des finances de première classe, afin de régler la comptabilité et d'établir un contrôle.

Je me souviens encore que le caissier et le payeur central, profitant de l'audience pour présenter au ministre quelques observations et quelques projets financiers indépendants de la question qui m'amenait,

M. Garnier-Pagès leur dit : « Ne vous inquiétez de rien, Messieurs, je vous donnerai mes instructions, j'ai tout prévu ; tout est là, ajouta-t-il, en portant le doigt à son front par un geste sublime !

L'inspecteur désigné fut M. Roy. Jeune encore, il est doué cependant d'une aptitude rare et d'un profond savoir administratif ; j'ai peu vu en même temps d'homme plus digne, plus convenable, plus honorable sous tous les rapports. Non-seulement nos relations furent constamment bienveillantes, mais encore des plus agréables, et j'acquis, en peu de temps, pour lui, une estime profonde et une sincère amitié.

Je n'étais point initié aux formes de la comptabilité publique ; aussi celle que j'avais instituée méritait-elle à peine ce nom ; sous le contrôle intelligent de M. Roy, que je secondai de tout mon pouvoir, elle devint sérieuse et rationnelle, et bientôt je pus, de ce côté, dormir tranquille : il ne se commettrait plus d'abus dont je pusse devenir responsable, sinon ceux, qui par la force même des choses ne pouvaient être prévenus qu'à mesure qu'une surveillance rigoureuse les ferait apercevoir.

Je rédigeai le rapport que m'avait demandé le ministre des travaux publics ; j'y expliquai succinctement la position, et je démontrai qu'on ne pouvait, sans injustice, laisser, soit à la charge de la ville, soit à celle des travaux publics, la dépense excessive qu'occasionnait le défaut de travail. J'ajoutai que la décision prise de fournir des secours accordés aux ouvriers, ou de leur payer un salaire en raison de leurs spécialités professionnelles, les mettait dans l'impossibilité de le gagner en majeure partie (le métier de terrassier ne peut être habilement exercé par le premier venu) ; ce n'était réellement qu'une mesure de salut public, et un moyen d'empêcher le désordre qui, de Paris, se communiquerait bientôt dans tous les grands centres de population industrielle; par conséquent, l'État seul devait supporter des dépenses qu'il avait créées ; par ces motifs et par des considérations d'ordre public, liées indubitablement à la régularité des payes et à la suppression de démarches oiseuses, je suppliais le Gouvernement provisoire de vouloir bien accorder un crédit spécial aux Ateliers nationaux.

Ce rapport, déposé entre les mains de M. Marie, contenait en outre des réflexions que m'avaient inspirées le nombre toujours croissant des embrigadements, sur la nécessité de rompre désormais avec les moyens employés jusqu'à ce jour, et de prévenir l'embarras inextricable où ils amèneraient le gouvernement. Je proposais enfin qu'on prît le parti qui, à mes yeux, était le meilleur de tous ; de ne point marchander avec la crise, et d'accorder sur tous les points du territoire, des secours suffisants, non plus directement aux ouvriers , mais indirectement et d'une manière bien plus efficace, en les distribuant à l'industrie et au commerce. L'exemple des 30 millions répartis, en 1830, entre les manufacturiers et les commerçants, était la plus sûre garantie du succès infaillible de cette précaution.

En portant moi-même mon rapport à M. Marie, j'appuyai avec instance sur cette dernière partie de mon travail.

« Monsieur le ministre lui dis-je, tous les ateliers se ferment, les uns par manque absolu, non pas de commandes, mais de capitaux; les autres à cause des prétentions exagérées des ouvriers; à une époque où l'on peut à peine leur accorder le salaire habituel, en raison de la crise que l'on tend à rendre de plus en plus terrible, ils ont exigé, on leur a accordé une augmentation de paye, une diminution de travail ; qu'en résultera-t-il? c'est que bientôt il n'existera plus pour eux, ni travail, ni paye ; et je frémis en songeant qu'il y a à Paris seulement, près de cent cinquante mille ouvriers.

» Aujourd'hui, il est temps encore, dans un mois, dans quinze jours peut-être, il ne le sera plus. Songez que ce n'est pas une économie réelle que d'attribuer en pure perte un secours aux ouvriers eux-mêmes ; ce secours insuffisant est bientôt dévoré, qu'a-t-il produit ? rien que l'habitude de la paresse, celle de la rumeur des places publiques et des clubs en plein vent. Le secours donné, prêté même au fabricant, au négociant, au banquier, retourne au contraire par l'industrie au travailleur ; il est fécondé, multiplié ainsi, et se transforme en un salaire régulier et normal ; il vivifie chacun des mille canaux qui font circuler dans le cœur du pays, l'aisance et l'activité ; il facilite l'impôt, soutient le cours des rentes, rassure les esprits. Au commencement, vingt millions eussent suffi pour soutenir les principales maisons de banque, à la chute desquelles vous avez applaudi peut-être, sans vous douter que vous applaudissiez à votre ruine, et à la misère du peuple. Aujourd'hui, les relever serait impossible ; il faut arriver jusqu'aux industries privées qu'elles alimentaient, il faut cinquante millions ; dans un mois, un milliard peut-être ne suffira plus pour combler le déficit qui, tous les jours, engloutit les maisons les mieux fondées.

— Et le Luxembourg, répartit M. Marie, croyez-vous que jamais il y consente ? savez-vous quelles sont ses doctrines ? savez-vous que, tous les jours, M. Louis Blanc prêche aux ouvriers la haine des patrons ; qu'il ne tend à rien moins qu'à substituer l'État à tous les entrepreneurs, à tous les négociants, à tous les fabricants, parce que, prétend-il, le maître s'engraisse de leurs sueurs ? Mais si nous osions apporter un subside à ces maîtres détestés, vous les avez vus le 17, tous ces ouvriers, ils s'insurgeraient, et nous serions perdus.

Non, non, ajouta-t-il avec quelque tristesse, le principe doit être conservé, il faut que nous aidions les ouvriers de préférence aux patrons. Nous avons bien assez de limiter M. Louis Blanc aux paroles, et de l'empêcher d'arriver aux actes; faire plus serait imprudent.

— Mais, lui répondis-je, si l'influence du Luxembourg vous semble pernicieuse, pourquoi l'avez vous laissée s'établir?

Là M. Marie m'expliqua ce que j'ai rapporté déjà : Que M. Louis Blanc, avait voulu imposer au Gouvernement provisoire la création à son profit du ministère du travail et du progrès, en vertu de son crédit sur les ouvriers. Que le gouvernement, assez énergique encore pour se refuser à cette prétention, derrière laquelle il voyait clairement, et la dictature de cet homme, et le bouleversement immédiat et entier de l'ordre social, n'avait cependant pu faire autrement que de lui accorder l'institution de la commission pour les travailleurs, où il ne pût désorganiser le travail qu'en projet et non pas en fait.

D'ailleurs M. Marie me dit que l'intention bien arrêtée du gouvernement avait été de laisser s'accomplir cette *expérience*; qu'en elle-même elle ne pouvait avoir que de bons résultats parce qu'elle démontrerait aux ouvriers eux-mêmes tout le vide, et toute la fausseté de ces théories inapplicables, et leur ferait apercevoir les conséquences désastreuses qu'elles entraîneraient pour eux-mêmes. Qu'alors désabusés pour l'avenir, leur idolâtrie pour M. Louis Blanc s'écroulerait toute seule, et que désormais il perdrait ainsi tout son prestige, toute sa force, et cesserait d'être jamais un danger.

Monsieur le ministre, répondis-je en prenant congé, j'ai peu de savoir, encore moins d'expérience; mais j'éprouve en ce moment une conviction profonde que je vous supplie de me laisser vous exprimer : Je crois que de pareils essais sont funestes; on peut mener les hommes bien loin avec des paroles. Vous avez voulu faire une *expérience* que vous ne regardez pas, dites-vous, à payer quelques millions ! — Vous ne savez pas combien de *millions* elle a déjà coûté à la France, ni combien de *milliards* elle lui coûtera encore ; Dieu veuille qu'elle ne la paye pas du plus pur de son sang !

Ces paroles, je les ai dites, et M. Marie les a entendues !

Hélas ! je n'ai jamais commis d'autre crime, aux yeux de ces hommes d'État, que d'avoir prophétisé trop sûrement les désastres que leurs actes traînaient à leur suite.

Le jour même de cette conversation, M. Marie, pénétré au moins de la réalité des faits que j'avais annoncés, adressa aux ouvriers la proclamation suivante :

A TOUS LES TRAVAILLEURS.

Citoyens,

Vous avez demandé que les conditions du travail fussent améliorées ; vos demandes ont été accueillies. D'un accord commun entre vous et les patrons, et sous la médiation active de la commission du travail, la journée a été fixée à dix heures, le marchandage a été écarté.

Cependant, depuis quelques jours, de grands ateliers, tenus ouverts par l'État ou par des industriels que la difficulté des circonstances et la crise financière n'ont pas un instant découragés, ont été de nouveau abandonnés, ou sont menacés de l'être.

Citoyens, vous êtes hommes de travail, vous vous honorez du travail, vous voulez vivre par le travail, et vous avez raison ; car là est la vraie source du bien-être pour l'homme, pour la famille, pour la société tout entière ; car là aussi est la véritable indépendance, la véritable liberté.

Rentrez donc dans vos ateliers, reprenez cette vie active, laborieuse, qui est pour vous un honneur, pour la Patrie une espérance.

La République, bien que née d'hier, est déjà grande et forte ; mais le crédit public s'est effrayé, il a besoin de se raffermir. Le calme seul peut lui rendre la confiance, et le calme ne peut sortir que du travail.

Citoyens, la République attend de vous ce nouvel exemple d'intelligence et de patriotisme.

La France doit rester grande par l'industrie ; elle a besoin pour cela de votre concours ; vous le lui donnerez.

Le Gouvernement provisoire compte sur vous.

Le membre du Gouvernement provisoire,
ministre des travaux publics,

MARIE.

20 mars.

De nombreuses réclamations surgissaient alors dans les brigades. Quelque fût le nombre d'ouvriers que j'eusse essayé d'appliquer aux travaux insuffisants que j'avais obtenus, bien que les chantiers employassent le double des ouvriers qu'il aurait fallu pour que le travail s'opérât régulièrement et sans encombrement des hommes eux-mêmes, je n'avais pu utiliser que douze mille travailleurs seulement, et pourtant l'embrigadement s'accroissait en des proportions effrayantes.

En raison de la différence de prix du jour de travail à celui d'inactivité ; en raison aussi de ce noble sentiment qui portait la grande majorité des ouvriers à vouloir gagner le salaire qu'ils recevaient, tous réclamaient l'exécution de ma promesse d'un jour de travail sur deux, et ils en voulaient l'exécution à la lettre.

Je dus expliquer cette promesse par l'ordre du jour que voici :

RÉPUBLIQUE FRANÇAISE.

Liberté, Égalité, Fraternité.

AVIS.

AUX TRAVAILLEURS DU BUREAU CENTRAL DES ATELIERS NATIONAUX.

Mes amis,

Par suite d'une ambiguïté dans la rédaction de l'ordre du jour du 16 mars, plusieurs d'entre vous n'ont pas compris ma promesse de les faire travailler de deux jours l'un.

Cela ne veut pas dire que chacun de vous travaillera un jour, et ne travaillera pas le lendemain. — Bien que ce cas puisse se présenter, ce sera plutôt une exception qu'un fait général.

Mais cela veut dire que chacun de vous aura un nombre égal de jours de travail et d'inactivité successifs.

Celui qui, à partir du 17, sera resté en disponibilité pendant six ou huit jours, travaillera ensuite pendant six ou huit jours.

Comprenez bien, mes amis, que nous ne pouvons pas faire autrement, car il ne suffit pas de travailler, il faut encore travailler utilement.

Une compagnie, remplacée chaque jour par une autre, ne ferait rien de bon, rien d'utile, rien qui, par son accomplissement, pût témoigner, servir de monument à la création de nos Ateliers nationaux, à cette juste sollicitude du Gouvernement, d'une part, à cet admirable dévouement des travailleurs, de l'autre.

Surtout, mes amis, je vous en conjure, aidez-nous dans notre tâche.

Vous savez obéir, et vous prouvez ainsi que vous êtes dignes de commander. Soyez tous justes et patients autant que vous êtes intelligents et dévoués à la patrie, notre mère commune. Nous avons de grands obstacles, des obstacles matériels à surmonter, pour arriver à vous donner à tous, non-seulement du travail, mais encore des outils et un juste salaire, et maintenant vous êtes *trente mille* avec nous.

Que je trouve en vous l'appui sur lequel je dois compter ; aidez-moi par votre calme, encore une fois, par votre patience, par votre résolution, et tous les obstacles, pour vous, je les surmonterai.

Et moi, sorti du peuple, je serai fier un jour de lui rappeler que j'ai été assez heureux pour aider mes frères.

VIVE LA RÉPUBLIQUE !

Le Directeur du bureau central,

ÉMILE THOMAS.

Paris, 21 mai 1848.

Le surlendemain, M. Marie me fit mander à l'Hôtel-de-Ville. Après la séance du Gouvernement, je m'y rendis, et reçus la nouvelle qu'un crédit de cinq millions était ouvert aux Ateliers nationaux, et que le service des finances s'accomplirait dès lors avec plus de facilité.

M. Marie me prit ensuite à part, et me demanda fort bas, si je pouvais compter sur les ouvriers.

— Je le pense, répondis-je ; cependant le nombre s'en accroît tellement qu'il me devient bien difficile de posséder sur eux une action aussi directe que je le souhaiterais.

— Ne vous inquiétez pas du nombre me dit le ministre ; si vous les tenez, il ne sera jamais trop grand, mais trouvez un moyen de vous les attacher sincèment. Ne ménagez pas l'argent, au besoin même on vous accorderait des fonds secrets.

— Je ne pense pas en avoir besoin ; ce serait peut-être ensuite une source de difficultés assez graves ; mais dans quel but, autre que celui de la tranquillité publique, me faites-vous ces recommandations ?

— Dans le but du salut public. Croyez-vous parvenir à commander entièrement à vos hommes ? Le jour n'est peut-être pas loin où il faudrait les faire descendre dans la rue.

— Vous en serez le juge, Monsieur le Ministre ; mais voici un premier moyen d'action. Les ouvriers sont passablement mécontents des brigadiers qu'on leur impose ; pour moi-même, cette question est un embarras ; il a été difficile de bien choisir trois mille chefs d'escouade, cinq cents brigadiers ; j'ai dû m'en rapporter aux recommandations que la plupart des maires accordent trop légèrement. Si nous faisions procéder les ouvriers eux-mêmes à l'élection de leurs chefs, tout en nous réservant le droit de les suspendre ou de les casser en cas de fautes, on obtiendrait certainement un bon résultat dans le sens que vous désirez, car les ouvriers demandent cette élection avec instance.

— Cette idée est bonne ; mettez-la sans retard à exécution.

— Les ouvriers demandent aussi à grands cris une revue ; ils désirent vivement être inspectés par vous, Monsieur le Ministre, et par M. le Maire de Paris ; je crois qu'il serait facile de leur donner satisfaction sur ce point, et que vous gagneriez ainsi un grand empire sur eux.

— Je crois effectivement que cela est possible ; au surplus, j'en conférerai avec Marrast, et vous rendrai réponse.

— Enfin, Monsieur le Ministre, si vous le jugiez convenable, je pourrais faire désigner un délégué par compagnie de deux cent vingt-cinq hommes : nous réunirions ces délégués, au nombre de cent vingt environ, au pavillon de Monceaux ; nous y joindrions tous nos jeunes gens en uniforme, et, à jour donné, vous pourriez vous rendre dans leur sein, accompagné de M. le Maire de Paris, pour y recevoir leurs remerciements et leur adresser quelques exhortations ; cette cérémonie laisserait dans l'esprit des ouvriers une vive et heureuse impression.

— Ceci entre tout à fait dans ma pensée, je vais prendre le jour de Marrast et vous le ferai savoir demain.

Le lendemain, je reçus l'avis que la réception projetée aurait lieu le 28, à midi.

Dès que je fus rentré à Monceaux, je publiai les deux ordres du jour dont suit la teneur, pour mettre à exécution les instructions de M. Marie.

RÉPUBLIQUE FRANÇAISE.

ATELIERS NATIONAUX.

ORDRE DU JOUR.

TRAVAILLEURS EMBRIGADÉS DU BUREAU CENTRAL DES ATELIERS NATIONAUX,

Nous tous, vos frères, nous vous remercions du concours éclairé que vous avez apporté à l'accomplissement de notre tâche. Mais cette tâche n'est pas encore finie ; en dehors de vous, il y en a qui manquent de pain !

Dans vos rangs, il y a peut-être de ces hommes qui osent profiter de secours dont ils n'ont par besoin, qui vous retirent, à vous, ce que vous méritez si bien.

Aidez-nous donc, nous tous élèves de l'École centrale, qui nous sommes dévoués à vous, qui luttons avec vous ; votre cœur ne faillira point au nôtre.

Il faut nous resserrer, nous attacher par des liens solides et durables, et que, parmi nous, on ne compte que des hommes d'honneur, que des honnêtes gens.

Dimanche prochain, 26 mars, vous serez appelés à nommer vos chefs d'escouade et de brigade, afin qu'il n'en soit aucun d'eux qui ne soit digne de vous commander.

Préparez-vous à ce noble devoir, apprêtez-vous tous à vous connaître mutuellement, pour que votre choix soit bon et louable, comme nous ne doutons pas qu'il doive être.

Les élections générales du pays vous trouveront ainsi d'autant plus capables d'y apporter la sagacité, le jugement, l'esprit de conduite et de loyauté qu'elles exigent, et que tout bon citoyen doit posséder.

Nous vous rappellerons ici que les listes des élections générales seront closes à vos mairies, précisément le dimanche 26.

Afin que vous puissiez tous vous reconnaître, et qu'un signe de ralliement vous appelle à votre corps, nous arrêtons, comme vous en avez eu les premiers la pensée, que chaque service se réunira

autour d'un étendard portant son numéro, et l'in-
cription :

RÉPUBLIQUE FRANÇAISE.

BUREAU CENTRAL DES ATELIERS NATIONAUX.

Chaque compagnie aura son drapeau portant le
numéro du service et celui de la compagnie, et la
même inscription ; chaque brigade enfin son guidon,
portant le numéro de la brigade, celui de la compagnie et celui du service, ainsi que l'inscription précédente.

Les porte-drapeaux seront choisis par vous, et parmi les plus dignes d'entre vous.

Quant aux élections de notre corps, chaque brigade, dimanche prochain, se réunira isolément, à
l'heure fixée par le chef de la compagnie, élève de
l'École centrale ; et les cinquante-six hommes qui la
composent nommeront parmi eux cinq chefs d'escouade et un brigadier.

Mes amis, en mon nom personnel, comme au nom
de tous mes camarades, je vous remercie de votre loyal
concours et de votre belle conduite ; encore une fois,
soyons unis, aidons de tout notre pouvoir au maintien et au triomphe des véritables principes républicains,

Salut et fraternité.

*Le Commissaire de la République, Directeur du
bureau central des Ateliers nationaux,*

ÉMILE THOMAS.

RÉPUBLIQUE FRANÇAISE.

ATELIERS NATIONAUX.

ORDRE DU JOUR.

Concernant les élections des brigadiers et chefs d'escouade des travailleurs des Ateliers nationaux.

Samedi, 25 mars, chaque chef de compagnie assignera un rendez-vous général à ses brigadiers pour le lendemain, dimanche, à onze heures du matin.

Dimanche, à huit heures du matin, chaque chef de compagnie fera réunir isolément chacune de ses brigades ; et les hommes composant chaque brigade auront à se choisir un brigadier et cinq chefs d'escouade, parmi des candidats dont les noms seront affichés par les soins du brigadier provisoire au point de réunion désigné.

Chaque homme écrira sur un bulletin le nom du candidat de son choix comme brigadier, et le dépouillement des votes sera fait par deux scrutateurs que le chef de compagnie aura désignés à l'avance.

Le candidat qui aura obtenu le plus de voix sera proclamé brigadier.

Les hommes composant chaque escouade éliront ensuite leurs chefs d'escouade de la même manière.

Ces élections étant terminées, chaque brigade se dirigera, sous le commandement de ses nouveaux chefs, de manière à y arriver à onze heures, vers le rendez-vous général de sa compagnie où seront aussitôt reconnus les brigadiers et chefs d'escouade définitifs, dont les noms seront sur-le-champ inscrits, et qui recevront les insignes de leur grade.

Incessamment et au jour ultérieurement désigné par le citoyen ministre des travaux publics, un nouvel ordre du jour convoquera les travailleurs à une revue géné-rale. Mais, demain, nous les prions instamment, dès que leurs élections seront faites et leurs chefs reconnus, de vouloir bien se rendre isolément à leur domicile, car, dans les circonstances actuelles, et à cause de la crise financière, toute manifestation, quelque pacifique et généreuse qu'elle soit, serait funeste au crédit public et nuirait au payement des sommes considérables (plus de 50,000 fr.) que le Gouvernement provisoire alloue chaque jour aux travailleurs admis sous notre direction.

Le Directeur du bureau central,
Commissaire de la République,

ÉMILE THOMAS.

22 Mars.

Avis fut en même temps donné dans toutes les compagnies, que chacune d'entre elles eût à choisir un délégué pour assister à la réception du ministre des travaux publics et du maire de Paris, et que ces délégués se trouvassent au bureau central, le 28 mars, à onze heures, ainsi que tous les élèves des écoles attachés au service.

Le récit de la visite dont je vais parler fut textuellement inséré au *Moniteur*; ainsi je vais en rapporter les termes exprès, et le discours textuel que prononça M. Marie à cette occasion.

Il sera très-curieux de comparer les éloges pompeux que, dans ce discours, le ministre décernait aux ouvriers, en la personne de leurs délégués, avec le langage bien différent que tint ce même personnage, devenu l'un des membres de la commission exécutive, le 21 juin, aux mêmes délégués.

Et l'on conviendra que nos hommes d'État n'ont pas toujours été parfaitement conséquents avec eux-mêmes, ou qu'à une certaine époque, leurs paroles étaient plus voisines de la bouche que du cœur.

« Aujourd'hui M. Marie s'est rendu au bureau des Ateliers nationaux ; tous les délégués des différentes brigades s'étaient réunis, ayant à leur tête M. Emile Thomas. Le directeur ayant annoncé le but de la visite, un des délégués, Arthur Boutain, s'est exprimé ainsi :

» Les ouvriers du 27ᵉ service, 7ᵉ compagnie, 2ᵉ brigade, 1ʳᵉ escouade et tous les ouvriers des Ateliers nationaux viennent, après avoir élu leurs chefs, vous offrir le témoignage de leur profonde gratitude, et leurs remerciements sincères, pour tout ce que le Gouvernement provisoire a fait jusqu'à ce jour, tant pour obvier aux besoins si pressants de la classe ouvrière, que pour assurer son bonheur et son bien-être dans l'avenir.

» Les désordres financiers et le gaspillage du gouvernement déchu, qui ne puisait ses forces factices que dans la corruption, avaient amené la crise commerciale qui nous laissait sans travaux et sans pain ; mais notre misère et nos souffrances lui importaient peu pourvu qu'il pût faire régner le despotisme et l'arbitraire, et que ses séides fussent gorgés de l'or de la France entière.

» Il n'en a pas été ainsi de vous : Défenseurs nés des intérêts du peuple et attachés depuis longtemps à sa cause, vous avez compris, aussitôt que sa volonté vous a appelés au poste que vous occupez d'une manière si digne, qu'en conquérant sa liberté il avait aussi le droit de vivre. Votre première pensée a donc été de lui en fournir les moyens ; et depuis ce jour, pas un de nous n'a eu l'amère douleur de se voir obligé de refuser du pain à ses enfants ; vous avez fait plus encore : vous avez compris que le peuple, qui, après avoir chassé la royauté s'était promené dans son palais en dédaignant les richesses et les trésors qui s'y trouvaient et qui étaient le produit de son sang, que ce peuple, dis-je, ne voulait pas vivre d'aumônes, et dans ce but vous avez créé des Ateliers nationaux, dans lesquels ont été admis tous les ouvriers sans travail. Par ce moyen chacun gagne par son travail la rétribution que la nation lui accorde.

» Merci donc à vous tous, citoyens, qui demeurez fidèles à vos principes! vous avez compris et soulagé nos besoins; vous avez agi en hommes de cœur, et nous vous en conserverons une éternelle reconnaissance. Le Gouvernement provisoire peut compter sur notre dévouement à la patrie.

» Vive la République ! ! »

Le citoyen Boutain reprend la parole pour remercier M. Emile Thomas de son zèle infatigable, de son dévouement à accomplir la difficile mission qui lui a été confiée par le Gouvernement provisoire.

Le citoyen Emile Thomas :

« Je ne puis accepter pour moi les remerciements que vous voulez bien m'adresser. Mon dévouement vous est acquis, mais je dois reporter au Gouvernement provisoire, au ministre des travaux publics, et à la mairie de Paris, toute votre gratitude. Là sont tous les vœux, les efforts de tous les jours. Je dois aussi me féliciter hautement de la collaboration des élèves de l'Ecole centrale, nous sommes tous unis de tête et de cœur pour vous servir.

» Vive le Gouvernement provisoire! Vive le Ministre des travaux publics ! »

Le Ministre des travaux publics :

« C'est du fond du cœur, citoyens, que je vous remercie des bonnes paroles que vous venez de prononcer ; je vous en remercie au nom du Gouvernement provisoire et en mon nom personnel.

« *Ah ! vous êtes bien dignes de cette liberté que vous avez conquise, bien dignes de vivre sous cette République que vous avez fondée.* Courageux contre le gouvernement que vous avez renversé; calmes et généreux dans votre force, patients dans les privations et jusque dans la souffrance, oui, citoyens, c'est ainsi qu'on réalise les grandes conquêtes sociales.

» Vous avez raison, citoyens, dans votre reconnaissance pour le Gouvernement provisoire, et permettez-moi de le dire, puisque vous voulez bien m'associer au Gouvernement provisoire dans votre bienveillance pour moi, oui de cœur et de raison, *nous voulons tous réaliser ces améliorations dans la condition des travailleurs* que la République vous promet, que la République seule vous donnera. Notre volonté n'a pour limite, sur ce terrain, que la puissance humaine: *J'aime mieux les actes que les paroles, surtout quand il s'agit du sort des ouvriers.* Eh bien, je vous le dis, tous mes efforts, depuis que votre volonté m'a appelé à l'honneur de servir la Patrie, ont été dans cette pensée : Ouverture de nouveaux ateliers, développement le plus grand possible de ces ateliers de travail. (Bravo! bravo! Vive le Gouvernement provisoire, Vive le Ministre! Vive Émile Thomas!)

» Citoyens, dans ces efforts du Gouvernement vous nous avez aidé, je vous en remercie : restez calmes comme vous l'avez été; évitez ces promenades, ces réunions qui alarment le commerce et l'industrie. Les sources du travail en sont altérées profondément; votre intérêt est compromis, et c'est là ce qui nous touche et nous inquiète.

» Nous sommes toujours prêts à vous entendre, que vous soyez en grand nombre ou en petit nombre, que vous parliez de vous-mêmes et individuellement, ou par délégués, soyez sûrs que vos justes réclamations seront toujours sincèrement et loyalement exécutées.

Ce qui fait toujours la force de votre cause, ce n'est pas le nombre des réclamants, c'est la justice des réclamations. (Bravo! bravo!)

» Maintenant, citoyens, je veux aussi vous parler de vos droits ; les élections arrivent. Le Gouvernement veut que dans les grades d'officiers, comme à l'Assemblée nationale, vous soyiez largement représentés par des hommes pris parmi vous ; je dis largement, non exclusivement, vous-mêmes ne l'entendez pas ainsi. Réunissez-vous donc, la République est fondée, on ne vous l'escamotera pas cette fois. Vos droits vous sont acquis, exercez-les. (Vive la République!)

« J'ai encore un mot à vous dire; le Gouvernement
» provisoire ne serait pas juste s'il ne reportait pas
» une partie de vos remerciements au citoyen Émile
» Thomas, à ces braves jeunes gens de l'École cen-
» trale, à tous vos chefs élus, si ardents au devoir, si
» actifs, si dévoués. Honneur à eux tous, car ils ont
» rendu à la patrie de grands services. •

(Oui! oui! Vive Émile Thomas! Vivent les élèves de l'École centrale! Vivent nos chefs!) Le ministre, aux applaudissements de tous, donne à M. Émile Thomas une chaleureuse accolade.

Une conversation fraternelle s'engage entre les délégués et le ministre des travaux publics qui reçoit de leurs mains des adresses au Gouvernement provisoire.

L'un des délégués demande un local pour y établir un club.

Le ministre répond :

« Partout ou s'assembleront des ouvriers comme vous, si patients, si calmes, si amis de l'ordre, le Gouvernement provisoire sera toujours confiant! »

(Extrait du Moniteur du 28 mars.)

L'idée émise par l'un des délégués de la fondation

d'un club, resta dans l'esprit du ministre, qui, lorsque les délégués furent partis, m'en reparla, et me demanda ce que j'en pensais. Je lui répondis que la chose pouvait avoir de bons résultats, mais qu'alors il faudrait faire élire des délégués définitifs; qu'il était évident que chargés de représenter les intérêts communs, les plus turbulents, les plus harangueurs, les plus influents, en un mot, seraient élus, et que, par conséquent, en maintenant dans les sentiments d'ordre et de bien public, l'assemblée des délégués, on retiendrait par ce fait tous les ouvriers eux-mêmes.

Je voyais en même temps à ce projet, l'immense bénéfice de dresser un autel contre celui du Luxembourg, d'où mes exhortations pourraient en contre-balancer l'influence pernicieuse; de me donner ainsi un baromètre, qui m'indiquât à chaque instant l'état passionnel des ouvriers, me révélât les menées et les insinuations de l'anarchie, et me permît de la combattre à ciel ouvert.

M. Marie apprécia fort toutes ces considérations, et m'engagea à persévérer dans cette voie en m'autorisant à instituer la réunion des délégués à jours fixes et périodiques; il me promit de plus, d'en ouvrir dans un local convenable une des premières séances.

C'est, du reste, grâce à cette assemblée, comme je le ferai voir plus tard que j'ai pu empêcher le 15 mai de prendre les proportions du 22 juin, en ramenant par leurs délégués, ceux des ouvriers qu'égaraient les mauvais conseils, à de meilleurs sentiments.

Je conviens qu'une pareille assemblée fut difficile à présider encore plus à diriger; que plus d'une fois j'en suis sorti épuisé après quatre heures d'une lutte oratoire et morale, pénible, mais toujours victorieuse. Mais à mon gré, c'est une grande faute pour mon successeur que de n'en avoir pas compris le but et de l'avoir supprimée, car c'était briser le ressort de sa montre pour ne pas voir que le temps s'écoulait.

M. Marie, en me quittant, insista de nouveau sur la nécessité d'avoir à disposition les ouvriers à un jour donné; il me demanda s'ils étaient armés, et me dit qu'il fallait veiller à ce qu'ils le fussent, qu'au besoin il m'en faciliterait les moyens.

Il va sans dire que jamais je ne jugeai à propos de recourir au ministre pour cet objet; car je suis de ceux qui croient que des baïonnettes ne sont pas des preuves et ne valent pas des raisonnements.

M. Marrast avait été retenu, il n'arriva qu'après le départ et des délégués et de M. Marie; il me montra aussi la plus grande bienveillance, visita avec moi dans les plus grands détails l'administration que j'avais fondée, et s'étonna que j'eusse pu, en aussi peu de temps, arriver à de tels résultats.

« M. Thomas, me dit-il, en me quittant, nous n'oublierons jamais l'importance du service que vous nous rendez, le dévouement que vous apportez à l'œuvre que le Gouvernement vous a confiée, et le désintéressement avec lequel vous l'accomplissez. Soyez sans inquiétude pour votre avenir; ce que vous donnez à la patrie, la patrie vous le rendra, et lorsqu'ici votre tâche sera terminée, nous vous réservons une position digne de vous. »

Je ne sais pas si M. Marrast se souvient de ses promesses; quant à moi, je ne les rappelle que pour montrer à quel point la confiance et la reconnaissance m'étaient témoignées à cette époque où l'on avait besoin de moi.

Le lendemain parut un avis, qui, selon les désirs de M. Marie, fondait ainsi l'assemblée des délégués des Ateliers nationaux.

RÉPUBLIQUE FRANÇAISE.

MINISTÈRE DES TRAVAUX PUBLICS.

ATELIERS NATIONAUX.

Le commissaire de la République, directeur du bureau central ;

Et les sous-directeurs chargés : du mouvement intérieur ; du personnel et des travaux ; de l'ordre extérieur et des secours ; du matériel et de l'administration ,

Ont l'honneur de prévenir les citoyens travailleurs embrigadés au bureau central, qu'une assemblée est fondée sous le titre de *Réunion centrale des Ateliers nationaux.*

Cette assemblée aura pour mission de s'occuper des intérêts de l'ouvrier sans travail.

Elle sera composée des citoyens délégués des brigades par voie d'élection, qu'ils soient d'ailleurs simples travailleurs, chefs d'escouade ou brigadiers.

Sa réunion préparatoire aura lieu dimanche 2 avril, à 2 heures précises, au manége, *rue de Valois–Monceaux*, 7.

En conséquence, les citoyens travailleurs composant les brigades, sont priés de nommer aux voix un délégué pour deux brigades, soit pour cent douze d'entre eux.

L'assemblée préparatoire sera ainsi composée de quatre cents membres environ, outre les citoyens élèves de l'École centrale, inspecteurs, chefs de service et chefs de compagnie, qui y participeront également.

Chaque délégué recevra, après sa nomination bien

constatée et régulière, une carte d'entrée personnelle,
signée du chef de son service, afin d'éviter toute confusion et toute entrée illégale.

Salut et fraternité !

Le Commissaire de la République, directeur.

ÉMILE THOMAS.

Les sous-directeurs VICTOR DELLISSE. — ÉDOUARD
GONSSOLIN. JAIME. — PIERRE THOMAS.

Paris le 30 mars.

Je crois que c'est à peu près vers cette époque
qu'eut lieu la trop célèbre expédition de *Risquons-
tout.* Bien qu'elle ne concerne en aucune façon le sujet que je traite, je dois rappeler ici un propos assez
grave qui s'y rapporte.

Lors d'une de mes nombreuses conférences à l'Hôtel-de-Ville, et vers le milieu du mois de mars, je crois,
j'y rencontrai un haut fonctionnaire du Gouvernement, que je connaissais à peine.

Il me félicita sur l'organisation que j'avais donnée
aux ouvriers inoccupés et me dit : Votre idée a eu
plus de succès que vous ne le pensez, car on a organisé d'après votre système la légion destinée à soulever
la Belgique.

Comme je m'en étonnais : — Oui, ajouta-t-il, on a
ouvert un bureau à l'Hôtel-de-Ville, et toutes les re-
crues qui sont arrivées à cet effet, y ont été embriga-
dées; de cette façon on leur a donné des chefs sur lesquels on peut compter, et ouvert des cadres qui se
rempliront sur les lieux, d'après les indications que
donne la correspondance.

Cette révélation ne manque pas d'une certaine importance, bien qu'elle établisse un fait fort peu en
harmonie avec le manifeste de M. de Lamartine. Je ne
le cite ici que parce que j'ai promis au lecteur de lui

parler sans déguisements et sans ménagements, par respect pour la vérité et par prévoyance de l'avenir.

A cette époque aussi, naquit l'engouement des arbres de la liberté. Je fis tout ce que je pus, et mes camarades m'y aidèrent, pour le combattre; nous y avions même si bien réussi, que pendant les premiers jours, pas un seul de ces arbres ne fut planté par nos ouvriers, à qui nous avions fait comprendre que si le but en était noble, que si la pensée qui y présidait était généreuse et patriotique, les conséquences malheureusement en étaient fatales pour la confiance publique, que rien ne détruisait mieux que ces éternelles promenades dans les rues, que ces éternels discours jetés au vent.

Malheureusement, le Gouvernement qui déjà avait sanctifié le précepte, y joignit l'exemple, en autorisant par la présence de certains de ses membres, MM. Ledru-Rollin, Flocon et Caussidière surtout, bon nombre de ces cérémonies. Elles eurent pourtant, grâce au clergé qui s'y associa, au moins cet excellent effet de rappeler à l'idée religieuse le peuple si facile à émouvoir, à entraîner par les sentiments purs et élevés.

Je dus donc renoncer désormais à arrêter l'entraînement, pour tâcher tout au moins d'en régulariser l'effet. Toutes nos compagnies voulaient planter *leur* arbre dans *leur* quartier. Elles avaient à cet égard les prétentions les plus tristement bouffonnes qu'on puisse imaginer. Non content de décorer ainsi le centre de toutes les places, on voulait que chaque carrefour, même les plus fréquentés, eussent leurs arbres; on voulait en planter jusque dans l'angle des rues, et on choisissait les plus gros et les plus grands par un esprit de rivalité facile à comprendre. Quant aux éléments de la fête, je veux parler des peupliers, on allait les prendre partout où il y en avait, jusque dans les jardins publics, jusque dans les propriétés particulières. Les ouvriers avaient été jusqu'à s'ingérer qu'on leur payât comme un jour de travail celui qu'ils avaient consacré à satisfaire cette manie d'un *reboisement* général.

Les instructions que je donnai alors à tous mes camarades furent, non plus de s'opposer à un engouement devenu invincible, mais d'assister eux-mêmes à chaque plantation, de veiller à ce que l'ordre le plus grand y régnât, que la chose achevée chacun se retirât, qu'on ne fît pas de quête surtout pour arroser la cérémonie : ils parvinrent ainsi à dissuader aux ouvriers de boiser les rues de Paris, et leur firent choisir au moins les lieux les plus écartés ; ils leur persuadèrent même, dans bon nombre de cas, d'aller replanter où ils les avaient pris, des arbres qu'ils avaient exigés. Pour donner enfin plus d'innocuité encore à la chose, je fus voir le conservateur des pépinières du bois de Boulogne, et j'obtins de lui qu'on délivrerait sur mes bons, des peupliers, qui, s'ils devaient par leur transplantation, nuire à la circulation publique, au moins ne causeraient aucun préjudice par leur arrachage, soit à la propriété, soit à l'agrément des jardins ou des promenades publiques.

Les ouvriers me témoignèrent aussi le désir, que, sous mes auspices, un arbre de la liberté fût planté à Monceaux. J'y consentis, à la condition expresse que, de leur part, au moins, ce serait le dernier.

Un peuplier colossal, situé au milieu d'une des pelouses du parc, fut choisi par nos hommes ; leurs délégués l'ornèrent de fleurs, de drapeaux et de rubans ; ils convièrent à cette solennité leurs femmes et leurs enfants, les deux postes de garde nationale mobile et sédentaire, la musique d'un régiment de ligne, et le clergé de Saint-Joseph-du-Roule.

Après une touchante allocution du vénérable pas-
teur de cette paroisse, et quelques paroles chaleu-
reuses prononcées par M. Jaime, je fis moi-même
une courte harangue aux ouvriers :

« Voyez, leur dis-je, cet arbre magnifique dont vous
» avez décoré les rameaux : son âge semble reporter
» sa naissance aux temps glorieux de la première ré-
» volution, et vous le consacrez aujourd'hui, à la
» place même où la nature l'a fixé au sol. Il étreint
» fortement la terre de ses racines profondes, et il ne
» périra pas, puisqu'il n'a pas été arraché violem-
» ment pour être transporté sur un sol ingrat.

» Ainsi, le germe de la liberté a pris naissance au-
» trefois dans le cœur de nos pères et a fructifié dans
» l'esprit de leur postérité. Cet arbre est un emblème
» frappant des véritables sentiments républicains qui
» vous animent; nés au siècle dernier, ils n'ont pu
» être détruits par aucune vicissitude; et leur consé-
» cration paisible n'a été souillée, en Février, par au-
» cun de ces actes violents qui portent en eux le prin-
» cipe de la chute de ce qu'ils ont fondé.

» Je regarde autour de cet arbre, objet de notre
» cérémonie, et j'y vois réunis des femmes, des hom-
» mes, des vieillards, des enfants. Il est entouré par
» les représentants de toutes les classes de notre so-
» ciété : garde nationale, armée, ministres des autels,
» travailleurs des bras, travailleurs de la pensée, élè-
» ves des écoles, fonctionnaires publics, propriétaires
» ou prolétaires, nous sommes tous venus pour nous
» serrer la main, et sceller notre union en invoquant
» la fraternité.

» Arbre de la liberté, arbre égalitaire, puisses-tu
» long-temps encore subsister, comme un vivant té-
» moignage de la fraternité sainte, car je vois, sous tes
» rameaux vénérés, des hommes libres qui savent tous

» que le plus sacré des dogmes du christianisme, est
» aussi la première des vertus républicaines! »

Les ouvriers me tinrent parole, et les plantations
d'arbres de la liberté cessèrent de ce moment, sauf le
lendemain pourtant, à l'Opéra ; mais celui-là n'était
pas de leur fait, car MM. Ledru-Rollin, Caussidière et
Étienne Arago y présidaient, bien qu'une vingtaine
de nos délégués eussent été appelés pour y représenter les classes ouvrières.

C'est à cette occasion que le préfet de police prononça le fameux discours, qui commence par cette
phrase incompréhensible : « Après la Gironde, la
Montagne; après l'Aristocratie, la Plaine. » Discours
où l'auteur réprouvait, comme également nuisibles,
la réaction, les prétendants et la régence.

Le nombre des ouvriers embrigadés à la fin du mois
de mars, se montait à près de quarante mille; aussi
n'était-il plus possible, en raison du nombre de mes
camarades, de maintenir les cadres dans leur état pri-
mitif. Je déclarai donc que, sous le plus bref délai,
chaque compagnie se recomposerait ou contiendrait
huit brigades au lieu de quatre, comprenant deux
lieutenances de quatre brigades chacune.

Je songeai, à cette occasion, à suppléer au manque
de pratique de mes jeunes camarades, en leur donnant pour lieutenants des hommes expérimentés;
je publiai l'avis suivant :

ORDRE DU JOUR.

Par ordre exprès du ministre des travaux publics.

MM. les entrepreneurs ou conducteurs de travaux civils, chemins de fer, routes, bâtiments, etc.,
munis de certificats dûment en règle, constatant leur
aptitude et leurs travaux antérieurs, et faisant partie
des Ateliers nationaux placés sous notre direction, se-

ront choisis comme sous-chefs ou lieutenants par MM. les chefs de compagnie. A cet effet, chacun d'eux devra, dans le plus bref délai, se faire inscrire et remettre ses pièces au chef de son service, qui les transmettra aussitôt au bureau du personnel, sous-direction de M. Dellisse. Les lieutenances vacantes seront données au tour d'inscription lorsque l'examen des pièces l'aura déterminé en constatant l'aptitude de l'impétrant.

Le Directeur du bureau central,
Commissaire de la République,

ÉMILE THOMAS.

Plus tard, lorsque le nombre des ouvriers devint encore plus considérable, celui des lieutenants fut fixé à quatre par compagnie, et resta à cette limite. Je dois ajouter sur-le-champ, qu'il se présenta une bien plus grande quantité de candidats au grade de lieutenant qu'il n'était nécessaire; désirant choisir entre tous, les plus capables, je fis élire par la réunion des lieutenants de chaque arrondissement, un lieutenant délégué; les quatorze délégués ayant été convoqués, je leur déclarai qu'ils auraient à me répondre de la capacité et de la moralité de leurs collègues, qu'en conséquence, ils étaient déchargés de tout autre service jusqu'à ce que celui-là fût rempli, qu'ils constitueraient un comité dont la mission serait de prendre les renseignements les plus stricts sur les antécédents de chacun des lieutenants et de m'adresser, au fur et à mesure de leurs opérations, des rapports à ce sujet. Qu'il faudrait pour être lieutenant ou le demeurer, avoir conduit des travaux civils, ou avoir été contre-maître d'une fabrique d'une certaine importance; qu'en outre de cette condition indispensable il fallait être d'une probité avérée. Que tous ceux qui ne seraient pas dans ces cas, seraient immédiatement remplacés par les premiers inscrits, et qu'enfin, pour tous, un examen sommaire devait être passé, devant trois membres de leur comité auxquels s'adjoignaient deux élèves de l'École centrale, deux élèves architectes, et deux élèves de l'École des Arts et Métiers; le conseil devant être présidé par un des inspecteurs de travaux, ingénieur civil. Voici d'ailleurs le règlement qui fut publié à cet égard.

RÉPUBLIQUE FRANÇAISE.

ATELIERS NATIONAUX

COMITÉ D'EXAMEN.

Règlement.

Sur l'invitation faite aux lieutenants, par le citoyen Émile Thomas, commissaire de la République, directeur des Ateliers nationaux, de nommer par arrondissement un délégué pour les représenter;

Les soussignés délégués se sont réunis en comité, rue *Massillon*, 4, lieu de leurs séances.

Après avoir constitué leur bureau ainsi qu'il suit:

Le citoyen Marie, président;

Le citoyen Camus, vice-président;

Les citoyens Carteron et Maréchal, secrétaires;

Décident :

Que la commission de leur comité aura pour but spécial la recherche des abus qui ont pu se glisser dans l'admission des lieutenants et chefs de compagnie, sous les rapports de moralité et de capacité.

A cet effet, et pour se conformer aux vœux du citoyen directeur, arrêtent, comme base de leur règlement, les articles qui suivent :

Article 1er. Tout candidat, en activité de service ou non, devra d'abord déposer au bureau de leur comité, des certificats de moralité et de capacité, démontrant clairement qu'il a travaillé lui-même et a été appelé à diriger des ouvriers dans sa spécialité.

Il devra être âgé de vingt et un ans au moins.

Ceci établi, il devra répondre aux questions sur les éléments de *géométrie*, *d'arithmétique*, *de métré et de nivellement*, *ainsi que de mesures des surfaces et solides.*

Art 2. Tout candidat en activité de service, ayant rempli d'une manière satisfaisante les conditions de l'article ci-dessus, sera maintenu dans ses fonctions ; dans le cas de non-activité, il y sera appelé à son numéro d'inscription.

Si, malgré ses connaissances dans sa profession, le candidat ne peut répondre entièrement aux questions d'examen, il sera recommandé à l'administration, qui avisera.

Art 3. Tout candidat en activité, qui sera reconnu n'avoir pas besoin, pour vivre, d'un emploi, sera remercié.

Art. 4. Deux jours par semaine, de dix heures du matin à quatre heures du soir, seront consacrés aux séances d'examen ; les candidats en activité de service seront appelés par arrondissement et par lettre alphabétique.

Un troisième jour de la semaine sera également consacré à examiner les candidats les plus anciens inscrits et appelés à remplacer ceux dont l'emploi viendrait à vaquer.

Il sera ajoint à la commission d'examen deux élèves de l'Ecole centrale, deux élèves de l'Ecole des Beaux-Arts, deux élèves de l'École des Arts et Métiers.

Art. 5. Tout candidat se refusant à l'enquête ou à l'examen sera considéré comme démissionnaire.

Art. 6. Toutes lettres et réclamations devront être adressées *franco* au bureau du comité.

Art. 7. Le présent règlement sera affiché partout ou besoin sera.

Fait en séance, ce dit jour :

Les Délégués des lieutenants : DARODES, etc.

Approuvé : VICTOR DELISSE, sous-directeur.

Vu et approuvé par le Commissaire de la République,
Directeur des Ateliers nationaux.

EMILE THOMAS.

Cette mesure était en pleine voie d'exécution, lorsque je fus enlevé à la direction des Ateliers nationaux, et elle aurait sans doute, comme épuration, produit les meilleurs résultats, si mon successeur n'avait pas jugé à propos de la supprimer, comme il supprima du reste chacun de ces moyens d'action, qu'il ne comprenait pas, et à la faveur desquels je maintenais les ouvriers et j'en étais parfaitement obéi.

Ainsi, fit-il des gorges chaudes d'un prétendu service de moralisation des masses qui comprenait, dit-il, six employés, ne servait à rien, et coûtait vingt francs par jour. Voici la verité à ce sujet :

Un homme d'une profonde instruction, d'un grand dévouement à la cause publique, M. Chailly, était venu me trouver. Il m'avait dit : Des émissaires d'anarchie sèment sur vos chantiers des paroles de désordre ; si vous voulez, je m'efforcerai de contrebalancer leur action, jusque dans les clubs où se réunissent les ouvriers ; je les aime et j'ai consacré ma vie à leur inculquer de bons principes et des idées saines :

permettez-moi de le faire encore. Je ne suis pas riche, mais que vous me donniez seulement de quoi me nourrir de la manière la plus simple et je serai content. J'autorisai de grand cœur M. Chailly à accomplir ce pénible, mais généreux service, et lui en donnai, après l'avoir mis à l'épreuve, toutes les facilités. — Celui-là est bien fou qui dédaigne de pareilles armes ; M. Chailly est un homme de cœur , il donnait aux ouvriers de bons conseils, dont j'ai vu parfois les effets ; que cent hommes, je suppose , de son courage et de son intelligence, se fussent voués à la noble mission qu'il avait choisie, et nous n'aurions pas certainement à déplorer de funestes égarements.

Puisque j'y pense, je dois répondre aussi au reproche qu'il n'existait pas d'état des employés au bureau central. Ceci est tellement loin d'être vrai, que, la paye ne pouvait s'opérer, chaque dizaine, que sur les états dressés par le commis d'ordre sur les feuilles d'émargement dont voici le modèle :

MINISTÈRE
DES
TRAVAUX PUBLICS.

RÉPUBLIQUE FRANÇAISE.

ATELIERS NATIONAUX.

ÉTAT d'émargement du

du   *au*   *1848.*

NOMS.	GRADES.	NOMBRE DE JOURS.	SOLDE PAR JOUR.	TOTAL.	ÉMARGEMENTS.	OBSERVATIONS.

Je ne dois pas négliger également de mentionner deux mesures, l'une relative aux heures de travail ; car les ouvriers, sous le prétexte que leurs courses d'aller et de retour leur prenaient beaucoup de temps, refusaient de se rendre sur les chantiers et de les abandonner aux heures voulues.

La seconde se rapporte à l'établissement de deux ateliers de confection, l'un de chaussures, l'autre de vêtements à bon marché, destinés à des hommes dont un grand nombre marchaient presque pieds-nus, et en haillons. Je donnerai, du reste, quelques pages plus loin, lorsque j'aurai à m'occuper d'une proposition relative à la désorganisation de l'agglomération oisive qui s'était produite faute de travail, et à sa répartition dans les ateliers spéciaux, l'historique de ces ateliers et de celui de charronage.

Voici d'ailleurs quelle était la teneur des arrêtés dont je viens de parler :

« Une décision du Gouvernement provisoire a fixé à dix le nombre d'heures de travail des ouvriers de toute profession : nous exhortons tous nos travailleurs embrigadés à se conformer à cette décision, qui a été prise, d'accord avec leurs délégués au Luxembourg, et en conséquence à se trouver à l'appel sur leurs chantiers respectifs, à sept heures précises du matin, pour ne les quitter qu'à sept heures du soir.

» Ils auront, dans la journée, une heure de repos, de neuf heures à dix, et une heure, de deux à trois de relevée, ce qui restreint à dix heures par jour leur temps de travail.

» Plusieurs d'entre les travailleurs embrigadés à notre bureau manquant de chaussures et de vêtements :

» Nous avons arrêté :

» Que deux ateliers nationaux, l'un de cordonniers, l'autre de tailleurs, seront installés immédiatement.

» Les chaussures et les vêtements qu'ils fabriqueront

seront livrés aux travailleurs nécessiteux, au prix de revient exact.

» Ils acquitteront ce prix par une minime retenue sur leur paye des jours de travail.

» En conséquence, tous les cordonniers et les tailleurs qui se trouvent dans les rangs de nos brigades, sont invités à se faire inscrire, dans le plus bref délai, par leurs chefs de compagnie.

SALUT ET FRATERNITÉ.

Le commissaire de la République, directeur
du bureau central des Ateliers nationaux,

ÉMILE THOMAS.

Et un peu plus tard :

« Attendu le grand nombre d'ouvriers qui réclament des chaussures :

» Attendu que plusieurs cordonniers ont refusé de venir travailler aux ateliers de confection ;

» Le directeur, impatient de satisfaire aux demandes, et ne voulant pas être accusé de négligence,

» Décide :

» Tout ouvrier cordonnier embrigadé, qui refusera de se rendre aux ateliers de confection, sera rayé des contrôles.

ÉMILE THOMAS.

» Les ouvriers tailleurs, incorporés dans les diverses brigades, ont été convoqués rue de Valois, 7 *bis* ; un petit nombre s'est présenté ; cet appel étant fait d'urgence, tout ouvrier tailleur qui ne se présentera pas sera rayé des contrôles.

Le Sous-Directeur, chargé de la discipline ,

JAIME.

Approuvé : ÉMILE THOMAS.

J'ai parlé, à l'occasion de la conférence qui eut lieu le 15 mars, au ministère des travaux publics, d'un essai que j'avais promis à MM. Marie et Buchez, de tenter pour la distribution des secours en nature; ceci me conduit à parler des changements survenus dans la méthode d'embrigadement.

Nous avions pensé au commencement que le tour d'embrigadement de chaque mairie, en revenant une fois tous les douze jours, suffirait amplement à les débarrasser de la gêne que leur occasionnaient les ouvriers. Il n'en fut pas ainsi.

A peine la délivrance des bulletins avait-elle commencé à la mairie du huitième, que les ouvriers y affluaient et revenaient plus nombreux chaque jour. Les ateliers qui abondent dans le faubourg Saint-Antoine, se fermaient successivement, et les hommes qui y étaient employés se trouvaient sur le pavé. Le maire était au désespoir. Plus d'une fois des menaces s'étaient élevées, il craignait jusqu'à l'incendie; il fallut, pendant huit jours consécutifs (du 12 au 20 mars), ouvrir, à la place des Vosges, un embrigadement supplémentaire où l'on inscrivait plus de mille ouvriers par jour. Je laisse à penser si, dans des circonstances pareilles, il était possible d'obtenir, soit des commissaires de police, soit des employés de la mairie, un contrôle quel qu'il fût. On délivrait des bulletins, même à des enfants de dix à douze ans [1], que nous avions ensuite toutes les peines du monde à renvoyer; nous dûmes nous résigner à les mettre à la demi-solde, après toutefois nous être scrupuleusement assurés qu'ils étaient orphelins, ou qu'ils n'apparte-

---

[1] Je me rappelle, à ce propos que, vers le 15 mars, m'étant rendu à la place des Vosges pour y apaiser un mouvement d'effervescence qui s'y manifestait, je réunis en peu de minutes, dans la foule qui attendait l'inscription à notre bureau 40 à 50 enfants, munis de bulletins, dont le plus âgé n'avait pas dix ans; je les conduisis moi-même à la mairie pour complimenter les employés sur la manière dont leur service était fait.

naient pas à un de ces maîtres d'apprentissage, qui s'en faisaient ainsi un revenu [1].

Quoique ces inconvénients fussent moins graves dans les autres mairies, ils n'y existaient pas moins. Pour y remédier, j'ouvris donc un second bureau d'embrigadement, et le tour d'inscription de chaque mairie put revenir tous les six jours.

Affligé du double emploi que devait nécessairement entraîner le secours accordé dans les mairies pendant cet intervalle, car rien n'empêchait les ouvriers de recevoir à la fois chez nous et aux municipalités, dont peut-être neuf sur douze n'avaient gardé de listes et de moyens de constater que les mêmes ouvriers se représentaient, je résolus d'anéantir cet abus. De concert avec M. Jaime, qui voulut bien se charger de cet office, le plus pénible de tous, j'ouvris un troisième bureau dit de secours. Par un accord fait avec le syndicat de la boulangerie de Paris, des bons émanant de l'administration purent être échangeables chez tous les boulangers.

A dater du jour où s'ouvrit ce bureau, un avis de la mairie centrale interdit aux mairies d'arrondissement de délivrer désormais tout subside, soit en argent, soit en nature, et de renvoyer immédiatement les ouvriers, munis de leurs bulletins et, autant que possible, par cinquante-six à la fois, à notre bureau de secours. Là, un brigadier provisoire, choisi à l'avance par les ouvriers, recevait, pour chacun des jours qui devaient s'écouler à attendre le tour d'embrigadement, de l'arrondissement dont ils faisaient partie, un bon de 3/4 de kilogramme de pain, par ouvrier, pour tout subside.

---

[1] Je dois encore ajouter ici que j'avais conçu de vives craintes sur la démoralisation que, sur les chantiers, pouvaient subir ces enfants ; je fis les démarches les plus actives et malheureusement les plus inutiles, pour obtenir qu'on établirait, pour les recevoir, une école gratuite, celles déjà existantes ne suffisant plus.

**

Le dimanche 2 avril, les délégués convoqués régulièrement se réunirent au manége de Monceaux, au nombre de trois cent cinquante environ; les chefs de compagnie et de service assistaient à la séance.

Je l'ouvris, en indiquant l'objet des réunions qui allaient se fonder; je ne rapporterai que sommairement le discours que je fis à cette occasion :

« Citoyens, leur dis–je, vous savez tous dans quelles circonstances l'administration centrale des Ateliers nationaux a été fondée. La Révolution de février, arrivant après une suite d'années de disettes et de souffrances du commerce et de l'industrie, avait déjà réduit un grand nombre d'ouvriers à la misère; les mairies en furent bientôt encombrées; la difficulté de répartir avec ordre, justice et économie, les secours que l'État voulait et devait leur apporter était grande, tous en étaient alarmés.

» Une foule de cœurs généreux élaboraient différents systèmes *d'organisation du travail*; quelques-uns élevaient leur voix pour instruire les masses de ce qu'ils ignoraient eux-mêmes; l'application de systèmes nouveaux, inconnus, plus ou moins impossibles; l'incertitude, l'impatience, l'inquiétude gagnaient, les ateliers se fermaient, la faim du peuple grandissait.

» J'étais ému comme vous tous, et je me souvins de cette fable de notre Lafontaine : *Ami, tire-moi du danger, tu feras après ta harangue.*

» Alors, avec mes camarades de l'École centrale, nous avons dit : Pendant qu'on s'occupe des sources du travail, occupons-nous des travailleurs, consolons-les, calmons la peine de chaque jour avec le pain de chaque jour, et l'espoir d'un avenir dont ils nous aideront à trouver le secret quand ils nous connaîtront, quand ils auront confiance en nous.

» Tel fut, tel est encore mon but, car l'œuvre est à peine commencée; des projets de grands travaux sont

soumis au Gouvernement; nous en obtiendrons l'or-
donnance; ils réduiront de beaucoup les sacrifices du
trésor et amélioreront la position des travailleurs qui
y seront employés; j'ai quelques projets d'entreprises partielles par associations, qui seront à la fois
modèles et essais, des défrichements, des assainisse-
ments de terrains tout étudiés, prêts à entreprendre ;
enfin, nous diminuerons le plus possible le nombre
des hommes à la charge de l'État; mais, si je puis être
entendu, que l'Atelier national reste debout, que ce
soit l'asile, là famille du travailleur, le refuge toujours
ouvert à l'enfant prodigue, à l'ouvrier malheureux ou
momentanément privé d'ouvrage, et vous ne rencon-
trerez plus sur la voie publique des hommes mendiant
leur pain à la honte de la nation et de la société tout
entière.

» Alors, vous nous aiderez à apporter plus d'ordre
dans nos règlements, plus de rigueur dans leur observation, plus de discernement dans l'admission des
enfants de l'Atelier national; les malades seront secourus, les faibles soutenus, les indignes écartés.

» Voilà quel est le but auquel je désire atteindre, et
pour lequel je sollicite votre concours.

» Maintenant, mes amis, quel est le but de notre
réunion?

» Vous vous rappelez que, depuis quelques jours,
des clubs se sont formés, exclusivement politiques, et
qu'ils se sont attribué le titre de clubs des Ateliers
nationaux.

» J'ai blâmé de pareils actes; j'ai fait plus : je me
suis rendu moi-même dans un de ces clubs, et, à vos
aplaudissements, j'en ai provoqué la fermeture, parce
que, vous le savez tous, notre institution ne peut en
rien se mêler de politique; on nous accuserait bientôt
d'être stipendiés par les partis, on nous flétrirait du
nom de bandes prétoriennes. Et nous ne voulons pas

mériter ce reproche, nous qui savons qu'avant les droits et les devoirs de l'homme, il faut satisfaire à ses besoins; nous qui n'avons d'autre mission que celle de distribuer à nos frères malheureux le pain dont ils manquent.

» Notre réunion sera donc le véritable et le seul club des Ateliers nationaux; nous ne devrons y discuter ni nos droits, ni nos devoirs politiques, que nous pouvons examiner à l'aise chacun dans les assemblées qui se forment dans nos quartiers; nous ne devrons y étudier ni nos droits ni nos devoirs sociaux; cette noble tâche appartient aux sociétés fraternelles que commencent à former les membres de chacune des professions auxquelles vous appartenez; le seul but qui nous réunit est de penser aux besoins de nos frères et de chercher à y apporter des soulagements.

» Avant que je continue, je veux vous demander si tous vous partagez les sentiments que je viens de vous exprimer, et si vous êtes bien décidés à exclure de nos discussions tout sujet politique ou social? »

L'assistance entière se leva comme un seul homme.

« Je vous remercie, mes amis, repris-je; et maintenant je puis vous annoncer qu'en vertu de votre ferme résolution, le ministre des travaux publics et le maire de Paris consentiront à assister quelquefois à nos séances; ils me l'ont promis dans ce cas.

» Vous comprenez maintenant pour quelles raisons nous avons désiré votre concours. Vous savez qu'il n'y a pas d'infériorité absolue dans ce monde : quand deux hommes se rencontrent, si intelligent, si éclairé que soit le premier, si nul, si ignorant que soit le second, il y a toujours au moins un côté par lequel le second prévaut sur le premier. Aussi, en suis-je bien convaincu : je puis vous être supérieur en certaines choses, chacun de vous m'est certainement supérieur en beaucoup d'autres. Je viens réclamer de vous des avis, des conseils, pour que nous participions tous au bien-être commun, afin qu'il soit le plus grand possible. Désormais, aucun ordre ne sera sanctionné qu'auparavant je ne vous l'aie soumis pour recueillir vos observations, et, le mieux possible, éclairer les résolutions que je prendrai ensuite.

» C'est ainsi que, dans une de nos prochaines réunions, je vous ferai part de certaines modifications et de certaines additions apportées à notre règlement. Mais souvenez-vous avant tout, mes amis, que là où il n'y a pas d'union, il n'y a pas de force. Si je suis près de vous le représentant du pouvoir, je veux être aussi près du pouvoir le représentant le plus ferme, le plus consciencieux, le plus énergique de vos intérêts. Promettez-moi donc une union, une obéissance, sans lesquelles ma tâche, déjà si pénible, deviendrait impossible. »

Je fus interrompu par d'universelles acclamations.

« Mes amis, repartis-je, le premier de vos désirs, le premier de ceux de tous vos camarades doit être, je le crois, d'obtenir du travail utile et sérieux, un travail professionnel, et non pas du terrassement pour le bijoutier comme pour le mécanicien, comme pour le manœuvre.

» Un travail rétribué, non pas comme aux temps où l'industrie est florissante, mais au moins proportionné à chaque capacité, et aussi aux grands besoins de quelques-uns, des pères de nombreuses familles ; tel est le résultat que je me propose d'atteindre, et, bien que les difficultés en soient nombreuses, avec votre assistance, nous y parviendrons peut-être.

» Encore une fois, je vous remercie de toutes vos bonnes promesses, dont je tiens acte pour l'avenir, et je vais laisser, à son tour, vous dire quelques mots, un homme dont vous avez vu à l'épreuve le dévoue-

ment pour vous, un de vos amis comme moi,
M. Jaime. »

Je rapporte textuellement le discours de Jaime; car
je l'avais jugé tellement utile à la cause que nous ser-
vions, que je l'avais fait imprimer et distribuer aux
délégués.

Le voici :

« Citoyens,

» Comme vous l'a dit M. Émile Thomas, la réunion
qu'on va former aujourd'hui a pour but principal
d'assurer l'avenir des ouvriers. On y règlera avec sagesse, avec fraternité, le bien de tous, par le concours
de tous.

» L'avenir des ouvriers, citoyens, c'est l'ordre!...
Le travail, la prospérité, le bonheur, la paix de vos familles, tout est renfermé dans ce mot : l'*Ordre !*

» Chargé du service de l'ordre extérieur, je signa-
lerai tout à l'heure quelques mesures prises dans l'intérêt de tous. Je répondrai aussi à des demandes, à
des observations qui nous ont été faites. Permettez-moi
d'abord d'insister sur ce qui est le fond de ma mission : l'*Ordre !*

» Citoyens, après les élans d'une victoire populaire,
après les agitations du triomphe, le moyen de profiter
d'un succès, c'est le sang froid, l'énergie digne et ré-
fléchie ! Quand la nature permet que l'Océan se dé-
chaîne, elle a des lois invincibles, qui, après la tem-
pête, ramènent le calme à l'heure prescrite : quand le
flot du peuple, cet Océan de l'humanité, s'élève et
brise la digue qu'on lui oppose, il n'y a qu'une loi qui
le ramène au calme : c'est celle de la raison. Cette loi,
citoyens, elle est gravée dans tous vos cœurs !

» Après l'imposante manifestation faite par le peuple
à l'Hôtel-de-Ville, que lui reste-t-il à prouver ? Rien.
On sait sa probité, son dévouement et son courage.

» Pourquoi toutes ces démonstrations sans cesse renouvelées ? En élevant des arbres de la liberté, on a suffisamment offert ce symbole vénéré au respect des bons patriotes ; mais il faut de la mesure en tout... même dans le zèle patriotique et religieux. Toutes les maisons ne peuvent devenir des églises, de même que tous les arbres ne peuvent devenir des arbres de la liberté. Si je m'exprime ainsi, c'est que, trop souvent, ces pieuses cérémonies entraînent après elles un danger : ce qui, tout à l'heure, était solennel devient tumultueux, et, par suite, une cause de scandale. Ici, je me tais, moi, ami du peuple, pour que vous écoutiez le peuple lui-même. Voici l'une des nombreuses déclarations que nous avons reçues :

XIe ARRONDISSEMENT

« Au citoyen directeur des Ateliers nationaux.

» Nous soussignés, travailleurs à la 44e compagnie, demandons le renvoi des nommés (ici deux noms d'ouvriers que nous voulons taire).

» Notre manifestation était désintéressée ; il est fâcheux que quelques hommes se croient le droit de mendier ; nous vous demandons leur renvoi de la compagnie.

» Nous serions cependant fâchés de leur ôter ce moyen d'existence, et ils pourront sans doute rentrer dans une autre compagnie.

» Paris, 30 mars 1848. »

Suivent cent quarante-sept signatures.

« Citoyens, si d'honnêtes ouvriers s'étonnent, s'indignent en présence de pareils faits, que doivent penser les autres habitants de Paris, en un mot tous les contribuables ?

» Ah ! citoyens, voilà ceux qu'il faut se garder d'inquiéter. L'argent des contribuables passe dans la

caisse de l'État, il fournit la paye faite aux ouvriers.
Entretenir le désordre, c'est empêcher les négociants,
les industriels, les fabricants de rétablir leurs affaires,
et les ouvriers se nuiront à eux-mêmes.

» Ce qui nous a péniblement affecté, c'est de voir,
le soir, la nuit, des drapeaux de nos différentes brigades au milieu d'hommes qui ne devraient pas oublier que le drapeau de l'Atelier national est un signal
d'ordre ! Le déployer dans des promenades tumultueuses, c'est manquer à la dignité de l'organisation
tout entière. Vous remplissez tous vos devoirs publics;
tous, vous êtes appelés à monter la garde : quel est
celui de vous qui voudrait s'associer, la veille, à des
excès que, le lendemain, *comme garde national*, il se
croirait obligé de réprimer ?

» Promettez-moi de nous aider à ramener cette
tranquillité si nécessaire ! Passons maintenant à des
questions d'intérêt qui vous concernent tous.

» Nous avons demandé de remplacer dans la rue
l'ouvrier un peu bruyant, un peu irréfléchi, par le
garde national vigilant et dévoué.

» La Direction vient de décider que tout homme
montant sa garde, accomplissant un travail d'ordre
public, aura droit à la paye de 2 fr., en présentant un
billet de garde timbré du cachet de l'état-major de sa
légion. »

Suivent les dispositions prises à l'égard des hommes
malades ou blessés :

1° Les hommes malades ne peuvent avoir droit à
une paye que lorsqu'ils ne sont point admis dans les
hospices ;

2° Les hommes à l'hospice ne sont pas payés;
leurs femmes, leurs enfants, sont secourus à domicile ;

3° Si le malade est un homme blessé pendant le
travail, sa famille reçoit sa paye à l'état d'inactivité;

s'il est sans famille et soigné à l'hospice, il n'a droit à aucune paye, puisque l'État fait les frais des soins qui lui sont dus ;

4° Si l'ouvrier malade n'est point admis à l'hospice, sur un certificat d'un médecin du bureau de bienfaisance de son arrondissement, et visé par le commissaire de police du quartier, il recevra la solde de 2 fr. durant sa maladie.

« Vous voilà donc tous protégés en cas d'accidents ; abordons la question de la paye.

» La solde de 1 fr., à l'état d'inactivité, est, malgré son peu d'élévation, un sacrifice considérable, puisque quarante mille ouvriers sont embrigadés ; que, sur ce nombre, près de la moitié travaille alternativement et reçoit, quand son tour arrive, la paye de 2 fr., et qu'en comptant la haute paye des brigadiers, des chefs d'escouade, les achats d'outils, de matériaux, et les frais d'administration, le chiffre de solde s'élève en ce moment à 70,000 fr. par jour, ce qui fait un total de 2 millions 100,000 fr. par mois... Oui, Citoyens ! 2 millions 100,000 fr. par mois ! et les caisses du Trésor sont presque vides ; le gouvernement déchu avait ruiné la France ; et si vous saviez les efforts qu'il nous faut faire pour obtenir chaque jour l'argent qui vous est si indispensable, vous vous empresseriez de prêcher à vos frères la patience et la résignation.

» On vous a retenu la solde du dimanche ; cette retenue, citoyens, était dictée par la plus impérieuse des nécessités. Le maire de Paris a fait savoir aux maires des douze arrondissements qu'ils aient à cesser tous secours dans leurs mairies, soit en argent, soit en nature. Les ouvriers nous ont été tous envoyés ; ils ne pouvaient être admis et embrigadés que selon le tour de chaque arrondissement : ce tour n'arrive que tous les sept jours. Ces nouveaux venus demandaient 1 fr. par jour, bien qu'ils n'eussent point de livrets. Là, nous touchions à l'impossible. Le ministre des finances remet chaque jour de quoi payer les hommes embrigadés. Pour distribuer 1 fr. à ceux qui ne l'étaient pas, il fallait entamer la solde de ceux qui font partie de l'atelier. Qu'eussiez-vous dit alors? Il fallait cependant sortir de cette cruelle difficulté; est venue alors la retenue du dimanche! Cette retenue est un abandon fraternel, fait par les ouvriers embrigadés à leurs camarades qui attendent leur tour d'embrigadement : ces hommes sont forcés, au moins pendant huit jours, la plupart chargés de famille, de se contenter d'une livre et demie de pain par jour, ce qui constitue un faible secours de quatre sous et demi, tandis que ceux qui sont porteurs de livrets touchent 1 fr. invariablement. Ces hommes, je dois le dire, au milieu de leurs souffrances, montrent un dévouement dont souvent, moi, que votre directeur a chargé de les accueillir, j'ai été ému jusqu'aux larmes. « C'est juste, disent-ils; ceux qui ont attendu, et qui sont maintenant de l'Atelier national doivent être payés intégralement... Nous prendrons du pain, nous patienterons; et quand nous serons admis, nous sommes sûrs, comme les autres, que notre paye ne nous manquera pas. »

» Maintenant, se présente un embarras tout récent, que votre loyauté, votre consciencieuse appréciation vont nous aider à écarter.

» Des ouvriers touchant leur solde de 1 fr., apprenant qu'un bureau de secours en bons de pain était ouvert, ont délégué à M. Émile Thomas leurs chefs de brigade et de compagnie pour réclamer, vu leur position, que nous déplorons comme vous, un secours supplémentaire.

» Voici l'embarras. Les ouvriers payés sont prévenus que la retenue qu'on leur fait le dimanche est la seule ressource qui serve à donner des bons de pain à leurs futurs camarades d'atelier ; et ces bons de pain, ils viennent maintenant les réclamer pour eux ! Ils détruisent ce principe de charitable fraternité qu'on élève en leur nom !

» Prenez garde, citoyens, vous savez qu'on manque d'argent : ce qu'on fait est tout ce qu'on peut faire. Ce rouage, qui marchait sans obstacle, n'allez pas le briser. Jeudi dernier, près de trois mille hommes du huitième ont accepté le secours si minime que nous leur offrons. A ce moment, des ouvriers soldés sont venus réclamer près de moi, et, par, malheur, ils s'exprimaient de façon à être entendus. « Quoi ! a dit
» à l'un d'eux, un ouvrier du huitième, vous avez
» *quatre* enfants ! j'en ai *cinq*, l'État ne peut me don-
» ner pour eux tous qu'un morceau de pain : je me
» tais et j'accepte. Vous avez 1 fr., vous, et vous
» vous plaignez ! Vous voulez donc être des aristo-
» crates ? »

» Citoyens, ce qu'il faut vous éviter, ce sont de pareils reproches et de pareilles comparaisons. Le Gouvernement compte trop sur les ouvriers qui l'ont aidé à fonder la République, pour ne pas leur offrir tout ce qui peut adoucir leur situation présente... (Si, que Dieu m'entende et daigne se hâter !.. Du reste, cela dépend de vous tous, car : *Aide-toi, Dieu t'aidera.*) Si les affaires deviennent meilleures, alors vous retrouverez vos travaux, et ces secours offerts à tous, ces secours qui sont à vous si légitimement, vous nous aiderez à les dispenser ; chacun de vous deviendra le soutien d'un ami moins heureux... Mais *patience !* c'est la devise de l'homme fort... Rassurez vos frères, désormais nous serons avec vous pour protéger vos réunions, pour accueillir avec empressement toute idée honnête, toute pensée protectrice... Grâce à nos efforts, l'avenir nous reviendra riant et prospère. Vers ce but tendront tous nos vœux ! Amis, saluez ici cette ère nouvelle que nous allons ouvrir, et criez avec nous : Vive la République! »

Telle fut la première réunion des délégués des Ateliers nationaux; telles les autres se succédèrent, sans interruption, les mardi et samedi de chaque semaine.

Les deux lettres que je cite plus bas, non sans quelque orgueil, font voir quels sentiments animaient nos délégués, et à quel point j'avais su me concilier leurs sympathies.

Paris, le 7 mai 1848.

« *A M. le Rédacteur en chef de la* RÉFORME.

» Citoyen Rédacteur,

» Toutes les calomnies, toutes les ridicules imputations dont le citoyen Émile Thomas a été l'objet dans certaines feuilles, dont les tendances viennent d'être rudement châtiées par le bon sens public et par le dévouement de tous les vrais républicains, sont restées impuissantes devant nos convictions, et l'examen, que les travailleurs, citoyens honnêtes et consciencieux peuvent faire chaque jour de sa conduite. Tout ce qui est digne et honorable devait sans doute causer un peu d'effroi aux partisans d'un système désormais réprouvé. Nous n'hésitons pas à désigner le journal la *Réforme*, et nous l'engageons à se montrer plus réfléchi dans ses attaques; s'il peut calomnier ceux qu'il ne connaît pas, nous pouvons défendre celui que nous connaissons. La justice du vrai peuple s'est prononcée tout récemment [1], que les rédacteurs de la *Réforme* veuillent bien se le rappeler. »

---

[1] Cette phrase fait allusion à la répression, par la garde nationale, (dont faisaient partie les trois quarts de nos ouvriers), de l'attentat du 15 mai contre l'Assemblée nationale.

Suivent les signatures de trois cent cinquante-huit délégués centraux, représentant quatre-vingt-neuf mille cinq cents hommes des Ateliers nationaux, chaque délégué agissant au nom d'une lieutenance de deux cent vingt-cinq hommes.

« Attendu le nouvel article du journal la *Réforme*, où il est dit que le citoyen Jaime, qui dispose du pain des ouvriers, usant d'une influence devant laquelle il faut qu'on s'incline, a convoqué les délégués des ouvriers pour leur faire signer une protestation contre la *Réforme*, nous déclarons que les séances des délégués centraux ont lieu depuis plus d'un mois, que c'est d'un mouvement spontané que nous avons signé cette protestation et que nous y ajoutons ce supplément. Le citoyen Jaime ne disposant pas du pain que nous accorde la République, et l'influence dont on parle ne pouvant être exercée sur des hommes libres et respectant leurs droits, nous considérons comme absurde cette nouvelle calomnie de la *Réforme*. »

Suivent quatre cent six signatures de délégués centraux représentant quatre-vingt-douze mille deux cent cinquante hommes, chaque délégué agissant au nom de deux cent vingt-cinq travailleurs.

Vers le commencement d'avril, j'eus une lueur d'espoir que, dans certaines parties au moins, les travaux reprendraient leur cours. Cet espoir se basait sur le fait que quelques ouvriers, ayant trouvé de l'ouvrage pour quelques jours, s'étaient adressés à leurs chefs de compagnie pour savoir s'ils pourraient rentrer dans nos cadres, lorsque le travail leur manquerait de nouveau et à quelles conditions.

Je m'empressai, dans le but de favoriser une si heureuse occasion, de donner l'arrêté qu'on va lire :

RÉPUBLIQUE FRANÇAISE.

Liberté, Égalité, Fraternité.

ATELIERS NATIONAUX.

LE DIRECTEUR DES ATELIERS NATIONAUX,

Considérant que des travailleurs embrigadés peuvent momentanément trouver de l'ouvrage rétribué convenablement dans leur partie, et qu'il n'est pas juste de les priver pour cela de leur droit d'inscription ;

ARRÊTE :

Tout travailleur embrigadé, qui, ayant trouvé de l'ouvrage, désire quitter momentanément les Ateliers nationaux, est autorisé à remettre son livret au délégué de sa brigade, qui lui rapportera en échange un reçu signé du directeur.

Pour rentrer ensuite dans les Ateliers nationaux, il lui suffira, par la voie du même délégué, de réclamer son livret, qui lui sera rendu en échange du reçu signé du directeur.

ÉMILE THOMAS.

Paris, le 10 avril.

Combien j'aurais souhaité que mes vœux à cet égard se réalisassent! il n'en fut malheureusement rien, et le nombre des livrets déposés fut presque insignifiant.

Cependant, les exhortations du ministre des travaux publics aux ingénieurs des ponts et chaussées, n'avaient produit aucun effet, et le 9 avril, je n'avais encore reçu aucun ordre de nouveaux travaux. J'étais désespéré. Je priai, je suppliai le ministre ; je le menaçai presque de tout abandonner, si je devais rencontrer encore une mauvaise volonté aussi persistante.

Touché de mes avertissements et des dangers que je lui signalais, M. Marie m'engagea à lui donner, dès le lendemain, un rapport qu'il pût présenter au Gouvernement. Je le lui envoyai, en effet, en ces termes :

A Monsieur le Ministre des Travaux publics.

Monsieur le ministre,

Vous m'avez fait l'honneur de me demander un état explicatif abrégé de la situation du bureau central des Ateliers nationaux que je dirige.

Depuis le 9 mars dernier jusqu'au dimanche 9 avril, nous avons embrigadé quarante-neuf mille deux cents soixante-seize hommes de toutes professions.

Dix mille environ sont encore inscrits au bureau des secours, attendent l'embrigadement pour cette semaine, et reçoivent pour tout secours 750 gr. de pain par jour.

Voici les principales mesures d'économie que j'ai cru devoir prendre. J'ai réduit, dès le 16 mars, la paye de 1 fr. 50 cent. à l'état d'inactivité, à celle de 1 fr.; j'ai ainsi pu ne pas dépenser   fr. 400,000   »

J'ai supprimé complètement la paye du dimanche, soit une économie de   240,000   »

J'ai distribué pendant dix-neuf jours au bureau des secours, 750 gr. de pain à treize cents hommes ins-   fr. 640,000   »

crits par jour, en moyenne, embri- , fr. 640,000   »
gadés seulement la semaine sui-
vante, et formant, au 9 avril, un
total de près de vingt-cinq mille
hommes, qui auraient reçu de leur
mairie 1 fr. par jour au moins, soit
0,75 d'économie par homme et par
jour, ou en somme :   160,000   »

J'ai supprimé le travail pendant
quatre jours pour les élections de la
garde nationale, soit une économie
de   56,000   »

Économie totale en un mois :   856,000   »

J'ai dépensé en tout, du **9** mars au 9 avril, la somme de 1,240,000 fr. au lieu de celle de 2,100,000 fr. que j'aurais pu débourser en vertu des ordres que j'avais reçus.

Dépensant tous les jours plus de 200 fr., en moyenne, de courses de voitures pour les inspections, et transports de finances, etc., j'ai vainement sollicité de l'administration de l'ancienne liste civile, le nombre de chevaux et de voitures nécessaires à ce service. De guerre lasse, j'ai, avec votre autorisation, Monsieur le ministre, acheté ce matériel à des prix tellement modiques que le trésor gagnera à sa revente, au lieu de payer d'énormes locations.

J'ai établi un atelier de cordonniers et un de tailleurs pour fabriquer des chaussures et des vêtements qui seront cédés à prix coûtant aux ouvriers ; un atelier de charronnage et de réparation pour nos outils.

Je compte établir un atelier de peintres et de sculpteurs artistes, qui s'étaient embrigadés comme ouvriers, et qui, moyennant le salaire de 2 fr., 2 fr. 50 c.

et 3 fr. par jour, créeront des œuvres d'art qui seront offertes à votre administration pour les distribuer, selon vos intentions.

L'institution d'autres ateliers spéciaux vous sera bientôt proposée : fondeurs, tisserands, peaussiers, et autres.

Notre bureau de secours, par suite de conventions faites avec les boulangers de Paris, et à faire avec les vendeurs de bouillon et de bœuf bouilli, vient en aide aux ouvriers chargés de famille.

Je désirerais même arriver à ne plus donner d'argent aux ouvriers en disponibilité, mais seulement des secours en nature.

Un bureau de consultation et de vérification médicales a été établi et fonctionne en ce moment.

Les anciens gardes municipaux, que nos ouvriers expulsaient de leurs brigades, réduits à la plus grande misère, ont été recueillis par mes soins et dirigés sur Beaumont (Oise), où je les occupe à des extractions de minérai de fer, qui seront remboursées au trésor par les propriétaires des usines.

Quant à ce qui concerne la question des travaux, voici à quoi ils se sont bornés.

Réparation des chemins de ronde et rues non pavées de Paris ;

Terrassements sur les rampes d'Iéna, la pelouse des Champs-Élysées, et l'abattoir Montmartre ;

Extraction de cailloux sur les communes de Clichy et de Genevilliers ;

Création du chemin de hallage de Neuilly.

Aucun de ces travaux n'a été proposé par le corps des ponts et chaussées qui n'y a accédé que malgré lui, et nous a entourés de mille entraves.

Ils ont tous été imaginés par M. Trémisot ou par nous-mêmes.

Ils sont, à peu d'exception près, parfaitement inutiles, ou du moins le résultat en sera un capital mort.

Ils n'ont pu nous occuper, en moyenne, que quatorze mille ouvriers par jour. Nos ouvriers ne travaillent donc qu'un jour sur quatre ; leur mécontentement en devient extrême, et je crains fort d'être débordé, d'autant plus qu'ils sentent parfaitement toute l'inutilité des travaux qu'ils exécutent et qu'ils voient qu'on y emploie deux fois plus d'ouvriers qu'il n'en faut.

Je viens vous demander, Monsieur le ministre, de faire cesser immédiatement cet état de choses, et de prendre une mesure énergique sans laquelle je ne répondrais plus de la tranquillité publique que j'ai pu contribuer à maintenir jusqu'à ce jour.

Arrêtez qu'en dehors des formes ordinaires, en dehors du corps des ponts et chaussées, dont l'inertie et le mauvais vouloir sont notoires, il sera procédé à l'étude et à l'exécution d'un grand travail d'une utilité réelle, qui reste aussi comme monument de l'époque de régénération à laquelle nous assistons.

Un crédit spécial serait inutile; le crédit ouvert aux Ateliers nationaux serait affecté à cette œuvre.

En effet, ce crédit ne peut pas être *supprimé*, car on ne peut pas supprimer *la faim*; mieux vaut employer 100,000 fr. par jour en les plaçant à gros intérêts, qu'en enfouir 70,000 en créant un capital mort.

D'ailleurs, il ne faudra pas, financièrement parlant, regretter l'emploi de ces sommes en numéraire, car elles entrent tout entières dans la *petite* circulation et allégent quelque peu le malaise général.

Pour le travail que j'ai l'honneur de vous proposer, Monsieur le ministre, il est inutile de nommer de commission, de payer des frais d'étude ; nous possédons dans notre sein tous les éléments nécessaires, et nous étudierons à pied d'œuvre.

Voici quelles sont les diverses entreprises que je proposerais et qui, toutes sont immédiatement réalisables. Je développerai chacune d'entre elles, suivant que vous le trouverez bon ; je les ai mises à l'étude depuis trois semaines.

1° Établissement de quartiers d'ouvriers, sis entre le mur d'octroi et le mur d'enceinte de Paris, sur le système des quartiers d'ouvriers de Londres (les rues comprises entre le commercial *road* et la Tamise).

Ces quartiers seront bâtis sur des terrains vagues, appartenant à de grands propriétaires, et aux conditions des baux emphytéotiques ; ils seront d'un bon rapport pour l'État, et d'une grande utilité, et pour la ville qui y rejettera son excès de population, et pour les ouvriers qui pourront y jouir des bienfaits de la vie en commun.

2° Jonction de la haute et de la basse Seine, par un canal souterrain à grande section, passant dans les catacombes de Paris, avec le complément de 90,000 mètres carrés, de docks secs (caves), dans les carrières d'Ivry, pour l'emmagasinement des marchandises usuelles, et celui d'immenses docks de débarquement dans la plaine d'Issy. Ce canal débarrasserait toute la Seine dans Paris, et tous les ports de déchargement ; faciliterait beaucoup la navigation et rapporterait de gros intérêts. Il serait d'ailleurs peu coûteux, en raison des extractions et des ventes de pierre, ainsi que des excavations déjà pratiquées.

3° Chemin de fer de Colombes, Argenteuil et Ermont. Ce chemin est en déchéance ; l'État le reprendrait à son compte ; il serait fort utile comme port de déchargement des chemins du Nord, de Rouen et de Versailles, et l'exploitation et la cuisson des plâtres d'Argenteuil le rendrait très-avantageux.

4° Chemin de fer de Pontoise à Poissy. Il est aussi concédé, les études sont faites ; l'État peut le reprendre.

5° Canal de navigation de la basse Seine, et de

jonction de la Seine à l'Oise, passant par Epinay, Argenteuil, le Pecq et Pontoise ; c'est une des plus belles œuvres qu'on puisse accomplir.

Tels sont, Monsieur le ministre, les principaux travaux auxquels je crois qu'on peut se livrer immédiatement, et pour lesquels je vous demande en grâce une solution ; car, encore une fois, bientôt je ne serais plus maître de nos ouvriers, faute de travail, tandis que si *tous* travaillent, peut-être réussirai-je encore à abaisser à 1 fr. 50 cent. le prix de leur journée, etc.

En terminant, Monsieur le ministre, je dois vous rappeler que l'institution de nos douze clubs partiels d'arrondissement, formés des délégués de nos travailleurs, et du club central des Ateliers nationaux qui les complète, me met en rapports constants avec chacun des ouvriers, et peut me donner sur eux une influence morale très-avantageuse à la chose publique ; mais que je ne garderai cette influence et ce pouvoir, que tant que les ouvriers pourront me croire juste et bienveillant ; tandis que le jour où toutes les espérances seront lassées, je serai accusé d'inertie et de mauvais vouloir, et cela même qui fait ma force, et par conséquent la vôtre, pourrait créer au Gouvernement des embarras qu'il est bon d'éviter [1], tandis qu'on le peut encore.

Veuillez agréer, Monsieur le ministre, l'expression de mon respectueux dévouement.

Emile Thomas.

Paris, le 10 avril 1848.

Quelques points du rapport que je viens de citer, peuvent avoir besoin de certaines explications.

---

[1] La dernière phrase de ce rapport, ainsi que le constate l'original que je possède, était ainsi terminée : « Ce qui, etc. fera ma perte et peut-être celle du gouvernement dont vous faites partie » Mes amis me firent corriger cette fin qu'ils trouvèrent trop violente. On peut voir cependant aujourd'hui à quel point elle était prophétique, à quel point même ce rapport l'était tout entier dans ses prévisions.

Il y est question des chevaux et des voitures, dont, tout récemment, on m'a tant reproché l'achat. On conçoit pourtant facilement, qu'il était impossible de suffire aux besoins du service sans être pourvu de moyens de transport. Trois méthodes de se les procurer se présentaient. En premier lieu j'avais été autorisé à emprunter au matériel de l'ancienne liste civile ce dont j'avais besoin à cet égard ; mais, soit mauvaise volonté, soit manque réel de ce que je demandais, huit jours de démarches assidues ne purent me le faire obtenir. — J'eus donc recours à la location ; je fus bientôt effrayé de l'énormité de la dépense que causait ce second moyen. Les chevaux de selle me coûtaient, au minimum, 8 fr. par jour ; les cabriolets, 12 et les voitures, 15. C'est alors que j'obtins du ministre des travaux publics l'autorisation de consacrer, environ 30,000 fr. à l'achat du matériel de transport. Cette somme suffit à l'acquisition de deux voitures à quatre places, cinq coupés, quatre cabriolets, trois tilburys, un fourgon, trente-huit chevaux, vingt et une selles, et les harnais correspondant en nombre à celui des voitures. Tout cela fut acheté pour ainsi dire à vil prix, et ce qui le prouve parfaitement, c'est que lors de la revente de ce matériel, qui, quoiqu'en ait dit M. Trélat, ne s'est opérée que le 8 août (parce qu'on voulait bien blâmer mes actes, mais profiter, cependant, des avantages qu'ils procuraient), un bénéfice notable fut réalisé ainsi que le prouve l'état de la vente, que je renvoie aux pièces justificatives.

L'entretien de ce service ainsi établi coûtait :

Nourriture des chevaux,	fr.	95	»
Paye des cochers et palefreniers,		52	»
Vétérinaire et menus frais,		15	»
Réparations et entretien,		18	»
Total, fr.		180	»

Et remplaçait au moins la location de
dix-huit chevaux de selle en permanence
à 8 fr. l'un :   fr.   144   »
Et de quatorze voitures à douze fr.
l'une :   168   »
                                                    ____
                                Total, fr.   312   »

Il en résultait donc, en outre du bénéfice de revente,
qui aurait été fort considérable si le moment de cette
opération avait été mieux choisi, une économie pour
l'État de 132 fr. par jour.

Quant à moi personnellement, je ne me servais le
plus ordinairement que d'un cabriolet, quelquefois
d'un coupé à un seul cheval dont mon successeur a
fait le même usage ; quelquefois encore, je montais à
cheval lorsque des circonstances impérieuses réclamaient rapidement ma présence, comme cela m'est
arrivé lors de l'incendie des ateliers de femmes, et à
l'occasion de divers troubles, prévus par la mairie de
Paris, et qu'à son avis, nous allions calmer en y portant des paroles de paix et de conciliation.

Si j'avais eu du travail pour tous les ouvriers, et
dans ce but, j'avais présenté plusieurs projets de fondation d'ateliers spéciaux (peaussiers, fondeurs, tisserands, fabrique d'affûts d'artillerie, etc.), il m'eût été
facile de ne donner aux nouveaux venus, en attendant
qu'on les casât, que des secours en nature, ce qui eût
été infiniment plus moral.

Quant aux différents travaux, qu'à défaut du corps
des ponts et chaussées, j'indiquais au ministre, j'y reviendrai un peu plus loin pour traiter à fond cette
question.

En tous cas, on le voit clairement, le ministre était
bien et duement prévenu ; mon devoir et mes attributions ne pouvaient s'étendre plus loin.

Le 15 avril je fus mandé à la mairie de Paris,

M. Buchez me prévint qu'un complot se tramait pour le lendemain ; que les délégués du Luxembourg avaient convoqué tous les ouvriers au Champ de Mars, et que je fisse en sorte d'empêcher ceux des Ateliers nationaux de se joindre à cette réunion.

Je me rendis-sur-le champ au bureau central ; je réunis un grand nombre de mes camarades, leur annonçai les craintes qu'on m'avait exprimées à l'Hôtel-de-Ville. Je les priai de se trouver eux-mêmes au Champ de Mars ; sûr que nos ouvriers ne s'y rendraient pas sans leurs bannières, je leur dis d'entrer dans les groupes qui les entoureraient, d'obtenir des explications, et de chercher eux-mêmes à ramener les ouvriers à la raison si on parvenait à les égarer.

Je fis, sur le champ, imprimer la proclamation suivante, qui fut distribuée à tous les chefs de compagnie, affichée sur tous les chantiers, aux approches du Champ de Mars et de chacune des mairies.

RÉPUBLIQUE FRANÇAISE.

Liberté, Égalité, Fraternité.

Citoyens,

Vous devez toujours être prêts à défendre la patrie, à protéger la République tricolore. Dès que le rappel général bat dans les rues, que chacun se rende à sa mairie, et abandonne tout pour s'y rendre ; armés ou non, votre présence est utile au maintien de l'ordre ; les bannières et les drapeaux de nos compagnies des Ateliers nationaux, vous devez les porter avec vous ; ils doivent flotter au milieu des rangs de la garde nationale. En cas de danger, ralliez-vous à l'*Abeille* de l'École centrale ; nos braves camarades seront fiers de vous guider.

Nous sommes soixante-six mille, tous dévoués à

notre chère République et au Gouvernement provisoire que nous avons établi.

Salut et fraternité.

ÉMILE THOMAS,
Le commissaire de la République,
directeur des Ateliers nationaux.

Je m'étais aperçu, depuis peu de temps, que les ouvriers, à propos du règlement qui avait été affiché sur
les chantiers, étaient travaillés par des meneurs. Pour
ne laisser, dans l'esprit des ouvriers, aucun sujet de
mécontentement, et d'après le conseil des délégués,
réunis la veille en séance, je fis distribuer à chaque
brigade, par son délégué, cette note, écrite à la hâte,
et résumant les paroles que j'avais prononcées à l'assemblée des délégués.

Citoyens,

L'extrait du règlement général des Ateliers nationaux que nous avons publié hier, dans l'intérêt de
tous, a été mal compris par quelques-uns.

Des fauteurs de désordre et d'anarchie ont parcouru les chantiers et ont provoqué des réclamations
injustes.

Nous voulons le bien de tous par le concours de
tous ; écoutez nos explications et le résumé des promesses que nous avons faites hier verbalement à vos
délégués.

Les amendes sont nécessaires à l'ordre; il n'y a que
les mauvais ouvriers qui les repoussent ; jamais un
bon ouvrier et un honnête homme ne s'exposera à
être mis à l'amende ; il connaît trop bien ses droits et
ses devoirs ; il sait que tous ses chefs sont ses amis et
ses protecteurs naturels.

En promettant, à partir d'aujourd'hui lundi, à tous
les ouvriers embrigadés de la semaine précédente,

deux jours de travail par semaine, c'est à dire *huit* francs par semaine à chaque ouvrier, quoi qu'il arrive, qu'on ait du travail à lui donner ou qu'on n'en ait pas, qu'il soit chez lui, au chantier, à la revue ou à l'élection, le gouvernement fait un sacrifice considérable ; il ne peut le faire plus grand. Lorsque nous promettions un jour de travail sur deux, vous étiez seulement vingt-cinq mille (le 16 mars) ; la dépense n'était que de 39,750 francs par jour, y compris la paye des brigadiers et des chefs d'escouade. Aujourd'hui que vous êtes soixante-six mille, en assurant 8 francs par semaine à chaque ouvrier, plus la solde de ces mêmes chefs que vous avez élus, le pays fait pour vous un sacrifice de 94,500 francs par jour, sans compter les secours distribués et les achats d'outils et de matériaux.

Bientôt peut-être vous serez cent mille. Jugez vous-mêmes s'il n'est pas difficile de donner plus.

Cependant, vous le savez, nous sommes prêts à tout faire pour vous ; ayez confiance, nous sommes vos amis et vos frères, et notre cœur saigne de vos souffrances ; chaque fois que nous pourrons vous venir en aide, nous serons heureux. Si nous pouvons obtenir neuf francs par semaine au lieu de huit, quelque démarche, quelque peine qu'il nous en coûte, nous le ferons.

Nous avons dit hier que tout homme nécessiteux et chargé de famille se ferait inscrire sur-le-champ par le délégué de sa brigade ; sa position ayant été vérifiée par le chef de service, il recevra aussitôt, et tous les jours, des bons de secours en nature, pain, viande et bouillon ; car nous savons que bien des hommes ne peuvent se suffire avec ce qui leur est alloué, et il y a quinze jours que nous demandons pour eux ce soulagement nécessaire.

Outre le bureau des consultations médicales gratuites, il va être institué douze médecins, un dans chaque arrondissement, qui visiteront à domicile les hommes malades, réclamant par écrit, pour ce fait, auprès de leur chef de compagnie.

Les ateliers de confection de chaussures et de vête-ments sont en activité. Les objets fabriqués seront donnés aux hommes au prix coûtant des matières premières, cuir ou tissus, le prix de la main d'œuvre déduit. Que chaque brigade se réunisse et nomme son délégué, syndic des secours; vous proclamez la *fraternité*, sachez la mettre en œuvre. Que chaque homme supporte une légère retenue, pour que ceux de ses frères, qui manquent de souliers, puissent en avoir promptement; c'est un prêt d'ami que vous leur ferez, et qu'ils vous rembourseront en versant à la masse du syndicat leur retenue journalière, jusqu'à ce qu'ils se soient acquittés envers vous.

Nous vous laissons d'ailleurs toute latitude à cet égard, faites comme vous voudrez; fixez la retenue au chiffre que vous voudrez; l'atelier des cordonniers et celui des tailleurs vous donneront leurs produits dès que vous leur apporterez en échange, par notre entremise, le coût des matières premières qu'ils emploient.

Toutefois, voulez-vous notre conseil ? le voici : Que chaque travailleur abandonne par jour, entre les mains de son délégué, une partie de sa journée, 25 centimes, par exemple; le délégué pourra, avec les 12 fr. 50 en résultant, acheter par jour trois paires de souliers; de sorte que les plus nécessiteux seront chaussés de suite; ceux qui en ont le moins besoin leur auront fait une avance dont ils seront remboursés à leur tour par une paire de chaussure ou par la valeur en espèces, lorsque tout le monde sera chaussé.

Nous vous le répétons, ceci n'est qu'un conseil, vous êtes libres de l'accepter ou de suivre une autre marche.

Nous avons obtenu pour vous, du citoyen Arago,

ministre, de la guerre, l'autorisation de défricher le champ de manœuvre de Saint-Maur. Le citoyen Payen, secrétaire perpétuel de la Société nationale et centrale d'agriculture, vous fera donner gratuitement des semences, et le produit de la récolte de ce champ vraiment national sera attribué aux ouvriers nécessiteux. Nous pourrons employer là successivement jusqu'à dix mille hommes.

Enfin, citoyens, nous nous préoccupons gravement de la question d'avenir. *Nous ne voulons pas de théories irréalisables.* Ce que nous voulons, c'est que la confiance revienne, que les travaux reprennent leur cours, que l'ouvrier gagne honorablement un salaire *suffisant*, au lieu d'être réduit à la misère et forcé d'accepter un secours *insuffisant*. Ce que nous voulons surtout, c'est cette noble et sainte fraternité, être unis pour être forts ; *l'ouvrier n'a besoin de personne pour s'organiser*, il s'organisera bientout seul quand il sentira l'appui unanime de ses frères, surtout quand sa vie *matérielle* lui sera assurée par un travail régulier et honorablement rétribué.

Nous marchons dans cette voie, aidez-nous tous à arriver le plus tôt possible à notre but, qui est le vôtre.

Ne craignez pas de nous soumettre vos réclamations, vos objections. Vos délégués seront toujours les bienvenus près de nous.

Salut et fraternité.

Le Commissaire de la République,
Directeur des Ateliers nationaux.

ÉMILE THOMAS.

Le lendemain, 17 avril, eut lieu la manifestation du Champ de Mars, à l'Hôtel-de-Ville, dite de l'organisation du travail.

Chacun sait que, ce jour-là, la garde nationale, qui

ne s'était pas encore comptée, et qui, depuis le 17 mars, était restée sous l'influence de la contrainte que lui avait imposée la démonstration ouvrière, prit une éclatante revanche de sa précédente défaite, et en s'assurant elle même de la force imposante qu'elle présentait, donna par ce fait la meilleure garantie que l'anarchie serait à jamais impuissante.

Mais ce qu'on ne sait pas généralement, je vais le raconter :

Nos jeunes gens s'étaient trouvés au Champ de Mars. Ils y rencontrèrent environ treize mille hommes, dont cinq mille, employés aux terrassements du Champ de Mars, n'étaient pas sous ma direction, douze à quinze mille ouvriers de nos brigades et les sept à huit cents délégués du Luxembourg.

Ils apprirent que le prétexte de la réunion était de nommer quatorze ouvriers pour faire partie de l'état major de la garde nationale, puis de se rendre en corps, avec des bannières, préparées d'avance, et sur lesquelles étaient inscrits ces mots : *Abolition de l'exploitation de l'homme par l'homme*, à l'Hôtel-de-Ville, pour imposer au gouvernement l'exécution du système de M. Louis Blanc sur l'organisation du travail ; système qui, comme on l'a vu, par la résistance de la mairie de Paris, était resté à l'état de théorie.

Nos jeunes gens se mêlèrent aux groupes, réussirent à faire reployer les bannières des Ateliers nationaux, et à persuader à nos ouvriers, que le prétexte choisi d'abord était illégal, puis que la compression (à l'égard du projet de démonstration) était immorale et fâcheuse. Nos ouvriers comprirent ces raisonnements ; tous d'une voix ils déclarèrent aux délégués qui les haranguaient qu'ils ne savaient pas pourquoi ils prendraient de la sorte fait et cause pour M. Louis Blanc ; que jusqu'à présent toutes ses belles promesses n'avaient abouti qu'à faire fermer les ateliers, à les mettre en lutte avec leurs patrons, et à les réduire à la misère.

Du reste, lorsque le rappel battit, ceux des ouvriers qui appartenaient à ma direction, prévenus par la proclamation que j'ai citée, se retirèrent presque tous pour aller se joindre à leurs compagnies de garde nationale.

La manifestation se trouva ainsi réduite à quelques milliers d'hommes, qui, si l'on se le rappelle, défilèrent piteusement jusqu'à l'Hôtel-de-Ville, où ils se séparèrent, entourés de toutes parts par la garde nationale, qui s'exaltait de plus en plus, et les menaçait de les fusiller à la moindre apparence d'attaque. J'étais à l'Hôtel-de-Ville au moment où tout cela se passait; je revins de là au ministère des travaux publics, où je dînai avec M. Marie.

Le ministre me donna quelques détails sur ce qui venait de se passer, tout en me félicitant de la part que j'y avais prise.

Il me dit que cette démonstration était un complot réel; que MM. Albert et Louis Blanc, lassés des entraves qu'on imposait à la mise en pratique de leurs idées, en étaient probablement les complices; que, si le gouvernement avait refusé d'accorder sur-le-champ l'organisation du travail, les clubs violents qui se trouvaient tout prêts, et Blanqui à leur tête (on l'avait vu rôder sur la place de l'Hôtel-de-Ville) auraient arboré le drapeau rouge, jeté les hommes de la mairie de Paris par les fenêtres (MM. Marrast, Buchez, Recurt et Edmond Adam), après les avoir massacrés, et réformé un gouvernement provisoire, sous le nom de comité de salut public, avec MM. Albert, Louis Blanc, Ledru-Rollin, Flocon, Sobrier, Blanqui, Barbès et Raspail.

Heureusement, M. Ledru-Rollin, qui savait tout le complot, eut un remords et le dévoila le matin à M. de

Lamartine, que M. Flocon, au reste, à l'insu de ses amis politiques, avait déjà prévenu la veille au soir.

— Pourquoi, dis-je alors au ministre, sachant tout cela, ne faites-vous pas arrêter ces hommes, MM. Louis Blanc, Albert, tout d'abord?

— Parce que ce sont nos collègues, et qu'une semblable arrestation serait trop grave ; d'ailleurs, nous voulons arriver tous ensemble devant l'Assemblée nationale, sans qu'il se soit manifesté de scission positive. Nous nous sommes contentés de leur faire froide mine, et nous les surveillerons de près.

— Mais Barbès, Blanqui, Raspail, Sobrier?

Ceux-là, nous les tenons dans notre main, mais nous ne pouvons les accuser sans nous forcer nous-mêmes à juger les deux premiers ; soyez sûr qu'ils ne nous échapperont pas, et que d'ici à peu de temps, des esprits aussi inquiets nons auront fourni un motif valable de nous emparer de leurs personnes.

— Il me semble pourtant surtout que Sobrier est dangereux.

— Là, vous vous trompez, et le ministre reprit en riant, tout le monde s'y trompe; Sobrier est notre allié; lui n'avait attendu ni ce matin, ni hier, pour nous prévenir du complot ; il nous avait tout révélé, il y a deux jours. Sobrier! ne vous en défiez plus, il est peut-être un tiers à ceux qu'il semble servir; il est aux deux tiers à M. de Lamartine [1] !

— Mais il y a un homme qui est mêlé sûrement à tout cela et qui est trop fin pour qu'on le prenne. Savez vous qui? c'est certainement le plus dangereux.

— Caussidière, sans doute? On me l'a déjà dit à la mairie de Paris ; mais je m'en garde, et ma police me prévient de ce que font tous ces hommes, aux cravates

---

[1] Cette phrase, m'a été depuis répétée, dans les mêmes termes par un ami de Sobrier et son collaborateur, à *la Commune de Paris.*

et aux ceintures rouges, et d'autres encore qui n'ont pas besoin de costume pour qu'on sache qu'ils lui appartiennent.

Je rentrai un peu ému de ce que je venais d'apprendre; une surprise plus grande m'attendait; je trouvai Jaime en conférence avec un homme nommé Legros, qui, dernièrement, avait été attaché au service intérieur de l'administration. Jaime m'appela et fit répéter à cet homme ce qu'il venait de lui apprendre.

Ce Legros était délégué des menuisiers en bâtiment, au Luxembourg. Il nous déclara que, depuis quinze jours, il s'y tenait, la nuit, des conférences secrètes où il n'était question que de politique. Que deux cents des délégués seulement y étaient admis; que, pour lui, il était évident que le complot qui devait éclater le jour même, avait pris naissance dans ces conciliabules; et que M. Louis Blanc, je cite ses expressions, outré d'avoir fait *four* près des ouvriers, n'avait pas reculé devant la pensée d'un crime.

Cette déposition me parut tellement grave, que je l'écrivis sous la dictée de Legros; il la signa, après l'avoir lue deux fois et en avoir retranché quelques expressions, qui, réflexion faite, lui semblèrent trop vives, et sur-le-champ je la portai à M. Marie. — J'ignore l'usage qu'il en a fait.

Comme avant tout, je veux être impartial, je dois reproduire ici la défense et les dénégations opposées par les délégués du Luxembourg eux-mêmes, aux intentions dont on les accusait; et cela parce que je viens d'exposer les soupçons qui m'avaient été suggérés par les diverses conversations rapelées ci-dessus. Voici la pièce dont je veux parler :

PROTESTATION

Présentée au Gouvernement provisoire par les délégués des ouvriers
siégeant au Luxembourg.

Citoyens ,

La manifestation d'hier a donné lieu à des manœuvres contre-révolutionnaires, à mille bruits menson-
gers, et aujourd'hui même elle reçoit, dans certains
journaux, des commentaires aussi dangereux qu'absurdes.

D'un autre côté, les fausses rumeurs qui avaient
précédé notre arrivée à l'Hôtel-de-Ville dans la journée d'hier, y ont donné lieu à un malentendu à propos
duquel il est de notre dignité et de notre devoir de
nous expliquer nettement.

Nous commençons par affirmer sur l'honneur,
qu'en nous réunissant au Champ de Mars, pour nous
rendre de là à l'Hôtel-de-Ville, notre but n'a pas été
autre que celui-ci :

1° Elire quatorze d'entre nous devant faire partie
de l'état-major de la garde nationale ;

2° Prouver que les idées d'organisation du travail
et d'association, si courageusement soutenues par les
hommes qui se sont dévoués à notre cause, sont les
idées du peuple, et que, suivant lui, la révolution de
février serait avortée, si elle ne devait pas avoir pour
effet de mettre un terme à l'exploitation de l'homme
par l'homme.

3° Enfin, offrir au Gouvernement provisoire, après
lui avoir exprimé nos vœux, l'appui de notre patriotisme contre les réacteurs.

Voilà ce qu'ont bien clairement prouvé : la devise
écrite sur les bannières de nos corporations, le texte

de la pétition remise par nos députés à l'Hôtel-de-Ville, le calme inaltérable de notre attitude, et l'offrande apportée par nous au Gouvernement provisoire de la République.

D'où vient donc que la garde nationale a été convoquée extraordinairement, et en armes, comme en un jour de danger ? D'où vient qu'avant l'arrivée, à l'Hôtel-de-Ville, de nos représentants et amis, les citoyens Louis Blanc et Albert, nos délégués, ont reçu un accueil qui avait tous les caractères de la défiance ?

Nous connaissons maintenant ce qui en est, et nous allons le dire :

Précisément parce qu'ils savaient ce que notre manifestation avait de calme, de vraiment républicain et de favorable à la consolidation de la révolution populaire de février, les réacteurs ont d'abord fait courir le bruit que nous voulions renverser le Gouvernement provisoire au profit du citoyen Blanqui, de manière à exciter contre nous tous ceux qui voient, dans l'existence du Gouvernement provisoire, la garantie de l'ordre et de la liberté.

En même temps, des émissaires de la réaction allaient colportant cette monstrueuse calomnie, que les citoyens Louis Blanc et Albert nous avaient encouragés à scinder violemment le Gouvernement provisoire ; calomnie contre laquelle nous protestons de toutes les forces de notre âme indignée.

Si nous avions voulu renverser le Gouvernement ou le changer, nous ne nous serions pas réunis au Champ de Mars ; nous aurions pris des mesures pour nous y trouver, non pas comme hier, au nombre de cent mille, mais au nombre de deux cent mille[1], ce qui nous eût été facile. Enfin, nous n'aurions pas fait

---

[1] J'ai dit que ce chiffre ne se montait d'abord qu'à 20,000 et s'était réduit à 8,000 environ.

12

entre nous cette collecte que nous avons été porter à l'Hôtel-de-Ville, et nous n'aurions pas terminé notre pétition par ces mots : *Vive le Gouvernement provisoire !*

Voilà ce qu'il était bon que nous fissions connaître à tous.

Nous devons aussi dénoncer comme une preuve des manœuvres employées par certains agents de réaction, la nouvelle qu'on avait attenté aux jours du citoyen Louis Blanc ; nouvelle semée, sans aucun doute, dans des intentions de désordre, mais dont heureusement nous avons pu connaître assez tôt la fausseté, et qui n'a servi qu'à prouver à tous combien était intime et profonde , quoi qu'en disent les réacteurs , l'union du peuple et de ceux en qui il a mis sa confiance.

Il faut donc qu'on le sache bien : rien, dans la journée d'hier, n'était de nature à motiver les alarmes. Le peuple sait qu'il est fort, il lui est permis de rester calme. Il est là pour défendre la révolution telle qu'il la comprend : sous sa sauvegarde elle ne périra pas.

Nous confions cette protestation au Gouvernement provisoire, et nous le prions de vouloir bien la reudre publique.

Les délégués des corporations,

LAGARDE , *président du Comité central* ; DUMON , GODIN, *vice-présidents* ; A. LEFAURE , *secrétaire.*

(Suivent les signatures de tous les délégués.)

Paris, ce 17 avril 1848.

Comme on le voit, en mettant en présence les allégations des deux partis, elles se contredisent en tout point.

Le public jugera.

Quant à moi, je ne puis, dans les circonstances présentes, prendre la responsabilité d'inductions aussi graves.

Il y a trois mois, lorsque je dirigeais encore les Ateliers nationaux, j'accusais hautement M. Louis Blanc, et je me déclarais l'adversaire, à la face de tous, non pas de sa personne, que je n'ai jamais connue, mais de ces actes que je pouvais apprécier.

Aujourd'hui que, dans son isolement, tous, jusqu'à M. Trélat, qui, ainsi qu'il l'a dit, était son ami, le renient et l'accablent, je dois réfléchir profondément ayant d'exprimer une opinion, quelque consciencieuse qu'elle puisse être; je dois me demander, si, en réalité, cet homme, à l'imagination féconde, à l'éloquence dangereuse, a été coupable de plus que des tristes fruits qu'ont porté ses funestes doctrines.

Egaré, je le crois, avant tout, par un système faux, mais dont il s'était pénétré, et guidé, je l'espère, par un amour profond de l'humanité souffrante, M. Louis Blanc supporte le fardeau des désordres qu'ont causés les entraînements émanés de sa parole; mais est-il juste, est-il surtout honorable, dans la position où il se trouve, et lorsque nulle preuve flagrante ne le vient constater, que je sache, de le présenter aussi comme coupable par ses actes? — Tout ici me fait une loi de me taire. Cependant, j'ai déjà parlé de l'influence désastreuse qu'exercèrent les conférences du Luxembourg, et j'y dois revenir à propos de nos embrigadements.

Ce que j'ai dit plus haut montre qu'à cette époque, le chiffre de nos ouvriers approchait de soixante-dix mille, et certainement le nombre toujours croissant d'ateliers dont s'opérait la clôture, n'était pas peu provoqué par l'irritation que le Luxembourg avait su faire naître entre les patrons et les ouvriers.

Et puis, mes prédictions se réalisaient; l'ouvrier s'accoutumait à la paresse, et les hommes des campagnes et des villes environnantes venaient s'établir à Paris pour y chercher un subside aussi facile à acquérir que celui que leur donnaient les Ateliers nationaux, désormais voués à la stérilité. La déplorable incurie des commissariats de police y contribuait certainement, en n'apportant aucune vérification aux certificats de logements.

Il est certain que les garnis de Paris, qui, avant le mois de février, ne contenaient que huit à dix mille ouvriers, s'encombrèrent de telle sorte que, vers la fin de mai, ils en logeaient plus de trente mille. J'aurai occasion de revenir plus tard sur ce fait.

Le Gouvernement provisoire, en voyant la ferme attitude de la garde nationale, au 16 avril, avait compris qu'il fallait lui donner un gage éclatant de sympathie, et se la dévouer tout entière par une cérémonie imposante :

Une revue générale, ayant pour but la distribution des drapeaux aux légions, et en même temps la rentrée des troupes dans Paris, ardemment désirée par tous les esprits sages, et leur fraternisation avec les différents corps de la garde civique.

Cette dernière considération me rappelle un fait que je ne dois pas passer sous silence : lorsque, le 14 avril, lassé de ne pouvoir rien obtenir du ministère des travaux publics, j'avais été solliciter du ministère de la guerre l'autorisation de faire défricher le champ de manœuvre de Saint-Maur, et de le mettre en culture (cette pensée m'avait été inspirée par le digne colonel Moreau, près de qui j'avais été examiner si nous ne pourrions pas exécuter des travaux dans le ressort des fortifications de Paris), le colonel Moreau, M. Arago, lui-même, ministre de la guerre à cette époque, m'avaient exprimé de vives inquiétudes ; ils formulaient des plaintes serieuses contre les ouvriers employés au Champ de Mars. Ceux-ci ne *voulaient* pas terminer leur besogne, bien que, et ils le disaient tout haut depuis trois semaines, il y eût à peine pour quatre jours de travail sérieux, et cela parce qu'ils craignaient avec raison que ce travail terminé, on ne leur en donnât pas d'autre; de telle sorte qu'on en était réduit à les payer quotidiennement, quoi qu'ils ne fissent rien.

M. Arago me demanda si je consentirais à reprendre ces ouvriers, au nombre de cinq mille, dans mes attributions, et de faire terminer les terrassements du Champ de Mars par mes brigades, qui au moins, lorsqu'elles avaient de l'ouvrage, l'exécutaient, lentement à la vérité, mais l'achevaient et ne se révoltaient pas. J'y consentis. Cependant, à tous les moyens que je proposai pour arriver à ce but, le ministre me répondait toujours par la crainte que lui inspirait le refus et peut-être l'insurrection des ouvriers. — J'étais pourtant loin de le craindre, j'avais fait passer des mesures plus difficiles. Attendons, me dit-il, que la troupe soit rentrée dans Paris; alors nous ferons ce que nous voudrons [1].

Toujours la peur! en vérité les hommes à qui ont profité les journées de février, étaient bien dignes de placer leur république sous l'égide du despotisme du sabre! Il y avait pourtant mieux à faire!

[1] Je dois d'autant plus insister sur ce fait que, dans sa déposition au comité d'enquête, M. Arago, trahi sans doute par sa mémoire, a prétendu que j'avais, dans *un intérêt électoral*, sollicité la jonction des cinq mille ouvriers du Champ de Mars aux miens. Ce fait est parfaitement inexact, et j'en appellerais ici au témoignage du colonel Moreau, qui m'a fait à Monceaux dix visites, pour me rappeler de prendre ses ouvriers, dont il était impossible que le génie tirât parti, qu'on payait à ne rien faire, et qui tous les jours menaçaient d'une émeute. Ce n'est d'ailleurs que, le 17 mai, trois semaines après les élections, que ces ouvriers entrèrent sous ma direction. Dans un but électoral! Mais il est au su de tout le monde, que, loin de faire une profession de foi, loin de me présenter aux suffrages des électeurs, le 23 avril, je repoussais *par écrit* les nombreuses sollicitations que m'adressaient les ouvriers à cet égard!

Dans le programme de la fête du 20 avril, les délégués des Ateliers nationaux avaient été oubliés ; ils s'en plaignirent vivement à moi, et je leur promis la réparation de cette méprise. Je m'adressai à M. Marie, qui me donna un laissez-passer pour placer sur l'estrade de l'Arc de Triomphe, cinquante délégués et vingt-cinq élèves de l'Ecole centrale.

Le 20 au matin, nous nous rendîmes à la barrière de l'Étoile, et nous arrivâmes des premiers sur les gradins, où je fis placer tout mon monde.

M. Higonnet qui se trouvait là, je ne sais à quel titre, peut-être à celui d'ordonnateur de la fête, car il se fourrait partout, vint m'intimer l'ordre de nous retirer, car nous occupions les places des délégués du Luxembourg.

Je m'y refusai formellement, et opposai la même résistance à M. Charles Blanc, qui, ne me connaissant pas, vint assez brusquement me réitérer cette sotte injonction.

Force leur fut d'aller se plaindre à M. Ledru-Rollin, qui vint me prendre par le bras et me prier de faire céder la place aux délégués de M. Louis Blanc; mais au ministre de l'intérieur, comme aux autres, je répétai que des délégués d'ouvriers paisibles ne se retireraient pas devant des agents de désordre.

Lorsqu'arrivèrent ces délégués du Luxembourg, avec leurs cartes orange au chapeau, mes hommes tinrent bon. Une altercation s'en suivit, où j'interposai mon autorité, et les délégués des corporations dûrent se placer au-dessous des nôtres.

Cependant, après s'être consultés, et probablement dans l'espoir de se ménager des intelligences parmi nos ouvriers, ils proposèrent une réconciliation qui fut acceptée un peu sèchement, et les délégués se mêlèrent à nous.

Vers le milieu de cet interminable défilé, qui, grâce

à l'inexpérience du général Courtais, et aux bévues qu'il commit dans ses dispositions, tint sur pied la garde nationale, à son grand mécontentement, pendant seize heures, on vint me proposer de laisser nos délégués se joindre à ceux du Luxembourg, pour recevoir aussi un drapeau des mains du Gouvernement. J'y consentis, mais je priai mes camarades de s'y joindre également et d'obtenir le même consentement des nombreux élèves de diverses Écoles (surtout de celle de Saint-Cyr) qui se trouvaient présents, de façon que les ouvriers donnassent le bras à ces jeunes gens.

Je m'avançai en tête, donnant le bras à un délégué de nos ateliers et à M. Lagarde, président de ceux du Luxembourg, auquel vint se joindre un autre personnage, que j'appris plus tard être M. Rouvenat (ou de la Roûnat), secrétaire de M. Louis Blanc.

Un élève de l'École polytechnique reçut le drapeau des mains de M. Arago, et nous défilâmes jusque sur une des contre-allées du boulevard extérieur. Là, M. Rouvenat voulut qu'on se séparât, satisfait de m'avoir, en apparence, fait subir, aux yeux de son patron, un échec, en me faisant joindre à ses délégués.

Mais ce n'était pas là mon compte ; je sus retenir à mon tour tout le cortége, et je l'emmenai au manége de Monceaux. M. Rouvenat, s'en alla furieux, se plaindre à Louis Blanc de ce qu'il appelait la *défection* de ses amis.

Pour moi je profitai de la circonstance, et je retins pendant deux heures les délégués au bureau central. Je leur exprimai mon étonnement, de voir des ouvriers raisonnables suivre de folles et de pernicieuses doctrines, et j'eus la satisfaction d'obtenir d'eux l'aveu public, qu'ils les désapprouvaient en grande partie.

Je proposai alors de sceller cet aveu et l'union fraternelle que nous avions cimentée, en nous rendant tous à l'Hôtel-de-Ville.

Cette proposition fut agréée.

Nous fûmes reçus par M. Buchez, qui ne dissimula point sa joie de la victoire pacifique que j'avais remportée, et qui, dans un discours chaleureux et fort adroit, félicita les ouvriers de sympathiser avec la jeunesse des Écoles, les félicita plus encore de savoir reconnaître leurs torts, et d'avoir le courage de les avouer. M. Lagarde comprit seulement alors à quel point il s'était laissé battre, en voulant me gagner, et je lus sur sa figure un désappointement profond.

Quant à nos délégués, ils étaient radieux, et leur triomphe les transportait. C'est pendant la promenade que je viens de raconter, que M. Lagarde me fit des ouvertures assez nettes. Leur liste de candidats, me dit-il, pouvait porter mon nom, si, en échange, je consentais à la faire accepter par nos ouvriers.

Je le remerciai, en lui répondant que je ne croyais pas le mandat de représentant du peuple compatible avec les fonctions que je remplissais, et que ce motif m'avait fait refuser de nombreuses demandes collectives, que, dans ce sens, les ouvriers m'avaient apportées ; en outre que, si impartial que fût leur vote dans ce cas, on m'accuserait toujours de l'avoir influencé à mon profit ; que, d'ailleurs, la couleur de leurs candidats était trop tranchée pour que je m'associasse à leurs vœux, et qu'en recommandant à mes administrés une liste que je considérais comme composée d'hommes dangereux, je mentirais à ma conscience et à tous mes antécédents.

Je sentais d'ailleurs trop bien qu'une pareille liaison m'entraînerait au-delà de toutes mes convictions, pour l'accepter. C'est sur ce sujet que M. Trélat a brodé cette accusation au comité d'enquête, que j'aurais projeté de m'entendre avec M. Louis Blanc, à qui, encore une fois, je n'ai jamais eu l'honneur de parler ; et le comité a répété cette allégation dans son rapport, sans considérer qu'elle contredisait les faits eux-mêmes et l'esprit tout entier de ma ligne de conduite, opposée à celle du Luxembourg parce qu'elle n'était autre que celle de la mairie de Paris.

J'arrive maintenant à l'époque des élections, c'est-à-dire au 23 avril.

A la suite de la revue de la garde nationale, nos délégués m'avaient sollicité, exprimant ainsi un vœu que je savais être général parmi nos ouvriers, de demander pour eux la faveur d'être passés en revue le surlendemain par le maire de Paris et le ministre des travaux publics.

J'avais soumis cette prière à MM. Marrast et Marie; ils y avaient consenti avec la plus vive satisfaction, car une semblable fête était destinée à leur donner une grande prépondérance, en leur gagnant une popularité réelle.

En conséquence, dès le 21, au matin , j'avais tout fait préparer pour cette revue, qui devait avoir lieu au champ de manœuvre de Saint-Maur, le 22, et se terminer le soir par une réception officielle des délégués dans la salle du palais de la Bourse, par les deux membres du Gouvernement provisoire ; à cette occasion, et pour les indemniser des frais que leur déplacement leur eût causés, les ouvriers devaient, non pas être tous payés comme en un jour de travail, mais recevoir seulement une paye supplémentaire de 50 centimes.

Mais je reçus, dans la journée, la lettre suivante de M. Buchez :

MAIRIE DE PARIS.21 avril 1848.

« Mon cher Émile, la nuit porte conseil. J'ai pensé qu'une revue des Ateliers nationaux ressemblerait trop à une manœuvre électorale. J'ai communiqué cette crainte à Marrast et à Recurt, ils ont pensé comme moi.

» Quelque regret que nous ayions, nous sommes obligés de renoncer à ce plaisir, qui serait le véritable complément de la journée d'hier. Nous aurions été heureux de voir réunis cette masse de citoyens laborieux, honnêtes, dévoués à la République, malgré leurs souffrances ; nous aurions été heureux de leur prouver, par cette démarche et par nos paroles, que nous comprenons leurs sentiments, que nous avons une seule âme avec eux ; mais il faut craindre la calomnie. Les hommes qui participent au gouvernement doivent être non pas seulement purs comme ceux qui les ont nommés, mais ils ne doivent pas même être soupçonnés d'avoir une pensée individuelle. Que tous les citoyens qui sont sous votre direction sachent bien que c'est malgré nous que nous renonçons au bonheur que nous aurions éprouvé dans cette nombreuse et fraternelle réunion.

» Veuillez communiquer ces réflexions au ministre des travaux publics. »

» Je vous serre la main.

» Buchez.

« Nous avons pensé à quelques retranchements à » opérer. Veuillez encore voir le ministre [1]. »

---

[1] Cette note est relative à la composition de listes électorales dont je parlerai tout à l'heure. Les noms de MM. Louis Blanc et Albert en avaient été d'abord écartés ; il est question là de ceux de MM. Ledru-Rollin et Flocon qui le furent également.

En recevant cette lettre, je courus à la Ville, et je représentai énergiquement à M. Buchez les inconvénients d'un contremandement, qui aurait pour effet immédiat, sous quelque forme qu'il fût présenté, de détruire, au profit du Luxembourg, qui ne se faisait pas faute d'activité et de manœuvres électorales, l'influence politique de la Mairie de Paris; que peu importait l'impression produite, lorsque, en définitive, le but atteint serait tout entier au profit de la modération et de la sagesse, et concourrait ainsi au maintien et au triomphe des véritables principes républicains.

M. Buchez goûta mes raisons, et me mena chez M. Marrast, qui revint entièrement à mon avis. M. Buchez écrivit alors une seconde lettre que j'expédiai sur-le-champ à M. Boucard, et qui était conçue en ces termes :

MAIRIE DE PARIS. 21 avril 1848.

« La lettre que j'ai écrite pour contremander la
» revue est non avenue.

 » Envoyez-moi tout de suite vingt listes de l'*Union
» des Travailleurs*, vingt listes du *Comité central* et de
» l'*Atelier*. »

BUCHEZ.

Et plus bas :

« M. Boucard, chef du cabinet de la direction, est
» prié de satisfaire sur-le-champ au désir de M. Bu-
» chez.

» ÉMILE THOMAS. »

Ce qui précède exige quelques explications.

En séance publique les délégués du Luxembourg avaient arrêté qu'une liste électorale, composée et distribuée par eux, serait imprimée à leurs frais (probablement à ceux de l'État, qui subventionnait la Commission pour les Travailleurs), et contiendrait vingt noms d'ouvriers. Loin de conserver sur cette liste les noms de tous les membres du Gouvernement provisoire, et ceux de Buchez et de Recurt, comme il semblait que la reconnaissance pour le dévouement et les travaux de ces hommes, en eût fait une convention tacite dans tout le département de la Seine, le Luxembourg avait supprimé sur sa liste les noms de MM. Armand Marrast, Marie, de Lamartine, Buchez et Recurt, et les avait remplacés par les noms, fort significatifs, de MM. Barbès, Blanqui, Raspail, Proudhon et Kersausie.

Les délégués du Luxembourg, comptant sur un effectif votant de quatre cent mille ouvriers, seraient arrivés, en embrigadant leur vote et leur imposant à tous la même liste, à la faire passer tout entière.

Tandis qu'au contraire, et en raison des précautions que nous prenions et que je vais rapporter, non-seulement cette liste ne passa point, mais encore les noms de MM. Louis Blanc, Albert, Flocon et Ledru-Rollin, furent, repoussés fort loin dans l'échelle du nombre des votes, au-dessous de tous les autres noms du Gouvernement provisoire, au-dessous même de ceux de la Mairie de Paris.

En considération de ces faits, le parti modéré du Gouvernement se décida à user de moyens analogues, mais licites, et la Mairie de Paris fit imprimer à un million d'exemplaires, et sur papier rose, une liste combinée par ses membres, et où les noms de MM. Louis Blanc, Albert, Flocon et Ledru-Rollin n'existaient pas. Cette liste, distribuée par des hommes connus pour appartenir d'opinion à la Mairie, envoyée aux maires d'arrondissement sur lesquels on pouvait compter, répandue enfin par les soins de

M. Barthélemy Saint-Hilaire, fit une grande sensation et produisit d'excellents résultats.

D'un autre côté, M. Marie m'avait adressé un M. Godard, avec l'injonction d'examiner la question qu'il me présenterait et de lui en rendre compte. M. Godard, porteur de la lettre d'introduction du ministre, se présenta à moi, accompagné de M. Laurent Mouton, président d'une société de propagande, formée, depuis deux ans, sous le titre d'*Union des Travailleurs*, et de M. Vellu, ouvrier charpentier, l'un des secrétaires de cette société, dont M. Godard était l'autre.

Ces Messieurs me proposèrent l'arrangement suivant :

Ils composeraient, tireraient à leurs frais, et feraient répandre par leur Société une liste de candidatures, accompagnée des titres et de l'exposé des principes de l'*Union des travailleurs*.

Ils accepteraient, pour former cette liste, les noms qui leur seraient désignés.

A la condition toutefois que trois noms leur seraient réservés (L. Mouton; Vellu, et Sivion, dit Toulousain, ouvriers charpentiers) ;

Et que le ministre mettrait gratuitement à leur disposition cinq cents employés pendant les 22, 23 et 24 avril, pour distribuer leurs listes à la porte de chacune des sections de vote.

Ces conditions, soumises à M. Marie, furent acceptées par lui; je dus m'entendre avec M. Buchez pour la composition de la liste, dont furent écartés également les quatre noms sus-mentionnés de MM. Louis Blanc, Albert, Flocon et Ledru-Rollin; cette liste, écrite de la main de M. Buchez, fut envoyée à M. Marie, qui y fit quelques changements, et me la fit transmettre par son beau-frère, M. Boulage.

Je la remis moi-même à M. Mouton, et, pour ne

m'immiscer en rien à la suite de cette affaire, M. Jaime s'en chargea ; cinq cents employés furent effectivement mis gratuitement à la disposition de l'*Union*, et tout se passa comme il avait été convenu.

Enfin une troisième liste, modifiée encore par la Mairie de Paris, et renfermant les mêmes exclusions, fut remise à Jaime, qui réunit, le 22, au soir, non pas comme employé supérieur de l'administration, mais comme simple citoyen, ce qu'il eut grand soin d'expliquer, un grand nombre de délégués et d'ouvriers au Tivoli d'été, et la leur soumit. Cette liste fut acceptée par acclamation et distribuée aux assistants.

C'est à propos de cette dernière liste qu'un fait se passa, que je dois rapporter, parce qu'il fut publié par un journal de cette époque. MM. Marrast et Marie ne voulant rien faire que d'ostensible, et voulant apporter toute cette affaire en conseil de gouvernement, pour y faire jeter un blâme sur ceux qui, les premiers, s'étaient occupés de la question électorale et les avaient contraints à employer les mêmes armes, me firent demander par M. Buchez une collection de listes comprenant celles du Luxembourg, qu'on répandait déjà à profusion parmi nos ouvriers, celle de l'*Union des Travailleurs*, vingt des dernières dont j'ai parlé, contenant les noms de MM. Flocon et Ledru-Rollin, mais point ceux de MM. Albert et Louis Blanc, et vingt pareilles, mais excluant ces quatre noms. Je les fis faire et les remis.

Quant à moi personnellement, non-seulement je refusai toute candidature, bien qu'elle me fût offerte par de nombreuses lettres collectives de délégués et d'ouvriers, mais encore je ne voulus en rien me mêler aux influences légitimes que cherchait à exercer la Mairie de Paris, et je ne souffris aucune manœuvre électorale dans l'ordre hiérarchique de nos brigades, parce que d'abord cela ne me semblait pas honorable, ensuite parce que je voulais garder toute mon indépendance pour mettre mieux obstacle aux menées du Luxembourg ; la note suivante, qui fut publiée sous forme de circulaire, le prouve incontestablement.

AUX OUVRIERS DES ATELIERS NATIONAUX.

« Nos frères,

» Nous venons, dans notre intérêt à tous, vous faire part de nos pensées et vous demander franchement les vôtres, afin de nous éclairer sur ce qui se passe, qui ne nous paraît pas clair.

» Nous avons sous les yeux deux listes des candidats qu'on nous propose pour représenter nos intérêts à l'Assemblée nationale ; le citoyen Émile Thomas n'y est pas.

» Qu'est-ce que cela veut dire ?

» Refuse-t-il de nous représenter au moment où nous aurions le plus besoin de lui ? Croit-il avoir assez fait pour nous, ou croit-il qu'il y en a d'autres plus capables que lui de représenter nos intérêts ?

» Pour nous, nous ne le pensons pas.

» On vient nous dire que le citoyen Émile aurait répondu déjà à une députation de nos camarades, qui venaient lui offrir leur voix, qu'il n'accepterait pas ! Qu'il pensait mieux valoir pour nous qu'il sacrifiât l'honneur de nous représenter et qu'il restât parmi nous pour concentrer toute son activité dans l'administration de nos travaux.

» L'un n'empêche pas l'autre ! Les services que nous attendons du citoyen Émile Thomas à la représentation nationale ne seraient pas moindres que ceux qu'il nous a déjà rendus comme directeur, et nous croyons même qu'ils seraient plus précieux.

» Nous ne voyons donc dans ce refus, *que rien ne*

prouve, que l'expression exagérée de la modestie de notre directeur, et point celle de sa conviction.

» A part l'intérêt que nous aurions à voir notre chef dévoué à l'Assemblée, notre reconnaissance devrait l'y porter.

» Défions-nous des *on dit* : ils ne sont souvent que l'expression de l'*intrigue*.

» Ne compromettons donc pas l'avenir de nos ateliers, et soyons inébranlables dans notre dernière résolution.

» Quoi qu'on nous dise, quoi qu'on fasse, il faut porter le citoyen Émile Thomas.

» En lui donnant nos suffrages, nous sommes sûrs de servir nos intérêts, tout en obéissant à la voix de notre conscience.

» Vos amis sincères, etc. »

Suivent les signatures des cinquante-six délégués.

Je répondis sur-le-champ à cet avis, dès que j'en eus connaissance, que mon refus était réel et parfaitement motivé par la crainte que j'éprouvais de m'attirer ainsi l'accusation d'avoir usé de mon autorité sur les ouvriers pour m'acquérir leur vote.

Malgré tous ces refus, plus de trente mille suffrages témoignèrent des sympathies que j'avais su me concilier parmi mes administrés.

Je reviens maintenant à la revue de Saint-Maur.

Les pressentiments de M. Buchez se justifièrent dans les journaux du soir (21 avril); dès lors prirent naissance des calomnies sur notre intention.

On nous accusait à la fois, et de stipendier les ouvriers par le modique supplément de paye que nous leur accordions, pour acheter ainsi leurs votes; et, contradiction incroyable, de vouloir les empêcher de retirer leurs cartes d'électeurs, en les tenant tout le jour éloignés de Paris. — On parla même d'un banquet qui devait être servi aux soixante-dix mille ouvriers des Ateliers nationaux, et de bruits plus absurdes encore.

Dans cette position, tout fut sur-le-champ contremandé, et la revue remise après l'époque des élections.

Mais, malgré ce fait, les calomniateurs de la ligne politique que nous représentions, devinrent encore plus persistants.

On alla jusqu'à répandre la nouvelle, que M. Marrast et moi nous avions partagé les 35,000 fr. destinés à donner aux ouvriers le supplément de paye de 50 centimes; on imprima même que j'avais été destitué et arrêté. Voici comment nous nous décidâmes à démentir ces bruits :

Citoyens ,

« J'ai accepté une tâche pénible et difficile. — Je sers vos intérêts avec dévouement, vous le savez.

» Et cependant, des calomnies et des bruits attentatoires à mon honneur sont répandus au milieu de vous par des hommes qui se prétendent délégués de vos corporations [1].

» Je déclare ici formellement :

» Que je n'ai pas cessé de m'occuper des intérêts *matériels* des ouvriers, et ne me suis employé à aucune manœuvre électorale ;

» Que j'ai refusé la candidature qui m'était offerte.

» Que j'ai suivi en tout et pour tout les ordres du Gouvernement provisoire ;

» Que par les ordres du Gouvernement j'ai convoqué les ouvriers des Ateliers nationaux à Saint-Maur, pour y être passés en revue; que cette revue a été contremandée par le Gouvernement lui-même, de crainte qu'on ne lui attribuât un sens électoral, et qu'elle aura lieu immédiatement après les élections; — que

[1] Les délégués du Luxembourg.

la haute paye qui en était la conséquence, était la juste rétribution du *travail* imposé pour cette revue ;

» Qu'il n'a jamais été question de mon arrestation ;

» Que je n'ai pas convoqué les ouvriers des Ateliers nationaux aux Champ de Mars, et qu'au contraire je les ai exhortés à ne pas s'y rendre, afin que leur vote ne fût pas influencé.

Salut et fraternité.

Émile Thomas.

Lettre adressée aux maires de Paris par le citoyen maire de Paris.

Citoyen-Maire,

A l'occasion d'une revue des ouvriers des Ateliers nationaux, qui devait avoir lieu, les rumeurs les plus fausses ont été répandues, et l'on a été, dans certaines réunions publiques, jusqu'à porter une accusation de corruption électorale contre la mairie de Paris.

Je tiens à honneur de repousser une aussi indigne accusation.

Le Gouvernement provisoire avait, depuis plus de quinze jours, décidé que cette revue serait passée par le ministre des travaux publics et le maire de Paris. De délai en délai, la date en avait été fixée au 22 avril. La politique n'avait absolument rien à faire dans un acte de ce genre ; mais il a suffi qu'on pût supposer même une intention d'influence électorale pour que cette revue fût contremandée et renvoyée après les élections.

La liberté complète de suffrage est la première garantie de la souveraineté du peuple. Le Gouvernement provisoire n'a rien négligé pour l'assurer.

Le maire de Paris a pris, pour son compte, les plus

minutieuses précautions pour que ce droit sacré fût exercé avec une entière indépendance. Avec le suffrage universel, tout citoyen qui vote ne doit avoir qu'une inspiration et un juge : c'est sa propre conscience.

Peser sur cette conscience par une pression extérieure serait, à mes yeux, un outrage à la dignité comme à la liberté. Ce n'est pas moi qui me rendrai coupable d'un tel excès, et je repousse toute accusation de cette nature comme une infâme calomnie.

Salut et fraternité.

Le membre du Gouvernement provisoire,
Maire de Paris.

ARMAND MARRAST.

Cependant, les délégués du Luxembourg poursuivaient leur œuvre, et persistaient dans la pensée coupable d'embrigader le vote et de forcer les élections. Voici, à cet égard, la proclamation qu'ils avaient affichée :

LES DÉLÉGUÉS DES DIVERSES CORPORATIONS

du département de la Seine,

A leurs frères, les travailleurs.

Citoyens,

Liberté, Égalité, Fraternité, ne sont pas pour nous de vains mots ; éclairés par de nombreuses déceptions, par la violation ou l'oubli des promesses qui ont précédé ou suivi toutes les révolutions auxquelles ils ont prêté leur force, les travailleurs ne doivent rien négliger pour obtenir, par l'exercice du suffrage universel, des garanties qu'il ne soit plus possible de leur enlever.

La plus efficace de toutes, c'est leur participation

directe à l'œuvre de la constitution et des lois qui doivent en découler.

Que jusqu'à la révolution de février les travailleurs se soient vus en dehors des questions législatives dans lesquelles leurs intérêts étaient complètement méconnus, cela se comprend; mais aujourd'hui, l'abandon du droit qu'ils ont conquis de s'occuper d'eux-mêmes serait une coupable faiblesse, dont, plus tard, leurs femmes, leurs enfants, leurs frères, pourraient leur demander compte. Il n'y a pas de droit sans devoir, et le premier de tous les devoirs, c'est l'exercice du droit.

C'est à l'exercice du droit électoral qu'est attaché notre avenir, l'existence de nos familles; mais ce n'est que par la plus complète abdication de toute susceptibilité de candidature entre les divers corps d'état, ce n'est que par l'*union* que nous pouvons arriver à un résultat sérieux.

Ne nous faisons pas illusion : si nous nous divisons nous sommes perdus !

Pour arriver à cette unité dans le vote, une réunion de tous les travailleurs du département de la Seine a été résolue pour dimanche, 23 avril, à six heures du matin, au Champ de Mars.

Que personne n'y manque, nous vous en adjurons au nom de l'indépendance des votes populaires.

Hâtez-vous donc de retirer vos cartes d'électeurs, ne perdez pas une minute, et, dimanche, réunis sous nos bannières, garants et gardiens nous-mêmes de l'ordre et de la liberté, nous montrerons au monde que la fraternité est l'arme héroïque des peuples !

Au nom de tous les délégués, les membres du bureau :

Lagarde, *président.*   A. Lefaure, *secrétaire*
Besnard, *vice-président.*   Paillard, *secrétaire-adjoint.*
Lavoye,   *id.*

J'eus connaissance, dès le 22, de cette tentative hardie, et je résolus de tout employer pour la faire échouer. Je réunis, le 22 au soir, à Monceaux, mes camarades de l'École centrale, ainsi que quelques élèves d'autres écoles spéciales qu'ils avaient pu rencontrer, et nous rédigeâmes ensemble la circulaire suivante :

A tous les élèves de toutes les Écoles.

Chers camarades,

Une réunion de tous les ouvriers de Paris a été convoquée par les délégués du Luxembourg, pour demain matin, à six heures, au Champ de Mars ; elle a pour but avoué de forcer le vote, ou de l'embrigader au profit de certaines ambitions désastreuses. Nous comptons sur votre patriotisme pour déjouer cette indigne manœuvre.

Allez au Champ de Mars ; soyez-y les premiers.

Faites comprendre à tous nos frères, que l'individualité du vote en garantit seule l'indépendance ; que l'exercice de ce droit sacré doit être accompli avec calme, avec dignité, et hors de toute influence étrangère.

Ils écouteront votre voix, ils sauront apprécier le langage de la sagesse, de la raison et de l'indépendance.

Et vous aurez rendu à la patrie un immense service.

Demain matin, à cinq heures au Champ de Mars.

Vive la République des honnêtes gens !

En même temps, nous composâmes l'affiche que voici, signée des mêmes noms :

Chers camarades,

De sourdes rumeurs circulent dans la cité, et sèment l'inquiétude dans les esprits ; des influences fâcheuses doivent, dit-on, peser sur les votes de la classe ouvrière de Paris. Elles partent de gens qui se prétendent délégués des corporations d'ouvriers ; c'est à nous, ouvriers aussi, enfants du peuple comme eux, à réunir nos efforts pour éclairer ceux qu'on voudrait égarer, pour soutenir ceux qu'on voudrait effrayer, et pour veiller au salut de la République, telle que nous l'avons fondée.

Nous comptons sur votre patriotisme et sur votre concours.

Vive la République !

Pour les Écoles :

Edmond Langlois, Belval, Mitchell,	Anciens élèves de l'École centrale.
Riot, Frédéric Ternon, J. de Lobel,	Élèves de l'École centrale.
A. Gilbert, Ch. Marque, A. Birer.	Élèves de Saint-Cyr.
A. Talon, Lagorsse, Ch. Combessis.	Élèves de l'École de Médecine.
Ch. Fayet, P. Frayssinet,	Élèves de l'École de Droit.

Weiss, élève de l'École du Val-de-Grâce.
Hélertet, élève de l'École d'Alfort.

Dans la nuit même, la circulaire fut autographiée à mille exemplaires, l'affiche imprimée à cinq mille. Tous nos camarades, au nombre de près de soixante, se dispersèrent et allèrent avertir les élèves des Écoles qu'ils connaissaient, en leur remettant à chacun un certain nombre d'exemplaires et les invitant à les faire circuler. Enfin l'affiche fut posée dans tout Paris, et principalement dans les quartiers des Écoles.

Le lendemain matin, tout le monde était averti, aucun de ces nobles jeunes gens ne manquait à sa mission; nos camarades, les premiers, en uniforme, donnaient l'exemple; les sous-directeurs, mes frères et moi-même, nous prîmes part à l'action. Le 23 et le 24 avril, partout où se trouvait une agglomération d'ouvriers, il se trouvait un élève des Écoles pour la combattre et la disperser. L'embrigadement du vote fut vaincu nécessairement, au Champ de Mars, aux Champs Elysées, à la place de la Concorde, sur les boulevards, à la place des Vosges, dans le faubourg Saint-Antoine, à la place du Panthéon, et jusqu'aux portes du Luxembourg, où l'un de mes frères s'exposa, par sa témérité et la hardiesse de ses paroles, à un danger réel, entouré qu'il était par les délégués, furieux de s'être vus ainsi déjoués.

Ces deux journées sont un des plus magnifiques exemples de ce que peuvent la force morale et celle de la parole, soutenues par le bon droit.

Je profitai de la victoire que j'avais ainsi remportée pour ajouter un élément de sécurité de plus aux institutions que j'avais fondées.

Les délégués étaient devenus trop nombreux pour que, dans leurs réunions, la discipline ne dégénérât pas en tumulte; je me déterminai à en modifier les bases, et à saisir cette occasion pour en exclure complètement ceux des délégués du Luxembourg que l'élection avait pu y introduire.

Grâce aux sentiments que j'avais su toujours inspirer à nos ouvriers contre ces fauteurs de désordre, la mesure était praticable.

Elle m'attirait, il est vrai, les invectives de la *Réforme*, mais je ne m'en souciais que fort peu, car je comptais parmi mes titres les plus réels, celui d'avoir été attaqué par ce journal et par ceux qui partageaient ses opinions démagogiques et sa partialité.

J'en excepte, toutefois, la *Vraie République*, qui, sauf ses vues politiques, que j'étais infiniment loin de partager, puisque je les combattais sur le terrain, était au moins rédigée, en ce qui concerne les ateliers, avec bon sens et impartialité.

Les deux pièces suivantes expliquent clairement les modifications profondes que je fis subir à l'institution des délégués :

AUX OUVRIERS DES ATELIERS NATIONAUX.

Désirant ardemment voir régner dans les Ateliers nationaux, l'union et l'accord d'une grande famille de bons travailleurs, et prenant en considération les nombreuses réclamations qui nous ont été adressées, nous arrêtons ce qui suit :

Lundi, 1er mai, aura lieu la réélection générale de tous les délégués des Ateliers nationaux.

Chaque lieutenance aura quatre délégués; un par brigade.

Le délégué sera élu, à la majorité, par les hommes de la brigade.

Les brigadiers et chefs d'escouade ne pourront pas être délégués.

Tout brigadier, délégué, ou chef d'escouade des Ateliers nationaux, ne devra faire partie, ni être délégué d'aucun autre corps.

Chaque délégué recevra la paye accordée au travail actif, savoir deux francs tous les jours.

Les quatre délégués choisiront parmi eux celui qui devra représenter les intérêts des quatre brigades près de la direction. Il prendra le titre de délégué central.

Les délégués seront inférieurs en grade aux brigadiers, mais en seront indépendants, en ce qui concerne seulement leur service.

Les fonctions du délégué central dureront un mois, et devront être remplies, alternativement, de mois en mois, par les autres délégués.

Il y aura au bureau central deux réunions par semaine, le mardi et le samedi, auxquelles les délégués centraux devront seuls assister. Il leur sera délivré, à chaque réunion, un jeton de présence ; à la fin de chaque mois le délégué central devra, en se démettant de ses fonctions, donner ses jetons à son chef de service, qui délivrera en échange vingt-cinq centimes par jeton.

Tout délégué, ne pouvant assister à la réunion, en préviendra son chef de service, sous peine de 1 franc d'amende ; il sera immédiatement convoqué un autre délégué parmi les trois autres.

Mardi prochain, 2 mai, première réunion des délégués centraux, au manége, rue de Valois-Monceaux, à quatre heures de l'après-midi.

Les devoirs des délégués sont :

1° De s'assurer de l'état des hommes infirmes, malades, et des plus nécessiteux, afin de les inscrire sur la liste des secours, le plus promptement possible.

2° Recevoir toutes les demandes et réclamations de leurs brigades, s'en entendre entre eux, et les soumettre par la voie de leur délégué central à l'administration.

Les délégués qui donneraient de graves sujets de plainte, soit aux hommes qu'ils représentent, soit à l'administration, pourront être cassés par le directeur.

Les chefs de service devront, avant les élections, remplir les cadres de leurs brigades, au moyen des brigades les plus incomplètes.

Les brigadiers et chefs d'escouade qui se trouveront alors sans emploi seront en disponibilité.

Les brigadiers ou chefs d'escouade, qui auraient donné aux travailleurs des sujets de plaintes graves, seront soumis à la réélection, sur l'autorisation spéciale du chef de service.

Une commission de dix délégués centraux sera nommée pour faire une enquête sur la moralité des délégués.

Des commissions semblables seront instituées parmi les brigadiers et les lieutenants, pour remplir le même office.

Le Commissaire de la République,
Directeur des Ateliers nationaux,

ÉMILE THOMAS,

Paris, le 25 avril 1848.

INSTRUCTIONS AUX DÉLÉGUÉS.

La mission conférée aux délégués est une mission morale, une sorte de magistrature. Par leur sûreté d'examen et par leur impartialité, ils devront déjouer toutes les manœuvres qui tendraient à léser les intérêts de tous.— Cette tâche, nous en sommes certain, sera accomplie avec zèle et avec empressement par les citoyens qui ont l'honneur d'être les délégués d'une famille de quatre-vingt mille travailleurs.

Devoirs des délégués.

1° Les délégués devront s'informer si les citoyens embrigadés dans les Ateliers nationaux ont réellement besoin de la paye qui est allouée par l'État à chaque porteur de livret.

2° Les délégués veilleront à l'exécution scrupuleuse du règlement des secours ; ils vérifieront surtout l'exactitude des déclarations constatant le nombre des enfants. L'administration a la triste preuve que des bons de secours ont été obtenus frauduleusement, et que, par cet abus, la part qui revenait à l'honnête homme nécessiteux s'est trouvée amoindrie.

3° Tout ce qui touche à l'intérêt réel des travailleurs, toutes les réclamations justes seront transmises par les délégués de chaque brigade au délégué central, qui les fera connaître au chef d'arrondissement. Le rapport de ce dernier sera remis à l'administration qui fera aussitôt droit à leur réclamation.

4° Les délégués centraux sont dispensés du travail, mais ils devront se trouver sur leurs chantiers respectifs à l'heure de la paye.

5° Chaque délégué s'adjoindra un travailleur de l'escouade pour témoigner de la légalité du payement fait à l'homme qui ne sait pas signer.

6° Le délégué, qui devra toujours être porteur d'un exemplaire du règlement, indiquera la marche à suivre à l'homme non alité, pour qu'il participe aux consultations, aux médicaments, et en général à tous les secours distribués aux malades.

7° Si l'homme est alité, le délégué lui-même fera les démarches ; il s'adressera directement au bureau médical, il apportera le livret qui devra indiquer le numéro de l'arrondissement, du service, de la compagnie, de la brigade et de l'escouade ; les noms des chefs d'arrondissement, de service, de compagnie, du lieutenant, des chefs de brigade et d'escouade. Cette formalité est indispensable.

Il veillera aussi au prompt accomplissement des mesures prescrites par le règlement ; si cette partie du règlement des secours n'était pas observée, les délégués devraient en prévenir ou le citoyen Jaime, ou le citoyen Dellisse, qui prendront des mesures d'urgence.

8º Les malades en consultation ne recevront au bureau médical que 25 centimes par chaque jour de consultation, payés pour la totalité des jours de dispense le soir. Leur solde de 1 franc leur sera remise à domicile par le délégué de leur brigade.

9º Les délégués centraux seront seuls chargés des réclamations au bureau des secours ; ils y présenteront les listes des trois autres délégués.

10º Le délégué ne pourra prendre d'informations auprès des travailleurs sur les chantiers, ni recevoir leurs réclamations pendant les heures de travail.

11º Les délégués centraux devront se réunir aux délégués simples pour recevoir les listes d'observations. Dans cette réunion, les délégués centraux feront pour ainsi dire l'éducation de leurs camarades, qui sont tous appelés à devenir à leur tour délégués centraux.

12º Les délégués ne pourront être révoqués de leurs fonctions qu'après examen et décision de l'administration.

13º Les délégués devront, à toute réquisition du lieutenant, des chefs de compagnie et de service, présenter leur carte de délégué.

14º Les délégués centraux remettront leurs rapports et leurs réclamations aux chefs d'arrondissement.

15º Il est bien entendu que, pour les secours aux enfants au-dessus de seize ans, nulle réclamation ne peut être accueillie, puisqu'à seize ans les livrets sont accordés. Tout enfant au-dessous de seize ans aura droit aux secours.

Le Commissaire de la République,
Directeur des Ateliers nationaux.

ÉMILE THOMAS.

Je dois maintenant revenir sur la question des travaux.

Comme on l'a vu, malgré toutes mes instances, je n'avais pu obtenir du ministère des travaux publics, aucun travail sérieux.

Le ministre y avait échoué lui-même. Et cependant, je ne saurais trop le répéter, à ce prix seul, d'un travail régulier pour tous les ouvriers, était la sécurité publique, menacée, sans cela, à chaque instant par des troubles, dont la cause unique était l'oisiveté.

A quoi pouvait tenir le mauvais vouloir incroyable des ponts et chaussées?

D'abord à l'inertie qui est dans leur nature même : à cette inertie qui causa la mise à la retraite de M. Prus, ingénieur en chef du pavé de Paris, parce que lorsqu'on lui demandait depuis deux jours un état de dépenses pour les rampes d'Iéna, se montant à plus de 100,000 fr., il se résignait, au bout de ce temps, à en apporter un de 14,000 fr. seulement.

A cette inertie qui, plus récemment, a causé la disgrâce de M. Onffroy de Bréville; à cette inertie, enfin, qui est dans l'essence même du corps, et lui fait garder pendant des années dans ses cartons, des vérifications, des rapports ou des projets dont l'examen ou l'exécution sérieuse ne demanderait que quelques semaines.

Ensuite, à un esprit de jalousie contre nos jeunes ingénieurs, qui faisait dire à certain ingénieur en chef, dans un salon : « Nous ne leur donnerons pas de travaux et ils seront réduits à mettre les pouces; » qui dictait à M. Lalanne, en pleine commission, et avant qu'il ne me succédât, ces paroles imprudentes, à moi révélées par l'indignation d'un de ses collègues. « Les jeunes gens sont coulés, et ils ne se relèveront pas. »

Enfin à ma franchise. Appelé, dès le 14 mars, à faire partie d'une commission pour la réorganisation du corps des ponts et chaussées, j'avais résolument émis mon opinion; je m'étais déclaré l'ennemi de ce monopole aussi bien que de tous les autres, et j'avais refusé de signer le procès-verbal d'un travail qui ne reposait que sur des modifications illusoires : ce travail en effet ne remplissait aucunement l'intention du ministre, intention formellement énoncée par lui et qui était de réformer complètement le corps, et de le réorganiser de nouveau en y introduisant les éléments d'habileté pratique, d'activité et d'impartialité qui lui manquaient si complètement.

Je compris enfin que j'étais resté seul à soutenir une lutte désespérée contre une organisation puissante et privilégiée, et je me décidai à trouver un nouveau remède à la plaie des Ateliers nationaux.

J'ai déjà dit que j'avais établi, dans les dépendances du bureau central, des ateliers spéciaux ; je dois, avant de développer le nouveau système que je proposai vers le milieu du mois d'avril, donner quelques détails sur la fondation, la marche et l'historique de chacun de ces ateliers, qui, en définitive, sont les seuls qui aient produit des résultats convenables, parce qu'ils étaient aussi les seuls qui fussent basés sur le principe du travail professionnel, respectif pour tous les ouvriers.

Le premier des ateliers spéciaux qui fut organisé fut celui des charrons. Le nombre considérable d'outils de toute espèce, en œuvre sur les chantiers, nécessitait énormément de réparations, surtout entre les mains d'hommes peu habitués, pour la plupart, à les manier. Ayant, parmi les ouvriers embrigadés, des charrons et menuisiers payés à la terrasse, à 2 fr. par jour, je jugeai qu'il serait économique d'appliquer leur travail à la réparation des outils ; de cette manière, leur journée rapportait au moins sa valeur, et eux y trouvaient l'avantage de travailler tous les jours. Vers le milieu de mai, lorsque la fièvre d'augmentation de salaire fut calmée chez les ouvriers, je

leur fis proposer pour leur travail des prix de tâche
raisonnables, qu'ils acceptèrent ; et cet atelier, qui
survécut même au bureau central, prit les proportions et l'allure d'un atelier ordinaire.

Il n'en fut pas de même des ateliers de cordonniers
et de tailleurs.

Voici quelle fut l'origine de ces derniers : Un grand
nombre d'ouvriers se plaignaient de ne pouvoir sortir
de chez eux pour aller sur les chantiers, surtout les
jours de pluie, à cause de leur manque de chaussures;
quelques-uns manquaient même de vêtements. Certaines mairies avaient donné des bons de souliers
gratuits, mais en fort petit nombre, et même on avait
fini par n'en plus donner. Ce fut alors que je songeai
à donner aux ouvriers, sans onérer le trésor, des
chaussures et des vêtements, non pas *gratis*, mais à
des prix tellement bas, qu'ils eussent la possibilité de
les payer. Je convoquai donc tous les cordonniers et
tailleurs embrigadés, et, au lieu de les payer 2 fr. aux
terrassements, je leur offris de leur donner la même
journée pour faire des souliers et des habits. Les premiers appelés furent les cordonniers. Les souliers
pressant plus que le reste, je voulus faire l'essai avec
eux. Fort peu répondirent à mon appel, et cela se
conçoit : il s'agissait là, pour le même prix, de substituer un travail réel à un travail fictif, et beaucoup
préféraient le second. D'autres, encore ivres de leurs
prétentions d'augmentation, vis-à-vis des patrons, ne
voulaient pas prostituer leur talent d'ouvrier à raison
de 2 fr. par jour. Je convainquis ces derniers en leur
montrant qu'il s'agissait surtout de rendre service à
leurs camarades manquant de souliers; que l'État ne
prétendait pas leur payer la valeur de leur travail,
mais leur donner ce que doit la République à tous ses
enfants, du pain à défaut de travail; qu'eux-mêmes
ne devaient pas travailler pour gagner 2 francs, mais

considérer que, n'ayant rien à faire, et leur vie étant assurée par la République, ils allaient faire profiter leurs frères de leur savoir-faire, en leur fabriquant des chaussures dont la main-d'œuvre ne serait pas payée par ceux-ci. Pour vaincre les autres répugnances, je fis publier, une fois ce qui précède bien expliqué, que tout ouvrier cordonnier embrigadé, qui ne se rendrait pas à l'atelier de cordonnerie sur l'ordre de ses chefs, serait immédiatement rayé des contrôles.

Le prix de revient de chaque paire de souliers, non compris la main-d'œuvre, qui n'augmentait pas les charges de l'État, était d'environ quatre francs; ce prix, tout minime qu'il fût, était encore bien élevé pour des hommes gagnant en moyenne vingt-trois sous par jour, et cependant il m'était interdit par le ministère des finances de faire d'autres ventes qu'au comptant; un percepteur spécial, indépendant de mon administration, devait toucher l'argent et remettre aux ouvriers, en échange, des bons extraits d'un livre à souche.

Voici le moyen que j'indiquai aux ouvriers pour parvenir à posséder le plus tôt possible leurs chaussures, indication suivie d'exécution dans presque toutes les brigades : Chaque homme de la brigade donnait chaque jour deux ou trois sous, de manière à ce que tous les jours le délégué pût venir acheter une paire de souliers, laquelle était remise à l'homme le plus nécessiteux des cinquante; cela jusqu'à ce que tous les hommes eussent reçu une paire de souliers de quatre francs.

Les distributions de vêtements et l'atelier des tailleurs furent organisés de la même manière, et les mêmes difficultés s'y rencontrèrent.

Ce ne fut qu'un mois après leur installation que je réussis à appliquer le mode de travail à la tâche, dans ces ateliers. Ce qui s'opposait à cette innovation était que les ouvriers qui avaient consenti à travailler dix heures pour deux francs pensaient à des prix de façon très-élevés et hors de proportion avec la valeur du travail.

J'avais exigé que tout ouvrier cordonnier travaillant à l'atelier fît deux paires de souliers en trois jours, sous peine d'être rayé des cadres; des limites semblables avaient été posées aux tailleurs.— Il m'était donc naturellement impossible, pour les premiers, par exemple, de leur donner plus de trois francs par paire, sous peine d'augmenter la dépense; et les ouvriers, au lieu de voir que ce prix leur permettait de gagner des journées plus fortes, ne considéraient que l'antécédent pour la profession. — Plusieurs fois, j'offris ce prix de façon à quelques-uns qui le refusèrent, et ce ne fut que vers le 20 mai que, toutes les répugnances étant vaincues, je publiai un nouveau règlement pour les ateliers de tailleurs et de cordonniers, règlement qui fut conservé par mon successeur, et qui portait la fixation de prix de tâche raisonnables.

Ce ne fut qu'alors que ces ateliers purent prendre une allure vraiment régulière; ils furent organisés ainsi :

Vingt coupeurs travaillaient dans chaque atelier et pouvaient donner de l'ouvrage à huit cents hommes. Ces coupeurs gagnaient trois francs et demi par jour; une commission composée du chef d'atelier, de deux coupeurs et de deux ouvriers, était chargée de recevoir en magasin les matières premières achetées par le chef d'atelier, ou de les refuser. Cette commission recevait également ou rejetait l'ouvrage apporté par les ouvriers, et leur remettait des reçus de leurs pièces qui servaient à les faire payer par le chef d'atelier, qui avait là un emploi semblable à celui des lieutenants. Les ouvriers eurent, moyennant la présentation de certificats convenables, le droit d'emporter leur ouvrage chez eux ; seulement les outils de l'atelier, appartenant à l'État, ne pouvaient être distraits qu'en en payant la valeur.

Je ne sais si cette organisation a produit des résultats économiques ; elle ne faisait que commencer lorsque j'ai quitté la direction ; cependant, comme j'ai su, ainsi que je viens de le dire, qu'elle avait été conservée exactement, je suppose que les résultats en furent jugés bons.

Quoi qu'il en soit, ces essais m'inspirèrent une pensée féconde, que je persiste à croire réalisable, et qui, selon moi, contribuerait encore, au moment où j'écris, à sauver le pays de la crise ouvrière qui, quoi qu'on dise, est plus forte que jamais.

Il est nécessaire que j'explique d'abord par quelles circonstances je fus amené à l'enchaînement d'idées que je vais décrire.

Il y a un vieux proverbe qui dit : « A Paris, quand le bâtiment va, tout va. » Mieux que personne, j'étais à même d'en apprécier la véracité. Dans une conversation que j'eus avec M. Marie vers le commencement du mois d'avril, je lui dis que je pensais qu'en accordant certaines immunités et certains secours à la compagnie des entrepreneurs de Paris, il serait possible, sans de grands sacrifices pécuniaires, d'arriver à faire reprendre les travaux de bâtiments sur toute la surface de la ville. M. Marie m'autorisa à m'entendre, à ce sujet, avec le syndicat des entrepreneurs.

Je me rendis chez M. Letellier Delafosse, président du syndicat, et lui annonçant les intentions du ministre, je le priai de convoquer les principaux membres de la société dans le plus bref délai possible.

Le lendemain, cette réunion eut lieu. J'y exposai

que, parmi les ouvriers oisifs des Ateliers nationaux, on comptait plus de vingt mille ouvriers du bâtiment. Qu'il importait de rendre un travail fructueux à ces hommes actifs que l'oisiveté perdait, et qu'au nom du ministre, je venai les supplier de faire un effort de patriotisme et de présenter des propositions qui, si elles étaient raisonnables, seraient acceptées avec empressement.

Qu'il me semblait que ces propositions pouvaient être rédigées sur les bases suivantes :

Que pour éviter d'abord toute contestation de salaire, auxquelles malheureusement le Luxembourg n'avait que trop porté les ouvriers, il serait établi, dans chaque spécialité du bâtiment, un tarif provisoire de gré à gré, entre les ouvriers et les patrons, sauf à le modifier par la suite, et fixé, non plus à la journée, mais à l'heure, pour laisser à chacun le libre arbitre de la durée du travail ;

Que le trésor avancerait à chaque entrepreneur, avec la condition du remboursement partiel ou intégral, à certains termes, une somme de 1 fr. par jour par ouvrier employé ;

Que pour l'achat des matériaux, qu'on exempterait de l'octroi, le Gouvernement prêterait une somme correspondante à la valeur du terrain, à chaque entrepreneur, au fur et à mesure de l'avancement de ses constructions ;

Que les sommes ainsi prêtées seraient garanties par première hypothèque sur les propriétés mises en valeur par ce fait ;

Qu'enfin, ces propriétés seraient dégrévées d'impôt pendant un certain laps de temps. (A ces conditions tous les entrepreneurs reprendraient sur-le-champ leurs travaux.)

Les entrepreneurs, au nombre desquels étaient MM. Callou et Alary, agréèrent ces bases ; ils prirent jour pour discuter entre eux les termes et les chiffres de leurs propositions ; ils s'y prétèrent de la meilleure grâce, ét avec la plus grande activité, car au bout de trois jours, leur requête était signée et déposée entre les mains du ministre.

Il est inutile de dire, qu'il ne s'en suivit *aucun résultat*, que celui de l'augmentation des archives du ministère, qui comptèrent une pièce de plus parmi leurs dossiers nécrophores.

Il y avait pourtant là, l'élément d'une guérison radicale de la plaie qui affligeait Paris.

Voici maintenant le plan auquel j'arrivai :

Faire créer par l'État autant d'ateliers spéciaux qu'il y avait à Paris de professions diverses, était une chose impossible. C'était retomber dans le système de M. Louis Blanc, et faire sur le marché une concurrence ruineuse à l'industrie privée ; car, chose bisarre, ces mêmes ouvriers qui, dans l'origine, avaient chômé parce qu'ils voulaient obtenir l'augmentation d'un salaire déjà élevé, consentaient néanmoins à travailler *pour l'État* à des conditions infimes.

D'ailleurs, c'est à peine si, pour l'exécution d'un semblable projet, ont eût osé compter la dépense par millions.

Mais substituer dans cet ordre d'idées à l'action directe de l'État, sa garantie ou ses secours, et le remplacer dans l'exécution par un syndicat créé à cet effet dans chaque industrie, était chose réalisable.

Je proposai donc, qu'on instituât par voix d'élection, dans chaque spécialité, et à Paris d'abord, un syndicat composé, moitié de patrons, moitié d'ouvriers ; et nommant un syndic magistrat ainsi qu'un régisseur professionnel.

On trouvera aux pièces justificatives dans une lettre que j'adressai le 26 juin au Pouvoir et à quelques représentants, la méthode pratique d'élection et de classement de ces syndicats.

Régulièrement constitués, les syndicats professionnels eussent, chacun dans la généralisation de leur spécialité, formé, par l'envoi de deux délégués, des syndicats de famille (famille du bâtiment, de l'ameublement, de l'habillement, de l'alimentation, etc.). Enfin, par la même voie, les syndicats de famille eussent composé un conseil général des professions industrielles. soumis à l'administration du ministère des travaux publics, ou de celui du commerce.

Abordant la question urgente, celle de la grève générale, chacun des syndicats eût donné un tarif provisoire du travail de sa partie, en prenant l'heure comme unité;

Puis, chaque syndicat eût délégué son régisseur à l'administration des ateliers spéciaux où eussent été admis, à salaire réduit de moitié, les ouvriers inoccupés de la profession. Les fabriques en non-activité eussent à l'instant, à des conditions très-basses, fourni les locaux et les outils.

On eût exécuté dans ces ateliers des espèces de chefs-d'œuvre où la matière première est peu, et la main-d'œuvre presque tout, et cela est possible pour presque toutes les industries parisiennes.

Les marchandises produites, garantissant l'avance faite aux ateliers par l'Etat pour la paye des ouvriers, eussent été livrées à l'exportation, ou vendues au cours *rigoureux* de la place, le bénéfice, dans ce cas, étant réservé aux syndicats pour la création de caisses de secours. Enfin, on se rappelle une proposition dont j'ai déjà parlé :

D'élever, par le système anglais des baux amphitéotiques, des quartiers destinés aux ouvriers, quartiers composés de petites maisons meublées, à deux ou trois étages seulement, et habitées par trois ou quatre familles.

Ces quartiers eussent été pourvus de boulangeries et de cuisines communes, de fours communs ; enfin tout ce qui constitue la vie par association, c'est-à-dire la vie à bon marché.

Les capitaux privés eussent eu ainsi une double garantie :

1° La caution du Gouvernement ;

2° L'hypothèque sur la propriété.

Les bâtisses pouvaient avoir lieu dans des terrains vagues et bien aérés qui se trouvent entre les murs d'octroi et les fortifications de Paris.

Cette combinaison mettait la vie et le loyer des ouvriers à moitié prix.

Elle donnait une valeur réelle à des terrains qui n'en ont aucune.

Elle débarrassait Paris de ces garnis méphitiques où les ouvriers, ne pouvant respirer, ne peuvent vivre.

Elle apportait donc un débouché immédiat aux produits des ateliers spéciaux, puisqu'elle utilisait tous les hommes de tous les états : maçons, charpentiers, menuisiers, couvreurs, serruriers, vitriers, peintres, etc., etc.; car il fallait non-seulement bâtir, mais encore orner et meubler ces différents bâtiments.

Toute cette nouvelle organisation pouvait être terminée en quinze jours, et je m'en portais fort.

Elle n'augmentait point les charges de l'État ; garantissait le remboursement futur de ses dépenses, devenues simplement ainsi des avances ; anéantissait le danger imminent que toute mon activité suffisait à peine à neutraliser au jour le jour ; satisfaisait les ouvriers, dispersait leur agglomération.

Les conséquences futures de cette institution devenaient inappréciables, s'étendant peu à peu par toute la France, créant des correspondances naturelles, des syndicats avec leurs analogues dans les départements ; elle formait un bureau gratuit et universel de circulation et de placement, favorisait le transport des artisans, d'un point engorgé sur un autre où manquait leur spécialité. Elle favorisait l'association, mettait à chaque instant l'administration en contact avec les ouvriers, et lui faisait connaître d'une manière positive leurs souffrances et leurs besoins.

Ce plan, soumis à l'appréciation de l'illustre Béranger, avait gagné toutes ses sympathies, et reçu son approbation.

M. Marie ne le comprit pas ; à lui seul il pouvait l'exécuter, il me renvoya au ministre du commerce.

Je le développai dans une conférence à l'Hôtel-de-Ville, où assistaient entre autres, MM. Bethmont, Corbon et Danguy. Ils traitèrent de puérilité la question des ateliers spéciaux, et se refusèrent à l'urgence ; ils se bornèrent à s'approprier quelques-unes de mes idées de détail pour les appliquer à la régénération des conseils de prud'hommes, parfaitement inutiles à cette époque de bouleversement, et conclurent à écarter la transformation des Ateliers nationaux.

Aveules ! aveugles ! je les ai tous et toujours trouvés ainsi : loin de dominer les circonstances, ils se sont laissé pousser par elles ; aucun d'eux n'a prévu le 23 juin qui se sentait dans l'air depuis le 17 mars. Il a fallu, pour qu'ils comprissent le danger, qu'ils eussent les pieds dans le sang, et l'épée de Damoclès sur leur tête !

Les maigres travaux que j'avais pu créer, étaient cependant en bonne voie d'exécution, comme le constate le rapport de l'inspecteur en chef, en date du 24 mai (*Voy. aux pièces justificatives*). Je tentai encore un autre moyen ; je cherchai à m'entourer d'hommes spéciaux et haut placés dans l'industrie. Nous formâmes une commission composée de MM. Payen, Perdonnet, Paul Séguin, Victor Bois, Polonceau et Walter-Saint-Ange, et ces Messieurs prirent un matin, le 27 avril, rendez-vous chez le ministre. Ils lui représentèrent avec force la stérilité des Ateliers nationaux, le gaspillage des deniers publics, proposèrent leur concours gratuit, et exposèrent successivement des travaux à entreprendre; s'engageant, dans l'espace de huit jours, à indiquer, à mettre même à exécution, des entreprises hors de la compétence des ponts et chaussées, dans le ressort de diverses compagnies privées; des entreprises, dis-je, susceptibles d'employer utilement tous nos ouvriers.

M. Marie se rendit à nos observations, à nos récriminations mêmes; il promit formellement à cette commission de lui donner tous les pouvoirs dont elle aurait besoin.

Huit jours après, M. Marie était membre du pouvoir exécutif, invisible désormais pour moi; car, bien que vingt fois j'aie été solliciter de lui une audience au Luxembourg, il ne m'a jamais été donné de le voir, de lui parler. Je n'ai, depuis le 3 mai, revu M. Marie que le 23 juin.

Il est encore inutile d'ajouter, que jamais la commission n'a été réunie, que jamais elle n'a reçu ses pouvoirs.

Depuis l'époque des élections jusqu'au 15 mai, il y eut une vive recrudescence dans les agitations populaires. Les clubs, le Luxembourg, outrés d'avoir été vaincus dans la lutte électorale, en appelaient ouvertement à l'insurrection.

Je recevais avis sur avis de M. Marie, de M. Marrast; nos nuits se passaient en précautions continuelles pour le lendemain; mes camarades étaient sans cesse à cheval; ils se portaient avec un dévouement sans bornes sur tous les points où la tranquillité

publique paraissait menacée, et chaque fois réussis-
saient à disperser les groupes, à calmer les esprits ;
c'est à cette époque que, dans l'assemblée des délégués, j'eus le plus de luttes à soutenir, le plus de per-
suasion à employer.

A Belleville, l'agitation fut terrible ; elle dura trois
jours, et nous en sortîmes victorieux. Les ouvriers
voulaient descendre en armes sur Paris. Nous prévîn-
mes ces désordres ; et l'énergie, le courage de M. Besnard, chargé de cette circonscription, ramenèrent le
calme parmi ces têtes exaltées. A Neuilly, la révolte
se manifestait tous les jours ; pendant dix jours, nous
combattîmes l'explosion, et nous vînmes à bout de ces
caractères indomptables des mariniers de la Seine.

C'est que les banlieues n'avaient pas encore joui du
bénéfice de l'embrigadement ; que la misère se faisait
tous les jours plus grande, et que, hélas! il fallait lutter
contre la faim.

Cependant, le maire de Paris, le ministre des travaux publics, se décidèrent à faire participer les malheureux habitants des communes environnantes aux
secours que recevaient les Parisiens. Dès lors, ils furent dévoués à la cause de l'ordre, et nous en donnèrent des preuves.

Les quelques lettres que je reproduis ici donneront
une idée au lecteur des combats qu'il nous fallut soutenir et qui, grâce à nous, passèrent inaperçus.

MAIRIE DE PARIS.   29 avril 1848.

Le membre du Gouvernement provisoire, maire de
Paris, remercie les ouvriers des Ateliers nationaux
qui voulaient se rendre à Rouen pour y défendre la
cause de la République, et y faire épargner le sang
de leurs frères soldats et gardes mobiles de Paris ;

mais les troubles ont cessé, tout est devenu tranquille, et leur patriotisme peut être pleinement rassuré.

ARMAND MARRAST.

 3 mai 1848.

—

Connaissant les nouvelles de Rouen et les intentions de M. le maire de Paris, je n'ai point invité les ouvriers des Ateliers nationaux à se réunir ; je les exhorte, au contraire, au nom de l'affection qu'ils veulent bien me porter, et dont je leur suis si reconnaissant, à se tenir calmes et sur *leurs gardes* contre les faux avis qui auraient pour but de troubler la tranquillité publique.

Salut et fraternité !

ÉMILLE THOMAS.

Ces deux proclamations réunies furent imprimées et distribuées aux ouvriers qui encombraient les mairies et les abords du chemin de fer de Rouen, et qui voulaient se rendre dans cette ville ; elles réussirent à les calmer.

 6 mai 1848.

—

Citoyen Émile Thomas,

Je vous adresse un ouvrier du champ de manœuvre de Saint-Maur qui vous apprendra quelle est la cause qui l'amène. Ayez la bonté d'agir en qualité d'arbitre dans les différents entre les travailleurs du pont d'Asnières. Vous et les élèves de l'École centrale vous leur ferez entendre à tous la voix de la justice.

Salut et fraternité.

ARMAND MARRAST.

MINISTÈRE DES TRAVAUX PUBLICS. 12 mai 1848.

—

Citoyen,

On me dit que les ouvriers de la Villette veulent exciter les ouvriers des Ateliers nationaux, et les entraîner à une manifestation qui aurait lieu demain à la Chambre. Je ne sais si ces indications sont vraies ; en tout cas, surveillez, je vous prie, très-activement et mettez obstacle à tout entraînement.

Salut et fraternité.

Le Membre du pouvoir exécutif,

MARIE.

Cette dernière lettre se rapporte à une tentative qui, semblable à celle du 15 mai, échoua le 13 par des circonstances assez singulières.

Les ouvriers du chemin de fer du Nord se rassemblèrent effectivement à la place de la Madeleine, aux cris de : *Vive la Pologne !* mais, prévenus à temps, nous empêchâmes aucun de nos ouvriers de s'y joindre.

L'affluence était peu considérable ; néanmoins, Blanqui, revêtu d'une blouse, une casquette enfoncée sur les yeux, se promenait de long en large ; on avait commencé à crever les caisses des tambours qui battaient le rappel, lorsque M. Vavin parut à un balcon de la place, appelé par les cris poussés en faveur de la nationalité polonaise. Les assistants s'arrêtèrent pour écouter sa harangue, qui fut accueillie par des acclamations unanimes, et la démonstration échoua ainsi ; car, sur l'invitation de M. Vavin, ceux qui devaient lui donner sa force, se retirèrent paisiblement.

Bien que les ouvriers réclamassent à chaque instant la revue qui leur avait été promise, il n'y fallait plus songer. L'ouverture de l'Assemblée nationale, la préparation des rapports de chacun des membres du Gouvernement provisoire, absorbaient tous leurs instants, et il devenait parfaitement inutile de parler des Ateliers nationaux à qui que ce fût ; bien qu'en réalité il eût été de la plus haute importance de s'occuper de cela avant toute autre chose.

A partir du 1er mai, je montais tous les matins à cheval, et je parcourais les chantiers et les lieux de paye, car je sentais plus que jamais la nécessité de rallier les ouvriers à la cause de l'ordre.

Loin de voir, comme bien des gens, une cause de sécurité dans la présence de l'Assemblée nationale à Paris, je n'y voyais qu'un danger de plus.

Car elle aussi, en arrivant, s'était placée sous l'influence de la peur ; elle avait crié dix-sept fois, le 5 mai : *Vive la République !* pour qu'on se persuadât bien qu'elle était républicaine, et de crainte que le peuple parisien ne lui supposât des sentiments rétrogrades. Croit-on que ce fut par confiance qu'elle approuva par acclamation tous les actes du Gouvernement provisoire ? Non certainement, puisqu'elle prend aujourd'hui à tâche d'en abroger les décrets un à un. Non, car les deux tiers de l'Assemblée ne connaissaient alors ni la valeur, ni la portée, ni peut-être l'existence de ces actes, et le dernier tiers les condamnait au fond du cœur.

Mais elle avait entendu raconter, amplifier les effets de l'influence de M. Ledru-Rollin, de M. Louis

Blanc ; les journaux de province avaient retracé l'histoire du 17 mars et celle du 16 avril. Elle avait *peur*
du peuple parisien, *peur* de la garde nationale, *peur*
surtout du Gouvernement provisoire, et peu s'en fallut que, sous le coup de l'enthousiasme factice que
lui inspirait ce sentiment dont elle ne se rendait elle-
même pas bien compte, peu s'en fallut qu'elle ne
décernât aux onze dictateurs, et une ovation, et des
couronnes civiques, — quitte après à les traîner aux
gémonies, — ce qu'elle fait pour bon nombre d'entre
eux aujourd'hui, qu'elle se sent protégée par l'état de
siége et le sabre du général Cavaignac.

Or, il me semblait évident à moi, que le bon sens
du peuple ne s'y tromperait pas et qu'il ne garderait
pas longtemps le respect dont il avait d'abord entouré la représentation nationale, en la voyant aussi
faible, aussi indécise, aussi impuissante. Car ce qui
plaît surtout aux masses, c'est la hardiesse, la fermeté, la générosité, l'indépendance du pouvoir.

Loin de moi la pensée d'attaquer un seul moment
l'intention ou le caractère de chacun de nos représentants, produit émané du suffrage universel, de la voix
de Dieu. Non ; mais ce que j'accuse, ce que le public
accuse avec moi, car je ne suis ici que l'écho de l'opinion générale, c'est l'essence même de l'Assemblée,
rendue incapable par les conditions mêmes où le
Gouvernement provisoire l'a placée. Le trop grand
nombre de ses membres, l'inexpérience parlementaire
de presque tous, en on fait un chaos pendant près de
deux mois. L'influence électorale des commissaires de
M. Ledru-Rollin, poussée à un point presque incroyable, y a introduit de mauvais ferments et des éléments destructeurs de toute unité.

Elle a été mal conçue, mal enfantée ; comment
peut-on vouloir qu'elle soit autre que souffreteuse et
rachitique ? Évidemment, il n'y a là de la faute d'au-

cun de ses membres, mais toute la faute est à ceux qui l'ont ainsi constituée.

Et sciemment de leur faute! Croit-on que jamais les républicains de la veille, ces hommes qui sacrifient à la République jusqu'à la liberté, qui ne s'inquiètent du fond qu'autant qu'ils ont la forme, et qui, sans balancer, immolent l'un pour posséder l'autre ; croit-on que jamais la majorité du Gouvernement provisore ait voulu une représentation nationale, une Assemblée constituante forte et sincère?

Tout, jusqu'au moindre de leurs actes, jusqu'à leurs prévisions lointaines dévoilées dans leurs décrets, démontre qu'ils ne voulaient qu'une chose, un fantôme de chambre pour dissimuler leur dictature. Aussi ont-ils tout fait, s'y sont-ils pris de la bonne manière pour que l'Assemblée fût forcée par sa propre impuissance de se jeter dans leurs bras, et certes, pour arriver à ce but, l'habileté ne leur manquait pas.

Mais il faut pour cela plus que de l'habileté, il faut du génie. Leur proie leur a échappé.

O purs et intègres sophistes du *National* et de la *Réforme*, que sont devenus vos cris contre la *corruption*. Ne nous avez-vous donné *votre* République que pour exercer la tyrannie à votre profit? Avons-nous fait, en février, la révolution du *mépris* pour que vous nous réserviez celle du *dégoût*?

Et elle n'est pas loin.

A vous, nous devons cette effroyable distinction de peuple et de bourgeois, cent fois plus déplorable encore que celle de nobles et de roturiers. Vous avez dit au peuple : « Le bourgeois s'engraisse de tes sueurs! » Vous avez dit à ceux qui possèdent : « L'ouvrier est un buveur de sang! » Et, dans un jour néfaste, vous nous avez armés les uns contre les autres. Nous avons oublié que nous sommes tous frères, que tous nous avons sucé le lait d'une mère commune, que les bourgeois d'aujourd'hui étaient les ouvriers d'hier, que l'ouvrier d'aujourd'hui sera le bourgeois de demain. Vous avez prêché à ceux qui sont nos clients, nos enfants, la pépinière où se recrute la classe aisée, des droits illusoires, une égalité que tout nie, l'éducation, l'instruction, la capacité, les besoins. D'une seule nation vous avez fait deux castes; de deux frères, vous avez fait deux ennemis; d'un père et d'un fils, vous avez fait un tyran et un esclave ! Et nous nous sommes entr'égorgés. Honte et malheur sur vous !

Ah ! si, au commencement, dans l'Assemblée nationale, il se fût trouvé un seul homme assez désintéressé pour ne pas voir, dans les fautes du parti adverse, l'avénement du sien et de soi, et ne pas laisser s'amonceler les décombres et les ruines sur le pays au profit de son ambition; assez clairvoyant pour embrasser la position d'un coup d'œil; assez hardi pour exprimer sa pensée; assez courageux pour n'abandonner la tribune qu'après avoir osé tout dire; assez ferme pour ne se laisser intimider par aucune interruption, par aucune menace, par aucune violence !

Que cet homme eût dit hautement : « Nous n'avons qu'un devoir : celui de poser les bases inébranlables de l'élection d'une Constituante sérieuse, et représentant réellement le pays tout entier; des bases telles que l'influence électorale sur l'appel au peuple soit considérée comme un crime. Ce devoir, en trois jours, nous l'accomplirons; nous désignerons parmi nous une commission qui, scrupuleusement provisoire, administrera et ne gouvernera pas. Puis, sanctifiés par une élection loyale, nous reviendrons ici, épurés et forts. »

Cela n'eût-il pas été bon ?

C'est parce que je croyais alors ce que je dis aujourd'hui, que je sentais la nécessité de retenir autant que possible les ouvriers, afin de ne pas fournir en eux un élément à l'insurrection.

Car, tout au contraire des doctrines du *National*, qui autrefois a qualifié l'*insurrection* du titre du *plus sacré des devoirs*, je suis pénétré de ceci : que rien de bon ne saurait sortir d'un changement dû à la force brutale.

Et si mécontent que je puisse être d'un état de choses gouvernemental, quand je n'aurais qu'à lever la main pour l'anéantir ainsi, je ne le ferais pas ; je suis de ceux qui croient fermement que des coups de fusil ne sont pas des arguments, que cela seul est durable qui résulte de la conviction et de la force morale, et qu'enfin on ne change pas la face d'une nation avec du canon, mais avec des idées.

Pour arriver au but que je me proposais, je commençai, le 9 mai, à passer l'inspection des ouvriers, en prenant chaque arrondissement à son tour.

Je voulais voir les ouvriers ; on avait fait circuler le bruit parmi eux que je les craignais, que je n'osais me montrer au milieu d'eux.

Aussi je passai ces inspections, seul et à pied, m'arrêtant à chaque brigade, pour écouter les réclamations, y faire droit lorsque je le pouvais, répondre aux objections et vaincre les suggestions mauvaises.

Au résultat que j'obtins dans ces inspections, je crois devoir entièrement la force que j'eus de retenir, le 15 mai, les neuf dixièmes des ouvriers des Ateliers nationaux et de ramener ceux qui avaient été entraînés.

Les inspections des quatre premiers arrondissements furent admirables d'ordre et de tenue ; les ouvriers me reçurent et m'accueillirent comme un ami, comme un père, et j'en fus profondément touché.

Le vendredi, 12 mai, pendant qu'au carré Marigny je parlais aux ouvriers du quatrième arrondissement, je fus averti qu'une manifestation se préparait pour aller remercier M. de Lamartine d'avoir soutenu M. Ledru-Rollin à la Chambre. Une telle démonstration me sembla évidemment un prétexte de désordre. Je répondis nettement à des officiers supérieurs de la garde républicaine, et même de la garde nationale, accompagnés d'autres personnes en habit civil, qui venaient me prier de m'y joindre, et d'autoriser les ouvriers à en faire partie, que je m'y refusais absolument. Que dans les circonstances actuelles, je considérais toute manifestation comme funeste à l'ordre et à la confiance publique, quelqu'en fût le but. Qu'une adresse écrite et signée était seule rationnelle et loyale, parce que ceux qui la signent en savent le contenu, tandis que dans une démarche personnelle et nombreuse, la tête seule connaît ses desseins, et peut exploiter la masse à son profit.

Je réunis les chefs de compagnie, je leur tins le même langage ; je les priai de veiller immédiatement à ce que les bannières fussent reployées, les brigades dirigées dans leurs quartiers, en corps, afin qu'un seul ne s'en écartât, et d'expliquer à leurs compagnies la cause de cet ordre, qui fut ponctuellement exécuté. Puis, suivi des chefs de service, je me rendis sur la place de la Concorde, où était le rendez-vous. Nous pénétrâmes dans les groupes, nous haranguâmes ceux qui les composaient, et nous réussîmes à les disperser. La manifestation n'eut pas lieu.

Le lendemain, samedi 13, un danger réel me menaçait ; l'inspection du cinquième arrondissement, qui se passa sur le boulevard extérieur, de la barrière de la grande Villette à celle du Combat, avait été mal disposée ; les ouvriers ayant été placés sur deux rangs, tendaient évidemment à se resserrer quand je passais entre eux. Cependant, tout allait bien, et j'avais déjà, depuis six heures du matin jusqu'à onze heures, parcouru les rangs de près de huit mille hommes, qui tous m'avaient témoigné la plus vive sympathie, lorsque, arrivé près de la barrière du Combat, huit ou dix ouvriers se placèrent au devant de moi, en me suppliant de retourner sur mes pas ; que des hommes, qui n'appartenaient pas aux Ateliers nationaux, et qu'ils supposaient être des émissaires du Luxembourg et du club Blanqui, avaient monté un coup cinquante pas plus loin et qu'ils voulaient me massacrer. — Nous verrons bien, dis-je, en avançant s'ils oseront porter la main sur un homme sans défense, et qui vient à eux la confiance dans le cœur et des paroles de paix sur les lèvres.

Pourtant, autour de moi, la foule s'amassait compacte et serrée ; bientôt j'entendis des cris de : *Vive Louis Blanc ! Vive la République sociale ! A bas Emile Thamas ! Etouffez-le !* J'eus le bonheur de ne pas perdre la tête, et m'armant de toute mon indignation : —Qui de vous, m'écriai-je, osera me toucher ? Qui de vous souillera la cause du peuple par une lâcheté ?

Les rangs s'écartèrent à ces mots, et pénétrant dans la foule, cent ouvriers m'entourèrent pour me protéger. Je montai sur un tas de pierres, et je criai : —Citoyens, il y en a parmi vous qui ont crié : *Vive Louis Blanc !* sur mon passage ; que ceux-là sachent qu'ils me font une injure personnelle. Tous ceux qui m'entourent savent que je suis leur ami, et que je ne mâche pas la vérité quand je veux la dire. Crier : *Vive Louis Blanc !* c'est crier : *Vive la misère !* Taisez-vous, vous êtes de faux ouvriers, et je vous reconnais ; vous insultez le vrai peuple.

Les vociférations recommencèrent, et le tumulte fut à son comble ; mais cette fois, au milieu de dix mille ouvriers, j'avais dix mille protecteurs, qui se ruèrent sur les misérables auteurs de ce désordre, ou plutôt crurent le faire, car ils s'étaient prudemment retirés.

Le danger était devenu parfaitement réel. Allez donc recommander le calme à des hommes animés par les cris et brûlés par un soleil ardent : aussi mes *protecteurs* pensèrent-ils m'étouffer tout de bon ; et, au milieu d'amis dévoués, je pouvais rester sur la place. Enfin, au bout d'une heure de marche pénible, entouré par un flot d'hommes, je gagnai une barrière voisine; ils me placèrent dans un cabriolet, et m'escortèrent en courant, tant qu'ils eurent de jambes. Quelques-uns me suivirent jusqu'à Monceaux, où je revins avec le chef du cinquième arrondissement, M. Taguel, qui, dans toute cette scène, avait été d'un sang froid digne d'éloges, malgré l'émotion que lui causait son amitié pour moi.

Le lendemain, je reçus des protestations collectives de toutes celles des brigades du cinquième arrondissement qui se trouvaient encore présentes à l'inpection de la veille, lors de cette scène. Je ne pourrais dire à quel point j'en fus heureux et fier.

Le lecteur trouvera deux ou trois de ces protestations que j'ai jointes aux pièces justificatives.

Je sus depuis qu'à la même heure, un attentat dont j'ai déjà eu l'occasion de parler, se tramait contre l'Assemblée nationale, et échouait pour se reproduire le surlendemain. Le complot dont j'avais failli être victime n'était qu'une des ramifications de cette affaire, et j'étais enveloppé dans la proscription. Il est facile de comprendre, d'après la ligne invariable que j'avais suivie, qu'un parti qui voulait porter violemment MM. Barbès, Blanqui, Raspail, Albert et Louis Blanc au pouvoir, devait nécessairement attacher assez de prix à ma chute, en raison de l'obstacle que leur apportait mon influence sur les ouvriers, pour ne pas reculer à cet égard devant un crime de plus.

Je reçus aussi le lendemain quelques lettres de mes amis, instruits par la rumeur publique, et entre autres celle-ci que je reproduis. parce qu'elle émane d'un homme dont le nom s'est plus tard mêlé à la question des Ateliers nationaux, et dont il importe de bien connaître l'opinion.

Cette lettre était adressée à ma mère.

Madame et amie,

Est-il vrai, comme le dit la *Presse*, que la vie d'Emile ait été en danger? S'il avait besoin de mon logis, de moi, et d'autres amis, qu'il en dispose.

Mais, une fois de plus, je le lui répèterai, il n'y a qu'un acte de vrai courage à faire, et il aurait dû le faire il y a plus d'un mois. C'est de donner à l'autorité son *ultimatum*, ou de disposer des travaux des ponts et chaussées ou de donner sa démission.

Perdonnet m'annonce qu'il est nommé d'une commission où sont Bois et Polonceau pour les travaux qui *ne sont pas du ressort du conseil des ponts et chaussées et du ministère.*

Est-ce bêtise, faiblesse ou rouerie?

Dans tous les cas, c'est ce que j'avais prévu dans la lettre que j'ai écrite à Bois pour refuser de faire partie de cette commission, à moins qu'elle ne disposât des services qui auraient toujours dû être ouverts à votre fils.

Mille expressions de dévouement respectueux.

E. FLACHAT.

15 mai 1848.

Menacer de donner ma démission! Je l'avais fait dix fois, mais je croyais de mon devoir de ne pas me retirer devant des difficultés sans cesse renaissantes, et je voulais jusqu'au bout rester sur la brèche.

Le 14 mai, je reçus plusieurs avis qui tous me prévenaient que si je passais le lendemain l'inspection du sixième arrondissement, j'aurais à craindre le même complot. Mais je tins à honneur de braver tout péril; je me bornai à faire savoir dans les brigades du sixième qu'on me menaçait encore, mais que je croyais les ouvriers eux-mêmes ma meillleure sauve-garde, et que j'étais pénétré de la confiance qu'ils écarteraient les émissaires cette fois à l'avance, puisqu'ils étaient prévenus.

Comme je le prévoyais, cette inspection, passée le 15 mai aux buttes Saint-Chaumont, fut un véritable triomphe; et j'y trouvai douze mille hommes tous prêts à soutenir avec moi la cause de l'ordre contre celle de l'anarchie.

Pendant cette inspection, on vint me prévenir que décidément la manifestation en faveur de la Pologne, qui, dès la veille, avait été provoquée par de nombreuses affiches, se préparait, et qu'on voulait aller porter à l'Assemblée les vœux du peuple Français pour ses alliés du Nord.

Des émissaires se répandaient parmi nos rangs et sollicitaient les ouvriers pour cette noble cause. Ils ne les y trouvèrent pas sourds, et bientôt tous crièrent : *Vive la République! Vive la Pologne! Vive l'Assemblée nationale!* [1]

L'inspection était à peu près finie; il était dix heures du matin. Il ne restait tout au plus que deux à trois mille ouvriers autour de moi. Ils me demandèrent par leurs délégués que l'inspection fût interrompue, et qu'elle se terminât par un simple défilé, afin qu'ils ne manquassent pas à la fête qu'ils croyaient se préparer. Je cherchai à persuader aux délégués que là encore on pouvait les tromper, mais je ne pus pas les dissuader de la conviction que la

---

[1] Ce cri dans cette circonstance doit-être constaté précieusement.

manifestation ne pouvait pas avoir d'autre but qu'un élan patriotique.

Je recommandai alors aux chefs de compagnie d'accompagner les ouvriers jusqu'au boulevard, et de revenir rapidement à Monceaux me rendre compte de ce qui se passait.

Je me hâtai moi-même de rentrer; j'avais comme une sorte de pressentiment de ce qui allait advenir.

Une demi-heure après moi, nos jeunes gens rentrèrent; il était onze heures passées; ils me dirent qu'ils avaient rencontré la colonne processionnelle, à la hauteur de la rue Ménilmontant, qu'elle marchait lentement aux cris répétés de : *Vive la Pologne !* qu'elle se composait d'ouvriers entremêlés d'officiers de la garde nationale et de soldats de la garde républicaine; qu'au nombre des bannières des Ateliers nationaux, qu'ils avaient soigneusement comptées, il y avait à peu près quatorze mille de nos ouvriers. (Nos brigades, au 15 mai, en comptaient près de cent mille.) Mais ce qui les avait le plus frappé, avait été de voir en tête de la manifestation la bannière du club Blanqui, celle du club des Arts et Métiers, et celles des corporations qui avaient déjà joué un rôle au 16 avril. Qu'en outre, ils avaient parfaitement distingué au premier rang les délégués du Luxembourg, reconnaissables aux cartes orange qu'ils portaient à leur chapeau, et leur président Lagarde, ainsi que Blum, qu'ils avaient déjà vus à la fête de la distribution des drapeaux. Qu'alors ils s'étaient retirés à la hâte et étaient venus me prévenir.

Tout ceci me démontra clairement une trahison; je pris sur-le-champ la plume et j'écrivis à M. Buchez, alors président de l'Assemblée, la lettre qu'on va lire:

Mon cher Monsieur,

La manifestation qui s'avance, cache, je le crois, un

projet coupable, car des rapports dignes de foi, m'affirment que les délégués du Luxembourg et les membres des clubs violents marchent à sa tête. C'est une seconde édition du 16 avril, mais je la crois encore plus dangereuse. Toutefois, il n'y a rien à craindre avec quelques précautions ; les meneurs sont évidemment peu nombreux, deux à trois mille tout au plus ; quant aux ouvriers, ils sont de bonne foi, et ne pensent qu'à la Pologne. Ils ne se doutent pas du rôle qu'on veut leur faire jouer, et on va encore escamoter leur enthousiasme patriotique au profit des mêmes intrigants que vous connaissez aussi bien que moi. Le plus important serait sur-le-champ, de prévenir l'Assemblée. Lisez-lui ma lettre si vous le jugez convenable. Je vais de mon côté faire tout au monde pour joindre les ouvriers, leur faire voir où on les mène et obtenir qu'ils se retirent.

Tout à vous,

Emile Thomas.

15 mai, onze heures et demie.

Et au dos, M. Buchez, président de l'Assemblée nationale, de la part d'E. Thomas. très-urgent.

Je remis cette lettre aux mains de M. Jules Guéroult, ami d'Edmond Adam, et qui remplissait les fonctions de chef du bureau de recensement. Je lui mis à la boutonnière l'insigne que je portais habituellement et lui recommandai la plus grande célérité.

J'envoyai en même temps, MM. Dellisse et Riot à l'Hôtel-de-Ville, communiquer de vive voix les mêmes nouvelles à M. Edmond Adam. Ils montèrent à cheval, et revinrent au bout d'une heure avec la réponse suivante :

« Mon cher Thomas,

» On bat en effet le rappel dans une ou deux légions, mais je ne crois pas qu'il y ait lieu de s'inquiéter beaucoup. Nous sommes tranquilles à l'Hôtel-de-Ville, et les groupes se sont portés dans d'autres directions; peut-être aurons-nous leur visite ce soir, nous les attendons.

» Si vous pouvez maintenir vos ouvriers sur leurs ateliers, vous ferez une chose utile, je pense.

» Tout à vous,

» EDMOND ADAM. »

Cependant il y avait quelque chose dans l'air, car à une heure, un grand nombre de nos délégués se réunirent spontanément au manége, et l'on me fit appeler. Ils étaient fort inquiets et venaient me demander conseil.

Mes chers amis, leur dis-je, je suis pour le moins aussi inquiet que vous, je ne sais rien de ce qui va se passer, et pourtant j'ai peur de quelque chose de grave. Une dizaine de mille de nos hommes se sont joints à la manifestation polonaise, mais on a vu en tête de la colonne, ces misérables fauteurs de désordres que nous détestons tous, et je crains que, là encore, nos ouvriers ne soient cruellement trompés et qu'on fasse en leur nom tout autre chose que ce qu'ils ont voulu faire.

Votre devoir vous est tout tracé, rendez vous à vos mairies, prévenez tous les hommes de vos brigades que vous pourrez voir, et dès qu'on battra le rappel, faites-les joindre à leurs légions. Puis rendez vous en toute hâte sur la place de la Concorde, partout où vous pourrez rencontrer ceux de vos camarades qui se sont mêlés à la manifestation; enlevez vos bannières, faites-vous suivre, et arrachez-les au rôle odieux que peut-être on voudrait leur faire jouer.

Si ces précautions ne suffisent pas, si la patrie est en danger, venez me chercher, je marcherai à votre tête et nous combattrons ensemble pour sauver la République et l'Assemblée nationale, ou mourir en les défendant.

Ces paroles furent accueillies aux cris unanimes et prolongés de : *Vive l'Assemblée nationale! Vive la République !* et les délégués se séparèrent en toute hâte.

Les élèves de l'Ecole centrale arrivaient tous successivement ; à deux heures, ils étaient près de quarante au pavillon. Ils avaient trop de fois joué le même rôle que j'attendais d'eux pour que je le leur expliquasse longtemps, et tous se dirigèrent vers la place de la Concorde où je pensais que la colonne devait se trouver.

A trois heures, M. Guéroult revint ; il avait cherché pendant deux heures à pénétrer dans le palais de la chambre ; il avait enfin réussi à faire passer ma lettre à M. Buchez, non sans les plus grandes difficultés, mais il me rapportait la funeste nouvelle que l'Assemblée était violée et la salle de ses séances envahie.

Puis, successivement, revinrent les élèves de l'Ecole centrale ; ils avaient vu tout ce qui se passait, avaient trouvé nos ouvriers sur la place et le pont de la Concorde. Les délégués s'étaient réunis à eux, et bientôt ils avaient complètement réussi dans leur mission, et à quatre heures et demie, je possédais la certitude, que tous nos hommes s'étaient retirés, abandonnant le complot aux seules forces des conjurés.

On sait trop ce qui se arriva le 15 mai pour que je songe à le rappeler ; mais j'ai dû rapporter ces détails pour montrer ce que firent les Ateliers nationaux à cette époque, et ce qu'ils auraient fait le 23 juin, si nous avions encore été parmi eux.

Rien ne saurait mieux prouver ce que je viens de dire, que ces deux faits fort remarquables.

Pas une seule bannière des Ateliers nationaux ne fut vue dans l'enceinte de l'Assemblée, bien qu'on en eût compté soixante-et-onze dans le cortége de la manifestation.

Lorsque Barbès, Blanqui, les membres des clubs, les délégués du Luxembourg se rendaient à l'Assemblée, vingt-cinq mille hommes les suivaient ; quand ils la quittèrent pour se rendre à l'Hôtel-de-Ville, ils n'étaient plus que deux ou trois mille, tout le reste avait disparu, j'ai dit pourquoi ; et ceux qui naguère composaient la manifestation, furieux d'avoir été trompés, de s'être trouvés sur le bord du précipice, avaient repris leurs rangs dans la garde nationale.

Dans la soirée du 15 mai, vers dix heures, j'allai voir M. Buchez que je trouvai bien fatigué ; il me raconta les violences dont il avait été l'objet ; me dit qu'au moment où il allait lire ma lettre à l'Assemblée, elle avait été envahie, et que, croyant les insurgés maîtres de la position, il l'avait brûlée, ainsi que d'autres papiers pour ne pas compromettre ses amis.

Cependant M. Marie, appelé à faire partie de la commission du pouvoir exécutif avait quitté le ministère des travaux publics, et M. Trélat l'y avait remplacé.

Un moment j'espérai, du nouveau ministre, un concours intelligent et actif, car son fils, Émile Trélat était mon camarade d'école, avait été auparavant mon camarade de pension.

Mais bientôt je vis que je m'étais cruellement trompé ; qu'en perdant M. Marie qui manquait seulement d'énergie, mais au moins était plein de bienveillance, et entièrement au courant de la question ;

j'avais trouvé, en échange, un homme parfaitement incapable de comprendre quoi que ce soit, et parfaitement ignorant de tout ce qui s'était passé.

La première conférence que j'eus avec M. Trélat me le prouva ; il ne me parla que de futilités, n'écouta pas ce que lui disais, et ne répondit, à chacune de mes observations, que par ces mots : « La Chambre ne veut plus des Ateliers nationaux ; il s'y commet des abus sans nombre ; c'est un foyer permanent d'insurrection, il faut les dissoudre le plus tôt possible. »

Je crus au moins avoir conservé en M. Boulage un auxiliaire puissant pour mes vues de transformation pacifique et progressive ; je fus encore désillusionné. M. Boulage ne m'avait aidé que parce que le ministre précédent m'avait été favorable. Le nouveau me prenait en animadversion ; M. Boulage fut comme lui : son intérêt personnel, la conservation de sa place y étaient attachés ; je ne devais plus compter sur lui.

J'avais pourtant, au changement de ministère, gagné quelque chose. M. Recurt était à l'Intérieur ; j'allai le voir tous les jours ; je lui expliquai les dangers que courait la sécurité publique par l'inintelligence de M. Trélat ; qu'en définitive je dépendais autant de la Mairie de Paris et de son ministère que de celui des Travaux publics, et que désormais je n'obtempérais à aucun ordre de M. Trélat, sans l'avoir préalablement consulté ainsi que M. Marrast.

M. Recurt me remercia et m'approuva en tout point.

M. Trélat appuyait beaucoup sur la nécessité de procéder au recensement complet des Ateliers nationaux. Je lui représentai que ce recensement, fort long à opérer, ferait perdre du temps en pure perte. Qu'il était impossible d'obtenir des ouvriers, par la façon vicieuse même dont les mairies les avaient admis à l'embrigadement, d'autres renseignements, sur lesquels on pût compter, que ceux qui constataient leur domicile, leur profession, leur âge et les détails de famille qui les concernaient. Que, quant aux autres, ils se refuseraient toujours à les donner, pour ne pas qu'on les forçât, soit à retourner dans les départements, soit à rentrer chez les patrons à des conditions infimes. Que j'avais remis, le 10 avril, à M. Marie un recensement de vingt-cinq mille ouvriers qui était resté paisiblement dans un carton de son cabinet et n'avait jamais servi à rien. Que l'état complet des ouvriers existait au bureau central, et par ordre alphabétique, tel qu'il résultait des registres mêmes de l'embrigadement, et assez détaillé pour qu'au bureau des renseignements on pût, sur-le-champ, sur la simple indication du nom, retrouver chacun des détails utiles qui concernaient un homme[1] ; que d'ailleurs les listes de secours des délégués donnaient, sur chaque ouvrier, le complément des renseignements désirables ; et qu'à cet égard nos informations étaient tellement précises, que maintes fois nous les avions communiquées, sur sa demande, au préfet de police.

Enfin, voyant que M. Trélat tenait beaucoup à posséder ce document, je lui expliquai que c'était un travail de classement assez long à exécuter dans les bureaux, puisqu'il y avait à relever plus de cent mille noms, suivis chacun de quatre à cinq indications, et à les diviser par catégories d'arrondissement et de profession ; qu'il fallait huit jours pour accomplir ce travail ; qu'en conséquence, il l'aurait vers le 25 mai.

---

[1] M. Lalanne prétend qu'il n'existait pas à Monceaux d'état des ouvriers ; il est vrai que M. Lalanne niait l'existence de bien d'autres choses (des archives par exemple, des pièces desquelles je possède maintes ampliations contresignées Lalanne,) qui étaient sous sa main et que, je ne sais pourquoi, il n'a pas pû trouver ; peut-être parcequ'elles n'étaient pas dans son cabinet.

M. Trélat n'avait pas encore fait l'honneur d'une visite à l'administration centrale ; il ignorait jusqu'aux généralités de l'organisation ; et, tout d'un coup, je ne sais pour quelle raison , il lui prit de moi une subite défiance.

Il institua une commission composée, moitié d'ingénieurs civils, moitié d'ingénieurs du corps des ponts et chaussées, pour lui faire un rapport sur l'état des Ateliers nationaux, qu'elle ne connaissait pas plus que le ministre.

Cette commission, dont je ne veux pas nommer les membres, par respect humain , me consulta à peine, ne vint rien visiter, prit tous ses renseignements dans les bruits publics, et brocha sur le tout le rapport le plus faux , le plus erroné , le plus incroyable qui soit jamais sorti de la plume et de la faconde d'un ingénieur ordinaire des ponts et chaussées ; lequel rapport, par parenthèse, n'a jamais vu le jour et est encore empilé, au nombre de quelques centaines d'exemplaires, dans une des salles du ministère.

Je continuai pourtant à accomplir mon devoir. Muni d'une double recommandation de MM. Recurt et Edmond Adam, j'allai chez M. Trouvé-Chauvel, le premier jour de son installation (le 17 mai). Je lui dépeignis l'engorgement des garnis de Paris ; je lui expliquai que moi-même je ne pouvais y apporter de remède, parce que, me trouvant le centre d'une circonférence pleine de vigueur, je ne pouvais avoir assez de force d'expansion pour la rompre, sans craindre qu'elle ne m'étouffât en se resserrant ; tandis qu'agissant au dehors, on pouvait, pièce à pièce, la morceler sans danger. Que je croyais utile d'employer au but dont tout le monde sentait la nécessité , l'action des commissaires de police, qui, en prenant certaines précautions que je détaillai, renverraient dans leurs départements, munis de feuilles de route et de secours par étapes, ceux des ouvriers qui étaient depuis trois mois arrivés à Paris; qu'ainsi on se débarrasserait de près de vingt mille hommes et des plus difficiles à contenir, desquels, bien entendu, on assurerait l'existence quand ils seraient parvenus à leur destination [1].

J'activai le service de contrôle des agents d'arrondissement, qui, institués le 12 mai, avaient préparé, dès le 25, une première liste de trois mille deux cents radiations à effectuer, soit pour cause de double emploi, soit pour des motifs de non nécessité de secours [2].

Le 21 mai eut lieu la fête de la Concorde.

Cette fête devait avoir lieu le 14; on sait qu'elle fut remise.

J'avais reçu, dès le 12, la protestation suivante, car les Ateliers nationaux y avaient encore été oubliés par M. Charles Blanc.

« Citoyen Directeur,

» J'ai sous les yeux, ou plutôt nous avons le programme de la fête qui se donne dimanche 14; or, je vois avec peine (c'est-à-dire nous voyons) qu'il n'est nullement question des travailleurs, dont nous représentons la force et les intérêts. Serait-ce un oubli? Il est réparable. Serait-ce une intention formelle? Elle est impolitique, elle est humiliante, et, de tout mon faible pouvoir, je la recuse et la trouve indigne.

» Craindrait-on de joindre aux délégués du Luxembourg, ces travailleurs heureux, les délégués des travailleurs des Ateliers nationaux, ces travailleurs moins heureux? L'aisance se croirait-elle souillée de la présence du malheur? Ce serait affreux, et nous aimons à croire que ce n'est qu'un oubli.

---

[1] Pour les détails de cette proposition, voir aux pièces justificatives, la note pour le comité des Ateliers nationaux, où je l'ai reproduite.

[2] Mon successeur n'a jamais effectué ces radiations.

» Quant à moi, quant à nous, quant à vous, directeur, vous devez veiller à ce que notre dignité ne
soit point blessée, à ce que nos frères soient représentés ; car le droit solennel, car le droit de tous, inscrit
sur le fronton de tous nos monuments, a été celui de
l'égalité, de l'unité, de la liberté.

» Nous ne voulons pas, vous ne devez pas vouloir
de dissidences, de démarcations, et nous vous demandons d'abord la représentation solennelle, la représentation due par le droit de tous nos frères, dont
nous sommes chargés de la dignité, des intérêts, de la
vie à venir ; nous vous demandons, comme vous
l'avez toujours fait, de veiller à notre intérêt et de
protester en notre nom. Qu'est-ce, pour une solennité
pareille, que douze ou quinze cents hommes de plus ?
Rien. Il faut que l'univers entier sache que notre institution, qu'on a prétendu batailleuse, ennemie de
l'ordre, de la fraternité, est toute désireuse de prouver le contraire, et que, reconnue nécessaire au salut
public, nécessaire au pays, elle doit avoir sa place
marquée à côté de toutes les délégations.

» Pénétrés que nous sommes que vous ferez droit
à cette demande, toute de justice, nous attendons
pleins de confiance.

» Pour ma compagnie, pour plusieurs délégués.

Délégué central, 7e brigade, 6e arrondissement,
6e compagnie, 2e service.

Eugène Garlin,

12 mai 1848

Le samedi 13, je crus devoir lire cette lettre à l'assemblée des délégués, mais je fus heureux d'y donner
sur-le-champ une réponse favorable. J'avais vu
M. Recurt ; il avait mandé M. Charles Blanc, directeur des Beaux-Arts, lui avait adressé une remon-
trance de cet oubli, qui, répété, semblait ne plus en

être un ; et la place d'une délégation des Ateliers nationaux avait été marquée dans le cortége,

Nous fûmes nombreux à cette fête ; notre cortége à nous se composait de cent cinquante délégués centraux, cent cinquante travailleurs, cent cinquante porte-bannières, qui tenaient chacun celle de leur compagnie ; de cent cinquante chefs d'escouade, brigadiers et lieutenants, et de tous les élèves des Ecoles Centrale et d'Arts et Métiers, occupant les grades supérieurs, et au nombre de près de deux cents, en uniforme et revêtus de leurs insignes. Devant nous, traînée sur un camion par des chevaux de travail, apparaissait une statue colossale de la République, exécutée par des sculpteurs embrigadés dans nos Ateliers nationaux.

En passant devant l'estrade où se trouvaient les représentants du peuple, un seul cri fut poussé : *Vive la République! Vive l'Assemblée nationale!* Plusieurs fois, sur notre passage, l'épithète *sociale* fut prononcée ; notre cortége tout entier la repoussa par son silence.

Ici je dois ajouter que ce Champ de Mars, qu'on désespérait de voir se terminer, avait enfin vu, le 10 mai, ses ouvriers entrer dans nos brigades, et cela sans trouble et sans récrimination, grâce à nos paroles ; ce dont le colonel Moreau était stupéfait. Et ces mêmes ouvriers qui, naguère, se refusaient obstinément au travail, soumis à l'embrigadement et guidés par nos jeunes gens, avaient achevé en *trois jours* le cinquième environ d'un terrassement dont ils n'avaient accompli que les quatre cinquièmes en deux mois et demi.

Le 22 mai, je fus convoqué à l'Assemblée nationale par le comité des travailleurs.

Je retraçai devant le comité l'histoire des Ateliers nationaux.

Je définis la position telle que je la comprenais.

Je fis voir que tout le danger passé, présent, ou à craindre pour l'avenir, provenait du manque de travail.

Je proposai, comme mesure d'urgence, et à appliquer immédiatement :

Le renvoi, par la préfecture de police, des ouvriers habitant les garnis depuis moins de six mois, dans leurs départements, en me plaignant du préfet, qui, à cet égard, n'avait pas encore obtempéré à mes instances et à l'avis du maire de Paris et du ministre de l'intérieur ;

L'institution des syndicats de profession et des Ateliers spéciaux ;

Des secours immédiats à l'industrie en souffrance, en lui attribuant, comme avances, la paye improductive qu'on allouait aux ouvriers, à condition qu'elle les reprendrait de gré à gré et d'un commun accord ;

L'exécution des propositions présentées depuis un mois au ministre des travaux publics par le syndicat des entrepreneurs en bâtiments ;

La construction des quartiers d'ouvriers.

Je développai chacune de ces propositions, qui obtinrent toutes un assentiment marqué.

Je terminai en déclarant que, dans ma conviction, il était impossible de résoudre la question des Ateliers nationaux dans les conditions actuelles.

Que la direction devant dépendre à la fois :

1° De la mairie de Paris, comme secours et pouvoir municipal ;

2° Du ministère de l'intérieur, comme police de tranquillité publique ;

3° Du ministère des travaux publics, comme ordonnateur de fonds ;

4° Du ministère du commerce, comme conseil de prud'hommes et colonisation agricole ;

5º Du ministère des finances, comme payement journalier;

Elle manquait absolument de la condition d'unité, indispensable pour arriver à une solution normale, prudente et rapide.

Qu'en outre, il était dangereux de laisser une arme aussi puissante dans les seules mains d'un ministre, quel qu'il fût, dans celles de la commission exécutive elle-même;

Que, quant à moi, je n'aspirais qu'à déposer le fardeau d'un pouvoir que je trouvais trop considérable, tout en me dévouant pour l'avenir à mon œuvre, dans quelque condition qu'elle subsistât, et mettant et mon travail et mon sang au service de la patrie;

Que la question était de celles qui portent la vie ou la mort dans leurs flancs;

Que j'étais persuadé que, par cette raison, elle exigait une position exceptionnelle.

Mieux valait mettre les Ateliers nationaux sous la juridiction d'une commission spéciale de la Chambre, et lui attribuer à cet égard une sorte de dictature.

Cette commission introduirait, dans l'administration des ateliers, qui n'aurait plus affaire qu'à elle seule, cette unité qui lui manquait entièrement tant qu'elle relèverait de cinq pouvoirs différents.

Le directeur des Ateliers nationaux perdrait lui-même ainsi son influence en devenant simple agent responsable de cette commission.

Je déposai alors sur le bureau du président le résumé ¹ du recensement par profession, que m'avait demandé M. Trélat, déjà accompli jusqu'au chiffre de quatre-vingt-sept mille hommes, ainsi que le recensement complet des vingt-deux mille hommes du huitième arrondissement pris comme exemple.

---

¹ Voir ce résumé aux pièces justificatives.

Lorsque j'eus fini ce long exposé, qui dura près de deux heures, je fus presqu'applaudi.

Quant à M. Tréjat, devant lequel j'avais tout dit, il ne paraissait que médiocrement satisfait. Je sus bientôt qu'il ne l'avait pas été du tout; et qu'en dépit de la raison, il se prononçait pour des mesures violentes, car le 24 au matin, je reçus un arrêté du ministre conçu en ces termes :

« Monsieur,

» J'ai l'honneur de vous annoncer que la commission du pouvoir exécutif vient d'adopter les mesures suivantes à l'égard des Ateliers nationaux :

» 1° *Les ouvriers célibataires, âgés de dix-huit à vint-cinq ans, seront invités à s'enrôler sous les drapeaux de la République pour compléter les différents régiments de l'armée;*

» *Ceux qui refuseront de souscrire des engagements volontaires seront immédiatement rayés des listes d'embrigadement des Ateliers nationaux.*

» 2° Il sera procédé sans délai au recensement des ouvriers de Paris. Ce recensement se fera concurremment par les mairies et par les employés du bureau central des Ateliers nationaux, délégués à cet effet.

» Les ouvriers qui ne pourront justifier régulièrement d'une résidence de six mois, avant le 24 mai, seront congédiés et cesseront de recevoir des salaires et des secours.

» 3° Les listes d'ouvriers, dressées par arrondissement et par profession, seront déposées dans un bureau spécial établi, autant que possible, au centre de Paris, et où il en sera donné connaissance aux patrons, par les employés de l'administration. Les patrons pourront requérir tel nombre de ces ouvriers qu'ils déclareront nécessaire à la reprise ou à la continuation de leurs travaux. Ceux qui refuseront de les suivre seront à l'instant même rayés de la liste générale des Ateliers nationaux.

» 4° Les ouvriers qui ne se trouveront pas compris dans les cas d'exclusion prévus par les articles précédents, et qui, transitoirement, continueront à faire partie des Ateliers nationaux, seront tenus de travailler à la tâche et non à la journée.

» 5° Il sera organisé, dans le plus bref délai possible, des brigades d'ouvriers que l'on dirigera dans les départements pour être employés, sous la direction des ingénieurs des ponts et chaussées, à l'exécution des grands travaux publics.

» Je vous invite, Monsieur, à vous occuper avec la plus grande célérité possible, de l'application des dispositions arrêtées par la commission du pouvoir exécutif. Vous devez faire préparer les listes nécessaires pour distinguer les ouvriers, qui, à raison de leur âge, devront s'enrôler dans les armées de la République ; — ceux qu'il y aura lieu de renvoyer dans leurs départements respectifs, faute de la justification régulière d'une résidence de six mois ; ceux qui pourront être redemandés ou repris par les patrons ; ceux enfin qu'il conviendra d'embrigader comme destinés aux grands travaux de la province et de la banlieue de Paris. Je vous ferai connaître demain le local où l'on devra déposer et communiquer aux patrons les listes d'ouvriers de diverses professions qui ne seraient pas exclus des Ateliers nationaux en vertu des deux premières dispositions.

» Vous aurez à désigner deux ou trois employés de votre administration, qui se tiendront en permanence dans ce local, pour remettre à la disposition des patrons les ouvriers qui auront été réclamés par ceux-ci.

» Je vous laisse le soin d'avertir le public, par la

voie des affiches et des annonces de journaux, du jour où l'on pourra se présenter au bureau des renseignements. Vous concevez que cette mesure est d'une urgence extrême, et qu'il ne faut pas perdre un seul instant pour l'exécuter.

» J'attache une grande importance à la disposition qui rétablit la tâche comme base du salaire. Vous devez la mettre immédiatement en pratique.

» Je vous adresserai ultérieurement des instructions sur l'organisation des brigades d'ouvriers qui devront être dirigés dans les départements.

» Recevez, etc.

» Pour le ministre des travaux publics,
par autorisation,

» *Le Secrétaire général,*

» BOULAGE. »

A la réception de cette lettre, je m'empressai de me rendre chez le ministre des travaux publics, pour lui faire observer que son arrêté était en opposition formelle avec le décret du 25 février, qui déclare que la République doit à tout citoyen le pain et le travail; que, si ce premier décret subsiste, son arrêté à lui est arbitraire; que contraindre les ouvriers à s'enrôler sous les drapeaux de la République ou à rentrer chez leurs patrons, à quelque prix que ce soit, sous peine de mourir de faim, ce n'est pas le moins du monde tenir ce second programme de l'Hôtel-de-Ville, et qu'enfin une pareille mesure, prise avec cette spontanéité, et exécutée avec cette rigueur, est dangereuse pour la tranquillité publique.

Le ministre parut convaincu et me donna vingt-quatre heures de répit, pendant lesquelles, dit-il, il allait aviser.

Je dois ajouter à ceci quelques réflexions.

Plusieurs des ordres qui m'étaient ainsi donnés

émanaient de pensées que j'avais moi-même soumises au ministre ; mais je ne les concevais que sous la condition exclusive d'un libre arbitre complet pour quelques-unes d'entre elles, de précautions extrêmes pour l'accomplissement des autres.

Ainsi le bureau d'inscription et de placement était de mon fait, je l'avais même institué et j'en avais confié la direction à MM. Desfossés et Guéroult, mais il ne devait fonctionner que pour faciliter les rapprochements entre maîtres et ouvriers, et nullement pour agir en vertu du *compelle intrare*, illicite et mauvais.

Comme on voit aussi, le ministre tenait à cette idée absurde d'un recensement à nouveau, lorsque ce recensement existait, que le classement allait en être achevé, et que le contrôle s'en opérait graduellement par les agents d'arrondissement.

J'allai trouver M. Recurt ; je lui parlai des ordres de M. Trélat ; il me répondit : « Mais ce n'est pas possible, c'est de l'aberration, c'est l'insurrection pour demain !

Et M. Recurt ne se trompait pas. Qu'on juge de l'impression produite par la publication de ces mesures, qui ont, le 20 juin, après un mois d'attente, paru au *Moniteur*. Il me suffira pour cela de citer les journaux.

« Nous avons sous les yeux une réclamation des délégués des Ateliers nationaux relative à une nouvelle disposition du règlement qui leur est imposé par le citoyen Émile Thomas. D'après ce règlement, les ouvriers des Ateliers nationaux seraient mis à la disposition des *maîtres* qui voudraient bien les employer au prix de 10 à 12 francs par semaine ; et en cas de refus de se rendre chez ces *maîtres* et de travailler pour leur compte, ils seraient *chassés* des Ateliers nationaux. Les ouvriers protestent de toute leur force contre cet article du règlement. Ils déclarent qu'ils veulent bien travailler au profit de l'État au prix de dix francs par semaine, mais qu'ils ne peuvent accepter ce salaire d'un entrepreneur particulier qui ferait sur eux des bénéfices énormes, tandis que leurs familles seraient exposées à toutes les tortures du besoin.

» Nous ajouterons pour notre compte que, si les patrons pouvaient aller recruter leurs ouvriers dans les Ateliers nationaux au prix de 2 fr. par jour, ils renverraient immédiatement ceux qui leur restent, et que, par conséquent, le règlement imaginé par le citoyen Thomas serait le dernier coup porté à la classe des travailleurs. »

(Extrait de la Vraie République, 16 mai.)

Il est bien entendu que les reproches que je cite ici retombent sur l'auteur malencontreux de la mesure, M. Trélat, et non pas sur moi qui m'y opposais, et fus, le même jour, victime de ma résistance.

« Des rassemblements d'ouvriers des Ateliers nationaux ont eu lieu aujourd'hui sur plusieurs points, notamment sur la place Saint-Sulpice. Les brigades qu'on avait envoyées à Corbeil ont abandonné leurs chantiers et sont revenues à Paris.

» La note qui a paru ce matin au *Moniteur* sur les enrôlements des ouvriers célibataires de dix-sept à vingt-cinq ans est, dit-on, la cause de cet émoi. Tous protestent qu'ils ne se laisseront pas dissoudre.

» Quelque répugnance que nous ayions à le constater, il est certain que les agitations qui se reproduisent périodiquement coïncident toujours avec un vote que le pouvoir veut obtenir de l'Assemblée, et alors qu'il craint de ne pas obtenir la majorité.

» Le nouveau directeur des Ateliers nationaux,

M. Léon Lalanne, a été entendu aujourd'hui par le comité des travailleurs.

» Les explications données par le nouveau directeur des Ateliers nationaux n'ont pas paru satisfaire généralement le comité.

» Une discussion très-vive s'est engagée après son départ : on parlait de quelques personnes très-compromises ; ces mystères se dévoileront sans doute plus tard devant l'Assemblée.

» Le comité s'est séparé dans la plus vive agitation et a remis la continuation de la discussion à demain. »

(Extrait de la Gazette de France, 23 juin.)

Voici les lettres de proscription adressées aux travailleurs des Ateliers nationaux :

Nous les citerons textuellement :

« Les chefs d'arrondissement sont invités à envoyer chacun la cinquantième partie de leur effectif, ce soir, à trois heures, au manége.

» LALANNE. »

P. S. « Il s'agit de départs qui doivent avoir lieu aujourd'hui, demain et après-demain.

» Je parlerai moi-même aux hommes de bonne volonté qui se présenteront.

» Le Gouvernement veut que ces départs aient lieu. Il faut que sa volonté soit exécutée aujourd'hui même. J'y tiendrai la main.

» LALANNE. »

« Une mesure aussi inique se comprend-elle quatre mois après la révolution de Février, cette révolution politique et sociale faite par le peuple et pour le peuple? Comment ! c'est à la minute que le Gouvernement entend disloquer et anéantir les Ateliers nationaux ; c'est à la minute qu'il entend prendre, *pêle-mêle*, sur les chantiers, les ouvriers, artistes ou employés, que les souffrances seules y ont amenés, pour les envoyer dans les départements, sans qu'il lui soit possible d'avouer à quels travaux il veut les employer !

» Et encore n'est-il fait aucune distinction entre les célibataires et les pères de famille !

» Et puis, à quelles conditions ces hommes seront-ils tenus de travailler.

» Nous sommes profondément émus de la résolution du Gouvernement et de la manière rigoureuse et inhumaine dont il traite les travailleurs, ceux-là même dont les souffrances ont surtout droit de fixer ses regards et d'attirer ses sympathies.

» On affirme qu'une protestation énergique se signe en ce moment dans les Ateliers nationaux, et qu'elle va être adressée à la commission du pouvoir exécutif.

» Il paraît qu'en effet des ouvriers, qui déjà s'étaient rendus dans les départements, y ont trouvé des conditions de salaire telles qu'ils n'ont pu les accepter et ont été obligés de mendier pour gagner leur demeure.

» Il paraît aussi qu'à Amiens les ateliers communaux ont été dissous, et que les ouvriers seraient obligés d'accepter chez les *maîtres* un salaire égal à celui qu'ils recevaient dans les ateliers à 75 c. par jour.

» On se refuse à croire à de pareils faits, et nous attendrons qu'ils se confirment.

» Il est certain que tous les principes posés par la révolution sont aujourd'hui violés, et qu'on *veut* en finir avec les travailleurs.

(*Un Travailleur.*)

(*Extrait de la Vraie République*, 23 *juin.*)

Avais-je donc si tort de déclarer que les mesures à

l'exécution dequelles je refusais d'attacher ma responsabilité, étaient impraticables et dangereuses ?

Voulait-on donc provoquer une explosion, et no
se débarrassait-on de moi, le lendemain, que parce
que je persistais à m'y refuser ?

Tout porte à le croire, et je ne sais trop si la pensée
profonde et intime du pouvoir exécutif n'était pas
celle-là.

Car la répression violente, dans un cas, débarrassait, pour quelque temps au moins, le pouvoir de
tout effort d'imagination qui l'amenât à une solution
convenable, mais qu'on se refusait à chercher.

Et dans le cas de succès d'une insurrection, n'est-
il pas permis de croire que des intelligences habilement nouées n'enlevaient pas tout espoir à ceux qui
risquaient ou plutôt ne risquaient pas la partie ?

Je m'abstiens, quant à moi, de tout jugement ; je
reproduirai seulement ici deux entre-filets, qui me
semblent valoir quelque attention s'ils ne sont pas
inexacts.

« Le jour où l'Assemblée nationale a voté l'admission, comme représentant, de M. Louis Bonaparte,
le pont de la Concorde n'était parcouru, au sortir de
la séance, que par quelques représentants. M. Crémieux se trouvait dans un groupe, le général Bara-
guay-d'Hilliers dans un autre, marchant à quelque
distance. On causait du vote qui venait de terminer
la séance.

— Je crois, général, dit l'ex-ministre, que nous
avons pris le meilleur parti.

— C'est aussi mon avis, répond le général. Si la
décision eût été contraire, nous avions des coups de
fusil dans une heure, ou au moins cette nuit. C'était
le commencement de la guerre civile.

— C'est peut-être ce que l'on voulait, reprend un

des représentants qui marchait avec le général, en nous demandant un vote contraire.

— Sur cela, se hâte de répliquer M. Crémieux avec un étrange sourire, je n'ai rien à dire.

— Ah! Monsieur le ministre en disponibilité, riposte un des interlocuteurs, vous gardez les secrets du conseil.

» Et M. Crémieux de répondre cette fois par un sourire auquel il serait assez difficile de donner une signification précise.

(Extrait de l'Assemblée nationale, 19 Juin.)

COURT DIALOGUE.

— Il faut que cela aille plus mal encore!

— Pourquoi donc?

— Parce que nous n'avons plus qu'un moyen de garder le pouvoir qui nous échappe...

— Quel moyen?

— C'est de rendre nécessaire la dictature du général Cavaignac.

— Mais c'est un caractère indécis, un esprit faible...

— Qu'importe, on ne le sait pas, et cette faiblesse a pour correctif 60,000 hommes de troupes, à Paris et dans les environs. Nous n'attendons plus que la circonstance; elle ne se fera pas attendre longtemps.

(Extrait de la Presse du 22 Juin.)

Le 25 au matin, je reçus la visite de M. Edmond Adam; il venait en ami plutôt qu'officiellement, m'interroger sur les objections que j'avais faites à M. Trelat, à propos des mesures qu'il me commandait d'exécuter.

Je soumis à M. Adam, toutes les réflexions que j'avais faites à M. Trelat et à M. Recurt; il parut les trouver justes, m'approuver dans la résolution immuable que j'avais prise avant tout de sauvegarder la tranquillité publique, et me quitta pour rendre compte de cette conversation à M. Trélat.

Pendant la journée, je me rendis à l'Assemblée nationale, où je causai avec plusieurs députés, M. Ducoux entr'autres, aujourd'hui préfet de police. Je me plaignis vivement à lui, des tendances perturbatrices de la commission exécutive.

— Que voulez-vous, me répondit-il, nous le savons bien, et nous avons dix fois plus de preuves de leur malveillance pour l'Assemblée, qu'il ne nous en faudrait pour les renverser; moi, par exemple, j'ai là, dans ma poche, des reçus et des lettres qui établissent que, le 15 mai, Sobrier envoyait encore à des agents révolutionnaires des instructions et de l'*argent*, que le matin même lui avaient remis MM. de Lamartine et Ledru Rollin ! [1]

Mais si nous les renversions, qui mettrions-nous à la place? Cela seul nous arrête.

Le soir même, je reçus du ministère, la communication suivante :

« Monsieur,

» J'ai l'honneur de vous adresser ci-joint une expédition de l'arrêté, en date de ce jour, par lequel j'institue une *commission des Ateliers nationaux.*

» La commission doit se réunir demain, vendredi, à sept heures et demie précises du matin, dans le domaine de Monceaux, où est établi le bureau central des Ateliers nationaux.

» Je vous prie d'assurer immédiatement, en ce qui vous concerne, l'exécution de l'arrêté ci-joint, et de

____

[1] Ceci a été dit devant témoins.

vous tenir prêt à recevoir les membres de la commission.

» Recevez, Monsieur, l'assurance de ma parfaite considération.

Le Ministre des travaux publics.

Pour le Ministre et par autorisation.

Le Secrétaire général,

BOULAGE.

Paris, le 25 mai 1848.

ARRÊTÉ.

Le ministre des travaux publics,

Considérant que les questions relatives aux Ateliers nationaux prennent chaque jour une importance plus grande, eu égard au développement considérable que ces ateliers ont atteint;

Considérant que la situation de ces ateliers appelle toute la sollicitude de l'administration, dans l'intérêt commun des travailleurs et de l'État;

Arrête :

1º Une commission, composée d'administrateurs, d'ingénieurs et d'industriels, est établie au ministère des travaux publics, sous le titre de *Commission des Ateliers nationaux.*

2º Cette commission prendra une connaissance approfondie de tous les détails relatifs à l'état actuel des Ateliers nationaux; elle signalera les modifications et les perfectionnements qu'il est nécessaire d'y introduire; elle proposera toutes les mesures qui, sans porter attteinte au principe sacré de la *garantie du travail,* lui paraîtront les plus propres à diminuer les charges qui pèsent sur l'État; enfin, elle surveillera par elle-même, ou par ceux de ses membres qu'elle aura délégués à cet effet, l'exécution des instructions qu'elle aura données au directeur des ateliers, sous l'approbation du ministre;

3° Le directeur et les employés de tout grade, attachés à l'administration et à la surveillance des Ateliers nationaux, se mettront à la disposition de la commission ou de ses délégués, quand ils en seront requis; ils lui fourniront tous les renseignements dont elle peut avoir besoin pour accomplir la tâche qui lui est dévolue;

4° Sont nommés membres de la commission :

MM. Boulage, secrétaire général au ministère des travaux publics, président;

Mary, inspecteur divisionnaire des ponts et chaussées;

Rieublanc, chef de division à la préfecture de police;

Trémisot, chef de division à la mairie de Paris;

Reynaud, ingénieur en chef des ponts et chaussées;

Flachat (Eugène), ingénieur civil;

Faure, id.;

Grouvelle, id.;

Polonceau, id.;

Cavé, ingénieur mécanicien;

Monduit, entrepreneur de maçonnerie;

Maher, capitaine de gendarmerie;

Léon Lalanne, ingénieur des ponts et chaussées.

Lequel remplira les fonctions de secrétaire.

TRÉLAT.

Pour ampliation.

Paris, le
Le Secrétaire général,

BOULAGE.

Je réunis en conseil les quatre sous-directeurs, le chef du cabinet, et ceux de mes camarades qui se trouvaient là, et je leur lus cette missive.

J'étais presque décidé à envoyer sur-le-champ ma démission, car les termes de l'arrêté du ministre m'enlevaient toute initiative, et me réduisaient à l'état de machine responsable.

Néanmoins, nous nous résolûmes à attendre au lendemain pour voir l'esprit de la commission, et nous déterminer ensuite, soit à rester à notre poste, soit à nous retirer en protestant, au nom de l'humanité, au nom de la charité, au nom des droits, des devoirs et des besoins de l'homme, contre des actes empreints d'un despotisme irréfléchi.

La commission se réunit le lendemain matin, 26 mai; j'en reçus les membres; elle était présidée par le ministre lui-même.

Elle arrêta les bases d'un recensement nouveau, comprenant tous les renseignements qui suivent :

Feuille de Recensement.

Nom de l'ouvrier. — Prénoms. — Domicile privé ou en garni. — Profession. — Age. — Marié, veuf ou célibataire. — Nombre d'enfants. — Lieu de naissance. — Depuis combien de temps à Paris. — Indiquer s'il a un ancien livret d'ouvrier. — Dernier patron, nom ou domicile. — Travail en chambre ou en ateliers. — Date de l'admission dans les Ateliers nationaux. — Numéro du service. — Numéro de la compagnie. — Numéro de la lieutenance. — Numéro de la brigade.

Signature de l'ouvrier ou de deux témoins,

Signature et adresse du Chef d'escouade,

Et M. Lalanne, sur l'observation que je faisais, qu'un semblable travail exigerait au moins quinze jours pour être accompli, inscrit, classé et contrôlé; M. Lalanne répondit avec jactance, qu'en opérant simultanément, cela était non-seulement possible, mais facile à exécuter en vingt-quatre heures [1].

Je remarquai en général, dans la physionomie de la commission, la résolution de tout trancher sans rien connaître, car il est bon de remarquer que tous ses membres, hormis un seul, M. Boulage, ne connaissaient l'organisation des Ateliers nationaux que de nom.

C'est en vain que je fis observer qu'avant de dicuster quoi que ce soit, il était nécessaire d'appeler chacun des sous-directeurs, puis chacun des employés principaux, afin qu'ils donnassent les renseignements indispensables à une étude sérieuse.

Ces Messieurs tinrent à prouver qu'ils étaient au-dessus de vulgaires détails, et discutèrent, quand même, sur des questions qu'ils ignoraient entièrement.

Je m'assurai, en les écoutant, qu'ils étaient parfaitement décidés à adopter et à m'imposer les mesures chéries de M. Trélat.

Je demandai alors qui en serait responsable.

— Chacun de son fait, répondit M. Trélat :

La commission des conseils qu'elle donnera ;

Le ministre de l'approbation qu'il y ajoutera ;

Le directeur de l'exécution des mesures.

— Soit, répondis-je, mais comme je ne fais pas partie de la commission et qu'elle paraît peu disposée à me consulter, je dois déclarer d'avance, que si elle prend une décision que mon expérience des choses

---

[1] Il est vrai que lorsqu'il me remplaça, il y employa un mois sans l'avoir terminé.

juge impraticable, ou que mon patriotisme blâme, je devrai me retirer, en en publiant les motifs.

—Monsieur Thomas, me dit le ministre, vous êtes un honnête homme, je le sais, vous avez rendu de grands services, nous en attendons de vous un encore plus grand ; il faut que vous nous aidiez à détruire ce que vous avez édifié, qui autrefois à été nécessaire, qui aujourd'hui est devenu nuisible. J'attends de vous une réponse nette et sincère ; puis-je compter sur votre concours ?

— Oui, répondis-je, pour le bien du pays vous pouvez compter sur mon concours entier et loyal, sur mon dévouement, sur tous les sacrifices que je suis prêt à faire ; mais, je vous en supplie, ne vous méprenez pas sur les objections que j'ai faites, sur celles que je puis faire encore ; elles n'ont d'autre motif qu'un amour profond et désintéressé, pour ce qui est juste, digne, et prudent.

M. Trélat me serra la main avec effusion.

Puis il me prit par le bras, et alla visiter avec moi chacun des détails de l'administration qu'il voyait pour la première fois, et il m'adressa à ce sujet des compliments presque exagérés, mais qui semblaient sincères.

Avant de remonter en voiture, il me prit la main encore une fois, et me dit : « Nous comptons sur vous. »

Le soir du même jour je reçus, de M. Trélat, une lettre autographe ainsi conçue :

« Je prie M. Émile Thomas de vouloir bien se rendre à neuf heures précises dans mon cabinet pour conférer d'affaires de service.

» Je compte sur son exactitude. »

Ici je vais arrêter mon récit ; je n'ai plus à parler que de faits qui me sont entièrement personnels et qui cependant doivent être relatés, en raison du précédent dangereux qu'ils établissent.

J'emprunterai donc à la plume spirituelle et impartiale de M. Alexandre Dumas, les détails qu'il a bien voulu donner sur la fin plus que singulière de la mission que j'ai remplie, et que, le 16 juin, il a insérés dans le journal la *France Nouvelle*.

Je ne pouvais rien écrire par moi-même qui fût d'ailleurs plus scrupuleusement exact que les pages qu'on va lire :

A neuf heures précises, M. Émile Thomas entra chez le ministre.

Il y trouva M. Boulage.

Le ministre était assis à son bureau. M. Boulage était assis près de la cheminée.

Le ministre, sans se lever, fit signe à M. Émile Thomas de s'asseoir.

M. Émile Thomas s'assit. — Après un moment de silence :

— Monsieur Thomas, dit le ministre, nous vous demandons votre démission.

— Il paraît, Monsieur le ministre, répondit le directeur des Ateliers nationaux, que vous vous êtes décidé à prendre les mesures que je ne voulais pas couvrir de ma responsabilité. Vous êtes le maître de faire ce que vous avez fait ; seulement, permettez-moi de vous adresser une dernière prière, c'est de préférer les voies de conciliation aux décisions violentes et arbitraires. L'influence morale, croyez-moi, est sur le peuple la première de toutes les influences. Quant à moi, Monsieur le ministre, croyez bien que mon plus grand désir est de rentrer dans la vie privée et de reprendre mes travaux de chimiste ; si je n'ai pas été au devant de votre désir en donnant ma démission plus tôt, c'est que je craignais que ma démission, surtout si on en connaissait les motifs, ne devînt un sujet de trouble.

— Eh bien ! Monsieur, vous voyez que cela tombe à merveille ; mettez-vous là, et écrivez votre démission.

Et le ministre montra le bureau à M. E. Thomas.

— Dans quels termes voulez-vous que je la formule ?

— Dans les termes que vous voudrez.

— Cependant j'aurais peut-être le droit de vous faire une question.

— Faites.

— Quel est le véritable motif de cette démission que vous me demandez ?

Je n'ai point de compte à vous rendre ; j'ai seulement les ordres de la commission exécutive à accomplir.

— Vous avez investi une commission de pouvoirs directoriaux ?

Eh bien, pour mettre de mon côté les formes jusqu'au bout, et vous laisser toute votre initiative, je vais motiver ma démission sur ce fait : le public y verra une affaire d'amour-propre froissé, et ne cherchera pas à savoir si, sous cette frivole apparence, il y a de graves motifs ; vous resterez ainsi maître de la position.

— Je vous remercie.

M. Émile Thomas prit la plume et écrivit la démission suivante :

« Monsieur le Ministre,

» Les termes de l'arrêté, en date de ce jour, émanant de votre administration, instituent entre vous et moi l'autorité directoriale d'une commission, des actes de laquelle je ne puis accepter la responsabilité, puisque je n'en connais pas les intentions ; ma ligne invariable de conduite a été et sera toujours de conseiller aux ouvriers la sagesse ; aux gouvernants, la prudence, en même temps que l'énergie indispensable en cette époque de rénovation politique et sociale.

» Mais d'abord, et avant tout, d'obéir à ma conscience et de garder mon libre arbitre.

» Ce libre arbitre m'étant retiré, je dois, Monsieur le ministre, malgré tout mon dévouement et l'affection que je porte à votre personne, à celle même de plusieurs membres de la commission, considérer les termes de l'arrêté comme une destitution, et je l'accepte avec d'autant plus de plaisir, qu'elle me permet de rentrer dans la vie privée et me rend mes droits et mes devoirs de simple citoyen.

» Votre bien dévoué serviteur,

» Émile Thomas. »

Cette démission écrite, M. Émile Thomas en prit une copie qu'il plia et mit à l'adresse de son frère.

Puis, tout en écrivant cette adresse :

— Maintenant, Monsieur, dit-il, savez-vous par qui vous me remplacerez?

— Nous n'en savons rien encore; c'est à examiner[1].

— Eh bien, si je pouvais avoir une influence sur votre décision, je serais heureux que vous missiez à ma place votre fils Émile; c'est un camarade de classe,

---

[1] Je dois rappeler ici un fait singulier. La minute de ma démission, quelques instants plus tard se trouva égarée ; nous la cherchâmes. Machinalement, je regardai dans le chapeau de M. Boulage, qui était sur une table, et je feuilletai des papiers qui s'y trouvaient. Quelques lignes me frappèrent:

..... La démission de M. E. Thomas est acceptée.

Et, sur un autre, je vis le nom de M. Léon Lalanne à côté de celui des Ateliers nationaux.

Le ministre rougit presque et me dit:

— Monsieur, ceci est d'une indiscrétion...

— Monsieur, lui répondis-je, je ne le faisais point à dessein; mais quel nom donnerez-vous à vos paroles de tout à l'heure?...

M. Trélat pâlit et ne répondit plus.

et je me tiendrai pendant tout le temps nécessaire à sa disposition, afin de l'initier aux nombreux détails d'une administration que moi seul connais, puisque c'est moi seul qui l'ai fondée.

— Il est impossible que votre désir soit rempli sur ce point, répondit le ministre, j'ai d'autres vues sur mon fils.

— Alors, je me mettrai à la disposition du nouveau directeur.

— C'est inutile, Monsieur, et mes intentions ne sont point telles; il faut, et pour nous et pour vous-même, que vous quittiez Paris sur-le-champ, et que vous alliez remplir à Bordeaux une mission qui vous est confiée.

—. Laquelle?

— Vous aurez à étudier le prolongement du canal des Landes, et le prolongement de la Teste de Buch à Bayonne.

— Pardon, Monsieur; mais ceci est tout simplement un exil dont je ne comprends pas les motifs, et que je crois être une imprudence de plus. D'ailleurs, je suis chimiste, et non pas ingénieur des ponts et chaussées; une pareille mission me ridiculiserait, car elle n'est point de mon ressort; je ne puis donc l'accepter.

— Soit: considérez alors cette mission comme un prétexte; mais, je vous le répète : pour votre sécurité personnelle, que nous savons menacée, il est urgent, indispensable, que vous alliez passer quelques semaines à Bordeaux; si urgent et si indispensable, qu'au besoin je vous l'ordonne; l'air de Paris ne peut vous convenir en ce moment; il y a plus, il vous serait nuisible.

— Monsieur, je n'ai jamais reculé devant un danger. Plus d'une fois, depuis que je me suis dévoué à l'œuvre que j'ai entreprise, et que vous me forcez d'abandonner, ma vie a été menacée. N'invoquez donc pas l'intérêt que vous prétendez me porter, mais seulement mon patriotisme. Ma ligne de conduite a toujours été celle de l'ordre, et j'ai repoussé toute suggestion qui me paraissait y nuire, même à l'époque où des propositions m'étaient faites du Luxembourg, tout puissant alors. Il y a là, dites-vous, un ordre péremptoire, un acte de bon citoyen à accomplir. Je m'incline devant cet ordre, j'accomplis cet acte. Je vais rentrer chez moi, y prendre du linge, de l'argent et des habits ; après quoi je serai à votre disposition. Quand voulez-vous que je parte ?

— Le plus tôt possible.

— Alors, demain matin, par le convoi de sept heures : il n'en est pas de plus rapproché.

— C'est trop long ; et d'ailleurs les ordres que j'ai reçus sont précis. Une voiture toute attelée vous attend dans la cour de l'hôtel. Vous allez partir immédiatement. Je vous remettrai de l'argent pour faire votre route, et vous enverrai votre malle à Bordeaux.

— Permettez au moins, Monsieur, que j'aille prévenir ma mère. Je la connais : si elle ne me voit pas rentrer, elle va être dans des transes mortelles. D'ailleurs, dans votre intérêt même et dans celui de la sûreté publique, il importe que je prévienne quelques camarades, que je les prie, au nom de leur dévouement au pays, de ne considérer en rien la question personnelle, et de continuer d'agir comme si j'étais encore à la tête des Ateliers nationaux.

— Tout ce que vous me demandez est impossible ; vous ne devez voir personne.

— Pas même ma mère !

— Pas même votre mère ; les ordres sont positifs.

— Monsieur, je vous en supplie, sur ce point, oubliez-les ; ne comprenez-vous point combien il serait cruel pour moi de partir pour un voyage dont j'ignore la durée sans voir ma mère? Donnez-moi une demi-heure seulement, et je vous engage ma parole d'honneur que, dans une demi-heure, je serai ici.

— Monsieur, croyez qu'il est pénible pour mon cœur d'avoir à exécuter des ordres si rigoureux. J'en suis désespéré, navré; ce que je fais n'est ni dans mon goût ni dans mes habitudes; ce que je fais jure avec tous mes antécédents, mais je dois obéir aux instructions que j'ai reçues.

— Voyons, Monsieur, vous avez été proscrit vous-même, accusé, emprisonné. Je suis sûr qu'on ne vous a jamais fait un refus aussi cruel que celui que vous me faites en ce moment.

Le ministre ne répondit rien.

— D'ailleurs, continua M. E. Thomas, où sont vos instructions? J'ai le droit d'en demander la communication. Montrez-les moi.

— Je n'ai pas de compte à vous rendre, sinon que le gouvernement veut que vous partiez à l'instant même, et, pour être sûr que vous arriverez sans accident à Bordeaux, il pousse la précaution jusqu'à vous faire accompagner de deux officiers de paix.

— Oh! oh! Monsieur le ministre, ceci commence à changer de couleur et ressemble terriblement à une arrestation; avez-vous un mandat d'amener contre moi? en ce cas, je n'ai plus rien à dire.

— Encore une fois, s'écria le ministre avec impatience, je n'ai pas de compte à vous rendre; voulez-vous partir, oui ou non?

— Et si je me refusais à obéir à un ordre que je regarde comme arbitraire, qu'arriverait-il?

— Vous m'en verriez désolé; mais je serais contraint de recourir à la force. L'hôtel est gardé, un commissaire de police et deux officiers de paix sont dans l'antichambre; le cas de résistance de votre part était prévu.

— Soyez tranquille, Monsieur, je vous laisserai toute la responsabilité du métier que vous faites; seulement je tiens à ce qu'il soit bien constaté que la violence a été employée contre moi, et je proteste contre cette violence.

— C'est fort bien, protestez.

Et, sur ces mots, le ministre sortit.

Alors M. Boulage, qui jusque-là n'avait pris aucune part à la conversation, se leva, et, s'approchant de M. Emile Thomas :

— Monsieur, lui dit-il, j'ai voulu assister à cette entrevue pour en adoucir l'amertume et la violence. Je vous donne ma parole d'honneur qu'à Bordeaux vous serez en pleine liberté.

— Vous chargez-vous, Monsieur, de donner copie de ma démission à mon frère?

— Je m'en charge.

— Vous chargez-vous de remettre un mot à ma mère?

— Oui.

— Sur l'honneur?

— Oui.

M. Emile Thomas écrivit :

« Chère mère,

» Je suis forcé de partir pour Bordeaux ; ma sécurité personnelle n'est pas en danger : j'espère revenir bientôt.

» Émile Thomas. »

A cette lettre, M. Thomas ajouta un billet pour un de ses amis, près duquel il s'excusait de manquer au rendez-vous qu'il lui avait donné.

Tous ces papiers devaient être remis le soir même.

— Hâtons-nous de dire que le billet d'adieu fut seul remis, et que, quatre jours après, un jeune homme alla, pour ainsi dire, arracher les autres à M. Boulage.

M. Boulage avait à peine tous ces papiers entre les mains, que le ministre rentra avec le commissaire de police, qu'il avait été chercher lui-même.

Ce dernier dressa un signalement de M. Émile Thomas, et lui•remit un passeport.

En même temps, une voix cria de l'antichambre :

— La voiture attend.

Le ministre accompagna M. Émile Thomas jusqu'à la portière, remit aux officiers de paix l'argent nécessaire au voyage, leur recommanda les plus grands égards pour le prisonnier, et se retira en disant :

— Route de Chartres.

Aussitôt cet ordre donné, la voiture partit.

Voici les détails du voyage dont nous pouvons garantir l'authenticité, comme nous garantissons celle de l'entrevue étrange que nous venons de raconter à nos lecteurs.

En effet, changez la date : nous sommes au seizième siècle.

Changez les noms des individus et le lieu où la scène se passe : nous sommes à Venise.

La voiture partit : il était onze heures du soir.

L'isolement était d'urgence, on l'a vu : il fallait partir le soir même : au lieu de partir par le chemin de fer, il fallait partir par une chaise de poste : c'étaient vingt-quatre heures de plus passées sur une route déjà très-longue, même en prenant les voies les plus promptes et les plus directes.

Arrivé à la barrière de Chaillot, le prisonnier, se voyant seul avec deux gardiens, sans armes apparentes, eut quelque envie d'ouvrir la portière et de tenter une fuite dans laquelle il eût appelé à son aide, soit le postillon, soit les hommes que l'on rencontrait sur la route ; mais il réfléchit que, plus l'acte ministériel était arbitraire, plus, au contraire, il devait y obéir passivement, attendu qu'un jour cette passiveté et cette violence seraient mises en face l'une de l'autre, et que la part serait faite à chacun, avec cette éternelle sagesse du peuple, qui départit presque toujours avec justice, et le blâme et la louange.

D'ailleurs, MM. les deux compagnons de route de M. Thomas, au lieu de lui être hostiles, lui avaient déjà donné quelques marques de bienveillance. Il faisait froid, la voiture était mal close ; M. Collin, l'un des officiers de paix, avait étendu sur M. Thomas le manteau qu'il avait pris pour lui ; l'autre, M. Tasnon, n'avait rien fait de pareil, mais il était évident qu'il partageait les sentiments de son collègue.

Aussi, au relais de Versailles, M. Thomas se hasarda-t-il à demander à ses deux gardiens la permission d'écrire à sa mère : cette permission lui fut accordée, et, sur un laissez-passer du ministre, M. Thomas écrivit au crayon les quatre lignes suivantes :

« Ma chère mère,

» Sois parfaitement tranquille : ma démission a été exigée. Je m'en vais à Bordeaux, dans une calèche, avec deux braves agents, qui n'ont d'autre instruction que de m'y laisser libre.

» Écris-moi, poste restante à Bordeaux, tout de suite.

» ÉMILE THOMAS. »

Puis, sur l'adresse, M. Émile Thomas écrivit ces quatre mots pleins de séduction :

DIX FRANCS AU PORTEUR.

La lettre fut confiée au postillon, qui s'en chargea, et qui, plus fidèle à la parole donnée que M. Boulage, accomplit parfaitement la commission.

A partir de ce moment, il s'établit entre M. Émile Thomas et ses gardiens une communication plus directe.

M. Émile Thomas se hasarda à les interroger sur les ordres qu'ils avaient reçus; ils répondirent que leur seule mission était de le conduire prisonnier, puis de le laisser en liberté.

La probabilité, en effet, est qu'ils n'avaient pas d'autres ordres.

Le samedi, à huit heures du matin, on arriva à Chartres.

A Chartres, M. Émile Thomas demanda de nouveau la permission d'écrire à sa mère, permission qui lui fut accordée sans plus de difficultés que la première fois.

D'ailleurs les agents eux-mêmes avaient leurs correspondances à faire; mandés chez le ministre sans qu'on leur dît dans quel but, ils étaient presque aussi enlevés que celui qu'ils enlevaient; en conséquence, prisonnier et gardiens se mirent à la même tâche, et chacun écrivit : M. Émile Thomas, à sa mère, les deux officiers de paix, à leurs femmes.

A onze heures et demie du soir, on était à Tours.

Arrivé là, une nouvelle velléité de résistance prit à M. Émile Thomas.

— Messieurs, dit le prisonnier, j'ai un parent à Tours, tandis que je ne connais personne à Bordeaux. Si, au lieu d'aller jusqu'à Bordeaux, je vous déclarais que je veux rester à Tours, que résulterait-il de cette déclaration, je vous prie?

Les deux agents se regardèrent.

— Monsieur, dirent-ils, nos ordres sont positifs; nous devons vous conduire à Bordeaux et pas ailleurs; mais, comme nous avons fait bonne connaissance en route, et qu'il nous répugnerait d'employer la force vis-à-vis de vous, nous nous contenterions de vous suivre partout où vous iriez; ce qui finirait, nous en sommes certains, par vous lasser tout le premier. D'ailleurs, cette résolution de votre part ne pourrait manquer de nous être préjudiciable, et nous sommes certains qu'après les égards que nous avons eus pour vous, vous ne voudriez point nous faire de tort. Nous vous prions donc, non plus suivant l'ordre du gouvernement, mais en notre nom, de continuer votre route.

Ces raisons étaient trop bonnes pour ne pas convaincre M. Thomas. Il s'y rendit.

Le lendemain, en arrivant à Poitiers, on vit marcher le télégraphe. M. Émile Thomas fit remarquer à ses deux compagnons de route les gestes déhanchés de l'instrument.

— Tenez, dit-il, voilà le ministre qui a la bonté de s'occuper de nous.

— Et pourquoi pensez-vous cela? demandèrent les officiers de paix.

— Mon départ a probablement causé parmi les ouvriers quelque émotion qu'eût calmée ma présence, et j'aurais des nouvelles de M. Trélat en arrivant à Bordeaux, ou même sur la route.

— Et quelles nouvelles pensez-vous avoir?

— De bien simples, je serai arrêté.

— Monsieur, dit un des deux officiers à M. Thomas, notre ordre est de vous conduire à Bordeaux, et, une fois à Bordeaux, de vous y laisser libre. Rien au monde ne nous fera contrevenir à cet ordre, à moins qu'en emploie la force, auquel cas vous comprenez qu'il nous faudra céder.

M. Émile Thomas remercia ses compagnons, et l'on continua la route.

Tout se passa bien jusqu'au Carbon-Blanc, c'est-à-dire jusqu'au dernier relais qui précède Bordeaux, On y arriva le lundi, à huit heures du matin,

Pendant qu'on relayait, des gendarmes s'approchèrent de la voiture pour demander les passeports des voyageurs.

— Voilà notre affaire, dit M. Émile Thomas.

En effet, les gendarmes prennent les passeports, les examinent longuement, et, après l'examen, pendant lequel la foule s'était arrêtée, ils déclarent à M. Émile Thomas et à ses deux compagnons qu'ils sont prisonniers.

La chose tournait à la comédie; les deux officiers de paix étaient parfaitement portés sur l'ordre d'arrestation : *l'autorité faisait arrêter l'autorité.*

Les deux officiers de paix commençaient à regretter de ne pas avoir laissé M. Emile Thomas à Tours, et de n'y être pas restés avec lui.

Ils réclamèrent.

Mais on leur communiqua une dépêche télégraphique contenant textuellement ces mots :

» *Le citoyen Emile Thomas, ex-directeur des Ateliers nationaux, se dirige sur Bordeaux dans une calèche attelée de deux chevaux, et en compagnie de deux personnes ; faites-le arrêter et garder à vue jusqu'à nouvel ordre, ainsi que les personnes qui l'accompagnent.*

C'était formel ; il n'y avait rien à dire à cela : les officiers de paix baissèrent la tête et se courbèrent sous la nécessité.

Le brigadier prit place dans la calèche, qui reprit, escortée par quatre gendarmes, sa route vers le fort du Hâ.

Mais arrivés là, les prisonniers virent accourir un gendarme à cheval.

Ce gendarme était porteur d'un nouvel ordre, c'était de conduire les prisonniers à la gendarmerie.

L'ordre fut exécuté ; la calèche conduisit les prisonniers vers la ville : on arriva à la gendarmerie.

Le capitaine reçut les voyageurs, les accueillit avec

beaucoup de politesse, et les mena dans sa chambre qu'il leur donna momentanément pour prison.

M. Collin protesta contre l'illégalité de son arrestation, mais tout en protestant il n'en fut pas moins forcé de remettre au capitaine les pistolets chargés qu'il avait sur lui.

Après quoi une demi-douzaine de gendarmes fut disposée dans les antichambres, dans les escaliers, et sous la fenêtre, de façon à ne laisser aux prisonniers aucune chance de fuite.

Puis toutes ces dispositions prises, le capitaine sortit pour aller aux renseignements.

Une demi-heure après il revint tout confus, en annonçant aux trois prisonniers qu'ils étaient libres ; que le tout devait être regardé comme non avenu, attendu qu'une seconde dépêche télégraphique venait d'arriver à l'instant même, ordonnant de n'avoir aucun égard à la première.

Il invitait en outre M. Émile Thomas à se rendre chez le préfet.

M. Ducos, commissaire du Gouvernement dans le département de la Gironde, reçut très-bien M. Emile Thomas, lui avoua qu'il ne comprenait rien aux ordres contradictoires qu'il avait reçus, lui déclara qu'en vertu du dernier, il était parfaitement libre d'accomplir la mission qu'il avait reçue, et qu'il avait en outre six cents francs à lui remettre pour *l'accomplissement de cette mission.*

En quittant le préfet, M. Emile Thomas se rendit à l'hôtel de France et écrivit au ministre la lettre suivante :

« Monsieur le ministre,

» En arrivant à Bordeaux ce matin j'ai été arrêté par la gendarmerie et escorté sur la voie publique comme un malfaiteur, en vertu des ordres donnés par une dépêche télégraphique *que j'ai vue.* Bien que j'aie été remis en liberté, grâce à une seconde dépêche, le fait d'une double violation de ma personne n'en existe pas moins, au mépris de la liberté publique, au mépris de la parole donnée.

» J'ai la conscience d'avoir été réellement utile au maintien de l'ordre, à la consécration de la République ; il ne m'a pas été permis de faire tout ce que j'aurais voulu, tout ce que j'aurais pu faire dans le sens de mon dévouement absolu à la sûreté, à la prospérité publiques, aux principes démocratiques, au gouvernement des honnêtes gens.

» Pourtant, j'ai été bon à quelque chose ; mes amis le savent, et j'ai sacrifié ma carrière à mon pays ; j'en suis récompensé par l'ingratitude.

» Vous concevez, Monsieur le ministre, que je ne puis, dans cette occurrence, accepter une mission, quelle qu'elle soit avant d'avoir obtenu une réparation conforme à l'injure faite à mon patriotisme.

» Je refuse donc celle que vous m'avez confiée.

» Mais comme je veux remplir mon devoir de bon citoyen jusqu'au bout, je me suis mis à la disposition du préfet de la Gironde, et ne quitterai Bordeaux que sur de nouveaux ordres, puisque vous paraissez croire que ma présence à Paris serait fâcheuse ; et bien que je pense, au contraire, que je pourrais encore rendre au gouvernement des services que je n'ai jamais marchandés, et pour lesquels je n'ai jamais voulu ni ne voudrai jamais d'autre récompense que la gratitude de mes concitoyens et la satisfaction de m'être conduit toujours en honnête homme.

» ÉMILE THOMAS.»

Bordeaux, 29 mai.

Racontons maintenant ce qui se passait à Paris, tandis que M. Thomas accomplissait son voyage fantastique vers le département de la Gironde.

Tout le monde était rentré à Monceaux, et, comme on le pense, on attendait les nouvelles avec impatience.

A onze heures et demie du soir M. Boulage arriva, porteur du billet que M. Emile Thomas avait écrit à sa mère. On se rappelle la teneur de ce billet, et l'on doit comprendre combien il était alarmant par sa brièveté, et par la prévision même de l'inquiétude qu'il cherchait à calmer.

Mais M. Boulage ne devait pas seulement être un ambassadeur, il devait naturellement être informé des raisons qu'avait cru avoir M. Trélat de faire ainsi disparaître M. Thomas.

Aussi, dès qu'il parut, il y eut explosion de questions.

A toutes ces questions M. Boulage répondit :

— La vie de M. Émile Thomas était en danger à Paris, c'est pour cela que le ministre l'a fait partir.

— Mais, lui dit-on de toutes parts, il n'y avait pas besoin de faire ainsi enlever M. Thomas. S'il y avait danger pour lui, il y avait danger pour ses amis. Ne pouvait-on pas le garder à l'Hôtel-de-Ville, au ministère, au milieu de nous, enfin ; et sa famille et ses amis n'étaient-ils pas un rempart bien plus sûr qu'un voyage qui ne peut être que momentané ? Expliquez-vous.

C'était tout simplement une chose impossible que l'on demandait à M. Boulage, aussi se hâta-t-il de répondre :

— Demain je reviendrai avec le ministre, qui vous donnera toutes les explications que je ne puis vous donner, et il sortit.

Il fallait donc attendre encore. On attendit.

Néanmoins, un des sous-directeurs présents courut, le soir même, chez deux ou trois ministres, leur demandant s'ils savaient quelque chose.

Personne ne savait rien; tous étaient stupéfaits.

Le lendemain, chacun arriva de bonne heure au pavillon, et lorsque M. Trélat y vint à son tour, il y trouva deux ou trois cents personnes, chefs, ouvriers, amis, qui tous étaient impatients d'avoir non-seulement des nouvelles, mais des explications.

M. Trélat prit la parole, et d'une voix sentencieuse, il annonça à madame Thomas que son fils était parti.

Étrange nouvelle! et de toutes parts on s'écria :

Où est-il allé? Pourquoi est-il parti?

—Il est parti, reprit, M. Trélat, qui croyait avoir promptement raison de toutes ces justes inquiétudes et de toutes ces questions, il est parti chargé d'une mission. Il va étudier l'embrigadement dans les Landes.

Il était difficile de répondre d'une façon plus niaise et plus inutile. Venir jeter à une famille, à des amis, dans de pareilles circonstances, un pareil prétexte, c'était plus que niais, c'était impertinent.

Cependant le salon s'était peu à peu rempli, et les sous-directeurs s'avançant à leur tour, interrogèrent le ministre, d'abord avec respect; puis voyant toujours la même ambiguïté dans les réponses de M. Trélat, ils en arrivèrent à des interpellations plus vives et plus sérieuses, si bien que l'un d'eux s'écria :

—Nous savons la vérité maintenant. On a forcé M. Émile Thomas à partir. Nous n'avons pas d'instructions de lui; c'est qu'il a refusé d'en donner ou qu'on s'en est emparé. Dans tous les cas, il doit et peut compter sur nous. Nous l'aiderons de notre inertie.

À ces mots, les cinq sous-directeurs déposèrent leurs insignes, et le ministre se retira en promettant de se rendre à trois heures à l'assemblée des délégués.

Ainsi, du côté du ministre, actes arbitraires, réponses évasives, raisons sans valeur; du côté de la famille, des amis et des sous-chefs de M. Thomas, aucune violence, une attitude perpétuellement calme, et des gens qui se contentent de donner leur démission quand ils pourraient imposer leur volonté.

Ce fut alors que deux des membres de la commission des travaux publics, instituée le 17 mai, par le ministre, pour examiner diverses questions relatives aux Ateliers nationaux, MM. Eugène Flachat et Polonceau se présentèrent. M. Trélat les envoyait au parc Monceaux, pour engager les employés supérieurs à continuer leurs fonctions et à ne pas abandonner leurs postes. Voici le rapport qu'ils adressèrent au ministre.

« Monsieur le Ministre,

» Nous avons l'honneur de vous faire connaître le résultat de la mission que nous venons de remplir auprès des personnes chargées de la direction des Ateliers nationaux.

» Ces Messieurs nous ont déclaré que la situation résultant du dernier acte du gouvernement envers M. Émile Thomas, les plaçait, vis-à-vis des ouvriers des Ateliers nationaux, dans une situation telle, qu'il leur était impossible d'accepter la responsabilité des circonstances qui pourraient se produire immédiatement; qu'ils étaient dans la nécessité de protester contre ce que cette mesure avait d'imprévu et de secret; que le secret même, dans cette circonstance, légitimait leur inquiétude et leurs protestations; que néanmoins, et justement à cause de la gravité des circonstances, ils offraient leur concours et feraient tous leurs efforts, en continuant leurs fonctions, pour maintenir l'ordre et le calme parmi les ouvriers.

» Ils ont enfin déclaré que ce concours, ils ne le

donneraient qu'à la condition qu'il serait purement désintéressé pour eux comme pour M. Émile Thomas ; ils demandent à en être exonérés le plus tôt possible, leur volonté n'étant pas de faire partie d'une organisation nouvelle, dans laquelle, les conditions d'influence et d'autorité qu'ils ont eues jusqu'à ce jour sur les ouvriers, seraient atténuées par l'acte irréparable peut-être qui a eu lieu.

» Dans tous les cas, ils demandent que le gouvernement constate par une proclamation, l'appréciation des services rendus par M. Émile Thomas. Ils demandent en outre qu'ils soient mis à même d'acquérir directement la preuve que c'est en toute liberté que M. Émile Thomas a accepté la mission dont on le dit chargé, et que son libre arbitre lui soit complètement laissé pour son retour dans sa famille, si cela lui convient.

« En résumé, nous avons trouvé parmi ces Messieurs (les personnes chargées de la direction des Ateliers nationaux), la volonté unanime de rendre, dans la situation critique des ateliers, tous les services que le dévouement le plus désintéressé peut inspirer ; mais nous avons également reconnu qu'un acte de réparation, susceptible de maintenir M. Émile Thomas au rang qu'il a pris dans l'estime publique, soit par ses services personnels, soit par le dévouement qu'il a su inspirer autour de lui, était la condition formelle de ce concours dévoué ; que cet acte, pour satisfaire pleinement le sentiment des hommes qui protestent contre les formes qui ont présidé à l'éloignement de M. Émile Thomas. devait être immédiatement publié. »

Eugène Flachat, C. Polonceau.

Paris, le 27 mai 1848.

Le ministre des travaux publics adressa peu d'instants après à ces Messieurs, la réponse suivante que tout le monde connaît, et qui, comme on peut en juger, est bien différente de ses contradictions à la tribune de l'Assemblée nationale, et dans le sein de la commission des travailleurs, et en opposition complète avec sa déposition devant les membres de l'enquête sur les tristes événements de juin.

Aux citoyens membres de la commission instituée pour la solution des questions relatives aux Ateliers nationaux.

» Citoyens ,

» Je me hâte de répondre à votre rapport. Il n'y a rien eu, dans la mesure prise à l'égard de M. Émile Thomas, qui puisse porter atteinte à son caractère, à son honneur, ni diminuer la justice rendue à ses services.

» Ce que vous avez obtenu de MM. les élèves de l'École centrale, ne me surprend pas, le pays attend d'eux de longs services, etc.

» Le Ministre des travaux publics.

» Trélat. »

A trois heures, M. Trélat se présenta à l'assemblée des délégués comme il l'avait promis ; il croyait avoir donné entière satisfaction par l'insertion et l'affiche des trois lignes dans lesquelles il reconnaissait que les raisons qui avaient motivé le départ de M. Émile Thomas ne portaient aucune atteinte à son honneur, à son caractère, et à la justice qu'on devait aux services qu'il avait rendus.

Cette lettre était insuffisante, et les ouvriers attendaient impatiemment les explications de M. Trélat.

La lettre suivante, adressée au *National* par M. Boucard, est le résumé exact de ce qui s'est passé dans cette séance.

» Monsieur le Rédacteur en chef du *National*,

» Ma conscience me fait un devoir de rectifier quelques inexactitudes, contenues dans la lettre sur les Ateliers nationaux, publiée dans votre numéro d'hier.

» M. Lalanne n'a pu connaître les faits relatifs à la réunion des délégués, que par ouï dire ; chef du cabinet de M. Émile Thomas, je les ai vus, je vais les raconter tels qu'ils se sont passés.

» L'effervescence, qui se manifestait effectivement parmi les délégués, n'était causée que par leur mécontentement de l'enlèvement de leur directeur. M. Trélat, informé dès le matin par nous, de l'orage que soulèverait cet événement, eut pourtant le courage de l'affronter, se décidant à aller lui-même leur en confirmer la nouvelle. — Nous ne lui avions pas dissimulé que la séance serait pénible ; il nous demanda s'il n'y avait pas de danger pour sa personne. »

« Nous sommes là tous pour vous sauvegarder, Monsieur le ministre. » — Telle fut la réponse unanime des quatre sous-directeurs et de moi-même.

« Le premier paragraphe du discours de M. Trélat, empreint de cette bonhomie qui captive la confiance, fut accueilli par des *bravos* universels ; il parlait de l'écroulement d'un trône sous les barricades de février, et de la République. — Il passa ensuite aux détails de sa vie privée, à l'histoire de sa captivité ; il fallait pourtant se décider à aborder cette tâche difficile, de l'explication et de la justification de l'espèce d'attentat à l'honneur et à la liberté individuelle, commis la nuit précédente sur le directeur. — Les ouvriers provoquèrent, un peu durement d'abord, ce sujet du discours, si impatiemment attendu par tout le monde, — Nouvelles tergiversations, nouveaux cris plus violents : « Au fait ! au fait ! pourquoi l'a-t-on enlevé ? où est-il ? » — Le ministre continue ses réponses évasives ; les cris redoublent ; la seule phrase un peu significative que nous puissions saisir, est celle-ci : « Je ne suis qu'une faible partie du pouvoir ; il ne m'appartient pas de vous découvrir ses desseins, ce que je puis vous dire, c'est qu'au départ, j'ai serré la main d'Emile Thomas comme à un ami, comme à un honnête homme. — Eh bien ! alors pourquoi l'enlèvement ? où est-il ? On n'arrête qu'un coupable ; de quoi est-il coupable ?

» Je ne veux pas retracer ici, et en ce moment, les détails de cette scène si dramatique et si violente que le·ministre avait provoquée tout entière, par l'obscurité de ses explications. — Loin de dominer le bruit et le tumulte, il en fut dominé à ce point, que nous fûmes obligés de nous interposer, comme nous nous y étions engagés, et que nous le fîmes sortir par une porte de derrière. Pour détourner l'attention des ouvriers on leur fit signer une pétition à l'Assemblée nationale. M. Trélat doit, d'ailleurs, un juste témoignage à l'honorable conduite des fonctionnaires qui l'entouraient, et notamment de MM. Jaime, Dellisse, Gonssolin et P. Thomas. — Il est donc facile de se rendre compte qu'il n'y avait là ni *influences occultes*, ni *meneurs étrangers*, comme paraît le croire M. Lalanne, et que les sentiments de cette assemblée étaient très-naturels et très-explicables. Nous ne concevons pas que M. Lalanne, après avoir cherché à répandre de fausses appréciations sur la direction de M. Emile Thomas, fasse naître maintenant des suppositions blessantes sur la conduite de personnes qui ont su jusqu'au bout concilier leur devoir avec leurs affections.

» Veuillez agréer, etc.

» A. Boucard. »

On comprend que l'hésitation de M. Trélat à aborder franchement la question, et la contradiction frap-
pante entre ses paroles et son acte inexplicable de la
veille, ait fait durer la séance plus longtemps qu'il ne
l'eût voulu. — Les ouvriers n'ont pas gardé pendant
trois heures M. Trélat prisonnier dans le manége de
Monceaux, mais leur bon sens l'a enfermé dans un
dilemme terrible dont il ne pourra jamais sortir, quoi
qu'il fasse.

Laissons parler M. Alexandre Dumas :

A dix heures du soir, la famille et les amis étaient
réunis dans le salon, et s'entretenaient de ces
étranges et douloureux événements, lorsque la
porte s'ouvrit à deux battants et que M. Boulage et
M. Lalanne, en grand uniforme de la garde nationale, parurent. Deux mille hommes les avaient accompagnés et entouraient le parc. Une compagnie en
armes prit possession du vestibule, et ce fut au milieu
de cet attirail de guerre que M. Boulage prononça la
nouvelle royauté, l'élection de M. Lalanne en remplacement de M. Emile Thomas.

Le soir même, le nouveau directeur prit possession,
après quoi M. Boulage se retira.

Les démissions recommencèrent.

Le lundi, à deux heures, la famille Thomas quitta
le parc Monceaux.

Maintenant que nous en avons fini avec les événements de Paris, revenons à M. Emile Thomas, que, le
lendemain de l'installation de M. Lalanne, son frère
Pierre et M. Boucard étaient venus rejoindre.

Ce fut un grand soulagement pour l'exilé, qui mettait son exil à profit en étudiant le commerce et le caractère de la ville, et en cherchant les moyens d'en
faire, ce qui lui parut facile, la seconde capitale de la
France.

Tous les jours il voyait le préfet qui ne recevait aucune nouvelle, et qui, les élections faites, l'autorisa à partir.

Jusque là, M. Émile Thomas avait résisté à toutes les avances des journalistes, des délégués des clubs, qui le sollicitaient, ou d'écrire, ou de parler; mais quand il arriva à Tours, quand il apprit qu'il était à Paris l'objet des plus odieuses calomnies, il reprit à la hâte son chemin vers Paris, et vint demander au pouvoir exécutif une accusation nettement formulée. — Nul ne lui a répondu.

Aujourd'hui il adresse à l'Assemblée nationale une pétition dans le même sens. — Lui répondra-t-on?

Arrêté, sequestré, M. Émile Thomas s'est tu.

Récompensé de ses services par l'ingratitude, il n'a point réclamé.

Destitué pour avoir voulu soutenir l'ordre et les droits de tous contre des mesures violentes, il n'en a point appelé à ses amis.

On attaque son honneur, on porte atteinte à sa loyauté, alors il se lève, et, venant se mettre au grand jour de la discussion, il dit : Où sont les accusateurs et l'accusation?

C'est à ce noble sentiment que nous avons prêté notre concours, donné nos sympathies, ouvert nos colonnes en remerciant M. Émile Thomas de nous avoir donné l'occasion de faire jaillir la vérité et de prêter notre appui à une noble cause [1].

ALEXANDRE DUMAS.

---

[1] Ces extraits ont paru du 16 au 23 juin, dans le journal *La France nouvelle*, et par conséquent avant les malheureux événements de juin. Qu'on en relise les pages avec soin, on verra que M. Émile Thomas pressentait le funeste effet que produirait la première mesure commandée par M. Trélat, pour l'enrôlement volontaire des ouvriers de dix-huit à vingt-cinq ans, ou leur radiation des Ateliers nationaux. *(Note de l'éditeur.)*

Ici se termine, en ce qui concerne ma gestion, l'ouvrage que j'ai voulu écrire pour porter à la connaissance de tous, jusqu'aux moindres détails de l'histoire des Ateliers nationaux, pour rectifier quelques faits qui avaient été présentés sous un jour douteux.

On comprend qu'il me sera impossible d'être aussi explicite sur la suite des événements qui se rattachent à cette question importante, car je n'ai cherché en rien à m'immiscer aux actes de l'administration de mon successeur. Je ne puis donc, à cet égard, présenter au lecteur qu'une suite d'appréciations sur ce qui a suivi mon enlèvement des Ateliers nationaux, et précédé l'insurrection de juin ; j'espère cependant que ces considérations ne seront pas sans utilité, car mon expérience du passé m'a mis mieux à même que personne de comprendre le but et la portée des faits qui se sont accomplis dans cet intervalle.

D'après ce qui précède, le public, souverain juge de toutes choses, et à qui j'en appelle, saura distintinguer avec impartialité le but que je proposais et les moyens que j'ai employés pour y arriver.

J'ai pris la haute main sur les ouvriers inactifs du département de la Seine, à une époque où cette tâche n'était pas sans difficulté ni même sans péril.

J'ai réussi à débarrasser le ressort municipal d'une entrave qui en anéantissait les fonctions, et j'ai pu lui rendre sa liberté d'action afin qu'il procédât en toute sécurité aux opérations importantes des élections générales.

De ce que le mécanisme gouvernemental devait, à juste titre, considérer comme un danger, une arme offensive prête sans cesse à se diriger contre lui, j'ai fait une protection, une arme défensive, une cause de sécurité.

Adversaire constant et ardent de l'anarchie, sous quelque forme qu'elle se présentât, j'ai sans cesse employé mon énergie à lutter contre les incitations des clubs violents, contre les provocations des hommes du parti rouge, contre les doctrines insensées et les funestes promesses du Luxembourg ; et, dans maintes circonstances, je n'ai pas hésité à payer de ma personne pour sauvegarder la tranquillité publique.

Exempt de toute ambition, de tout intérêt personnel, je me suis dévoué à un principe et non pas à un parti.

Représentant du pouvoir vis-à-vis des ouvriers, je me suis imposé aussi le devoir de représenter les ouvriers près du pouvoir ; et je n'ai jamais transigé avec ce devoir, avec l'humanité, avec la justice. Si j'ai combattu chez les uns la tendance à la révolte, j'ai hautement protesté contre l'incurie et l'oubli des promesses de l'autre ; j'ai condamné, avec la même sévérité, l'arbitraire ou la violence, de quelque côté qu'ils se produisissent.

Je n'ai pas été un seul instant un homme politique, et je n'ai pas consenti à l'être. J'ai voulu borner ma mission, d'un côté, à protéger l'ordre, de l'autre, à veiller aux besoins et aux intérêts matériels des classes déshéritées de la société.

Enfin, si, dans des circonstances exceptionnelles, j'ai quelquefois négligé la forme, surtout la forme administrative, j'ai au moins réussi à garantir le fond.

Aucune considération personnelle n'a pu me faire dévier de l'honnêteté, et je me suis résigné à me voir briser moi-même, plutôt que de consentir à violenter ma conscience, plutôt que de présider à des actes dont je réprouvais l'iniquité, dont je prévoyais les conséquences.

Et du moins, s'il ne m'a pas été permis de faire pour mon pays tout ce que j'aurais voulu, pour mes concitoyens, tout ce que j'aurais souhaité au prix des plus grands sacrifices, j'ai la conscience d'être sorti de mon poste comme j'y étais entré, le front haut, le cœur pur, les mains nettes.

Pour en finir avec les circonstances qui, à proprement parler, me sont personnelles, mais qui, en définitive, concernent aussi chacun de mes concitoyens, en ce qu'elles impliquaient un précédent fatal pour l'arbitraire, je rappellerai que, lassé d'attendre dans l'exil des ordres ou des instructions qui ne m'arrivaient pas ; indigné des calomnies qui s'élevaient de toutes parts, et auxquelles des hommes qui se prétendent mes amis, qui avouent que j'ai droit à leur reconnaissance, n'avaient pas le courage de répondre, je revins à Paris, pour justifier par ma présence la résistance d'autres amis, réels ceux-là, et qui ne m'ont jamais abandonné ; mes camarades, mes anciens collaborateurs aux Ateliers nationaux.

Les protestations suivantes font foi de la justice de ma cause :

Lettre adressée à l'Assemblée nationale, le 10 juin.

« Citoyens représentants,

» Lorsque, il y a un mois, appelé au sein de votre commission pour les travailleurs, afin de donner [des explications sur la situation des Ateliers nationaux, j'avais entrepris de me disculper, près de vos collègues, des insinuations malveillantes que faisait déjà peser sur ma conduite, le ministre des travaux publics, quelques-uns d'entre vous, touchés de la sincérité de mes paroles, s'écrièrent : *Vous n'êtes pas accusé, vous n'avez pas à vous défendre ; nous rendons pleine justice à la loyauté de votre caractère, à l'intégrité de vos actes ; nous vous sommes reconnaissants des services que vous avez rendus au pays et que vous lui rendez encore, et nous ne vous appelons dans notre sein que pour être éclairés par vous sur la situation.*

» J'acceptai avec une profonde gratitude ces bienveillantes paroles, qui m'encourageaient à persévérer dans la voie prudente et loyale que je m'étais tracée. Et pourtant, vous le voyez aujourd'hui, Citoyens, déjà le désaveu planait sur mes actes, déjà la calomnie était suspendue sur ma tête.

» Je suis de ceux qui savent sacrifier leur repos, leur carrière, et jusqu'à leur existence, aux principes auxquels ils se sont voués, et aux hommes qui représentent ces principes; j'aurais donc gardé le silence, et, devant une disgrâce et une destitution imméritées, devant même la violation flagrante et illégale du plus sacré de tous les droits, celui de la liberté personnelle; je me serais résigné à l'inaction, à l'injustice, et j'aurais attendu patiemment que le temps fût revenu pour moi d'être utile à mon pays et aux classes déshéritées de la société. Mais, devant le déshonneur, dussé-je m'y briser, je ne reculerai pas.

» Ce même ministre, qui, le 28 mai, déclarait dans une pièce officielle, adressée aux membres de la commission des Ateliers nationaux, que mon honneur était sauf, et voici d'ailleurs ses propres expressions : *Il n'y a rien eu dans la mesure prise à l'égard de M. Émile Thomas qui puisse porter atteinte à son caractère, à son honneur, ni diminuer la justice rendue à ses services.* Ce même ministre, le citoyen Trélat, sommé, au sein de l'Assemblée nationale, de déclarer publiquement que je n'avais pas démérité de l'estime des honnêtes gens, appuyait toutes les suppositions calomnieuses par son silence, et par un sourire acccusateur.

» Ce même ministre laisse répandre dans le public, laisse insérer aux journaux, jusque dans *le Moniteur,* laisse accréditer même parmi vous, Citoyens représentants, les bruits les plus injurieux à ma réputation; dois-je le souffrir?

» Je devais d'abord m'adresser à vos délégés naturels, au pouvoir que vous avez institué par votre vote. La lettre suivante a été adressée par moi aux membres du pouvoir exécutif.

» Citoyens,

» Je n'ai point protesté contre l'acte arbitraire qui m'a arraché brusquement aux fonctions désintéressées que je remplissais.

» Je ne me suis pas plaint de l'ingratitude de ceux qui savent que j'ai quelque peu contribué à leur salut, au salut de la République.

» J'ai attendu patiemment dans l'exil, qu'il plût au pouvoir de donner une explication convenable à la violence exercée contre moi.

» Dix jours à Bordeaux, j'ai attendu que le ministre des travaux publics m'accusât réception du refus que je lui faisais d'accepter la mission dérisoire dont il m'avait revètu ; il ne l'a point fait.

» Mais je n'ai jamais transigé avec ma conscience, avec mon honneur.

» Des insinuations perfides, et partant de haut sans doute, m'ont accusé jusque dans *le Moniteur*.

» Il était de mon devoir de me placer nettement en face des calomniateurs, et de les forcer à s'expliquer. Je suis donc revenu à Paris, j'y suis descendu chez moi.

» J'attends de votre justice, Citoyens, une réparation éclatante et entière : je ne vous demande pas de reconnaissance.

» Fermement résolu à rentrer dans la vie privée, à retourner à mes travaux scientifiques, je ne veux pas laisser une tache à mon honneur, et je dois rejeter chaque faute sur celui qui l'a commise.

» Je sollicite donc de vous, Citoyens, une enquête

judiciaire, sévère et scrupuleuse sur l'ensemble de mon administration.

» Je demande que cette enquête soit publique et prompte, afin que je puisse rentrer honorablement dans la sphère d'où je n'étais sorti que par dévouement pour mon pays.

» Vous m'avez enlevé les moyens de travailler à l'amélioration du sort des classes laborieuses, je dois désormais consacrer mes veilles au plus saint de tous les devoirs après celui-là, le devoir que m'impose l'existence d'une nombreuse famille dont je suis le chef.

» Veuillez agréer, Citoyens, etc.

» ÉMILE THOMAS. »

» Ma lettre, Citoyens représentants, est restée sans réponse.

» C'est à vous désormais que je dois m'adresser, c'est de vous que j'espère, que j'attends la justice. Vous ne pouvez pas refuser des juges à un accusé; et je dois me considérer comme tel, puisque toute explication rationnelle m'est refusée.

» Si humble que je sois vis-à-vis de vous, Citoyens représentants; de vous, émanation directe de la souveraineté nationale, du pouvoir suprême; si faible que je sois à l'égard du ministre des travaux publics, à celui du pouvoir exécutif, dont il prétend avoir suivi les instructions, la position dans laquelle on m'a placé, n'enchaîne pas moins à la solution de la question qui me concerne, les principes fondamentaux de notre régénération politique et sociale.

» On destitue un mauvais administrateur;

» On destitue, on juge un fonctionnaire prévaricateur.

» On arrête un citoyen séditieux.

» Mais on agit franchement, nettement et loyalement.

» J'ai été destitué et arrêté, et on refuse de me juger ; on ensevelit dans le mystère, la cause effective d'un acte qui semble émaner du *bon plaisir*, qui rappelle les lettres de cachet, qui n'a de précédents que sous le règne du despotisme le mieux établi !

» Que craint-on donc ? Que j'aie le droit, après m'être disculpé, de porter, à mon tour, des accusations motivées ? Quoi qu'il en soit, Citoyens réprésentants, toute ma confiance présente, tout mon espoir à venir repose sur votre haute impartialité. Ordonnez l'enquête ; je l'appelle de tous mes vœux ; je la souhaite de toute mon âme ; je ne veux pas être déshonoré.

» Recevez, Citoyens représentants, etc.

» ÉMILE THOMAS. »

Lettre adressée aux rédacteurs de divers journaux,
le 12 juin.

« Monsieur le Rédacteur,

» J'ai l'honneur de vous adresser copie d'une requête que j'ai moi-même déposée ce matin entre les mains du ministre de la justice.

» Pénétré de la haute intégrité du premier magistrat de la République, j'attends sa décision avec confiance, et ne livre ma lettre à la publicité qu'en raison de la position exceptionnelle qu'on m'a faite, et qui veut que tous mes actes soient publics.

« Citoyen Ministre,

» Comme fonctionnaire public, j'ai demandé à la » commission du pouvoir exécutif, et, faute de ré-

» ponse, à l'Assemblée nationale, l'institution d'une
» enquête judiciaire sur mes actes administratifs.

» Comme simple citoyen, et en vertu de mes droits
» naturels, je viens déposer entre vos mains la pré-
» sente requête, à fin d'autorisation de poursuites lé-
» gales contre le citoyen Trélat, ministre des travaux
» publics, sur les faits constants d'arrestation illégale,
» et de séquestration de personne, et d'assertions pu-
» bliques et fausses, de nature à porter atteinte à
» la réputation privée d'un citoyen, desquels faits il
» s'est rendu coupable à mon égard.

» J'ai l'honneur de vous prier, Citoyen ministre, vu
» l'urgence, de vouloir bien agir dans le plus bref dé-
» lai, et de transmettre à qui de droit la présente re-
» quête, dont je vous serai bien reconnaissant de vou-
» loir bien m'accuser réception.

» Veuillez agréer, etc.

» EMILE THOMAS. »

» Vous devez comprendre, Monsieur le rédacteur,
que ce n'est pas seulement une question personnelle
qui m'a déterminé à cet acte, et qu'il importe à tout
bon citoyen de protester énergiquement, et par toutes
les voies légales, contre la violation du droit des
gens.

» Quant à moi, Monsieur le rédacteur, je suis parfaitement décidé à user de tous les droits que me
donnent les lois, et, en protégeant ma personne contre
l'arbitraire, à protéger celle de chacun de mes concitoyens contre des mesures inqualifiables, qui pourraient les atteindre à leur tour.

» Salut et fraternité.

» EMILE THOMAS, »

Lettre adressée le 15 juin, au Ministre de la Justice.

« Citoyen Ministre,

» Comme suite à la requête à fin d'autorisation de poursuites judiciaires que j'ai présentée contre le citoyen Trélat, ministre des travaux publics, je viens déposer aujourd'hui entre vos mains la présente protestation.

» Je déclare qu'ayant été enlevé et sequestré illégalement, le vendredi 26 mai, il n'a été pourvu ni à mon remplacement, ni à ma signature et à ma responsbilité, les 27 et 28 mai.

» Et que le 29 mai, le citoyen Trélat, ministre des travaux publics, représenté par les citoyens Boulage, secrétaire général de son ministère, et Lalanne, ingénieur ordinaire des ponts et chaussées, a violé mon domicile privé, sans aucune des formes prescrites par la loi, qu'il s'est emparé de mes clefs, de mes papiers, de ma correspondance, de mes livres et de ma caisse, ainsi que des pièces et documents déposés dans chacun de mes bureaux, le tout illégalement, en l'absence de témoins régulièrement appelés, sans aucun inventaire, ni constatation légale quelconque, ni apposition de scellés.

» Contre lesquels faits j'ai protesté et je proteste, parce qu'ils impliquent la méconnaissance complète du droit et de la loi.

» Je viens, Citoyen ministre, déposer entre vos mains cette protestation, vous priant de vouloir bien la faire parvenir à qui de droit et m'en accuser réception.

» Veuillez agréer, Citoyen ministre, l'expression de mon profond et respectueux dévouement.

» EMILE THOMAS. »

**

Ma pétition à l'Assemblée nationale, déposée comme on le voit le 10 juin, a mis deux mois à parvenir jusqu'au vote; il me semble pourtant que les questions qu'elle soulevait étaient assez graves pour mériter un peu moins de lenteur.

Le rapporteur l'a divisée en deux parties :

La demande que je faisais d'une enquête judiciaire sur ma gestion, d'abord, a été jugée désormais inutile, en raison de la mission qu'avait reçue le comité d'enquête.

L'autorisation de poursuites que je réclamais contre l'ex-ministre des travaux publics a été repoussée par un ordre du jour non motivé, et adopté à une majorité peu considérable.

Quelques personnes ont cru y voir un échec pour moi; j'en vois un, au contraire, pour M. Trélat.

Si l'unanimité avait accueilli l'ordre du jour, il serait loisible de penser que l'Assemblée jugeait ma requête mal fondée et puérile.

Mais un nombre assez considérable de représentants s'est levé contre cet ordre du jour, et, dans ce cas, il ne signifie plus que le refus d'exposer l'ex-ministre à une condamnation certaine; car l'illégalité était patente, et il n'y allait de rien moins pour lui que la peine du bannissement [1]. Ce qui fortifie cette assertion, c'est que M. Trélat, présent à la séance, a attendu le vote avec une anxiété visible, et que s'il avait eu la conscience de son bon droit, il se serait levé pour réclamer lui-même l'autorisation de poursuites contre lui, comme l'avait fait récemment M. de Lamenais, et comme un honnête homme doit le faire.

J'en viens maintenant aux allégations répandues contre moi par M. Trélat.

Dans la violence que j'ai subie, comme dans tous

[1] *Voir* art. 114, 115, 117, 126, 166, 167, 184, 198, 341 et 376 du Code pénal.

les actes de ma vie publique, il y a deux choses à considérer :

Le fait en lui-même, quant à son exécution.

Les motifs déterminants des faits.

Voyons d'abord le fait.

Dans la séance de l'Assemblée du 30 mai, M. Trélat répondant aux interpellations de M. Taschereau, prétend que j'ai donné ma démission *librement*; il a ajouté (je cite le *Moniteur*) : « Ce que je vous affirme, » c'est que cela a été fait librement, que l'acceptation » de ces fonctions, fonctions importantes qui ont pour » but l'embrigadement des ouvriers dans le département » ment des Landes et de la Gironde, qui lui ont été » confiées à lui parce qu'il s'était occupé de pareilles » choses, ont été *données, acceptées librement* et *volontairement.* »

Il n'entre, ni dans ma nature, ni dans mes habitudes de qualifier durement un acte, quel qu'il soit ; et cependant ici, je suis forcé de démontrer qu'au su de M. Trélat son assertion *officielle* était entièrement inexacte, et je suis fâché qu'ainsi tombe devant l'inexorable démenti des faits la réputation de loyauté de l'ex-ministre des travaux publics.

J'ai été *forcé* de donner ma démission ; j'ai *refusé* la mission qui m'était confiée, en la qualifiant de *dérisoire* ; je n'ai quitté Paris, que parce j'y ai été contraint par la violence ; j'ai été accompagné jusqu'à Bordeaux par des agents de police, munis de *pistolets chargés*, et, en arrivant dans cette ville, j'ai été arrêté par les gendarmes, conduit au fort du Hâ, et de là au quartier de gendarmerie.

Or, ceci se passait du 26 au 28 mai, et M. Trélat le savait parfaitement ; d'abord parce qu'il l'avait ordonné, ensuite parce que c'est en date du 30 mai qu'il osait affirmer à la chambre que j'étais parti *librement* et *volontairement* [1].

A la séance du 14 juin, et aux interpellations de M. Falloux, M. Trélat a répondu, se donnant ainsi un démenti à lui-même : *qu'il s'était laissé entraîner par son inexpérience à un acte qui semblait arbitraire ; qu'il avait été plus médecin que ministre, et qu'ayant dans sa poche un ordre d'arrestation, il avait préféré ne pas en faire usage et me faire simplement partir.*

L'appréciation de cette seconde allégation a été donnée de la façon la plus juste par *la vraie République* du 15 juin. Je cite textuellement :

« Le citoyen Trélat, provoqué par le citoyen Falloux, a donné quelques explications sur l'enlèvement du citoyen Émile Thomas. Toute l'Assemblée a été convaincue de la droiture de son intention ; mais elle a bien compris qu'il s'était laissé entraîner par son inexpérience, comme il en est lui-même convenu, à un acte arbitraire. Seulement il l'a adouci. Il a été plus médecin que ministre, a-t-il dit. Il avait dans sa poche un ordre d'arrestation ; il a préféré ne pas le montrer et faire simplement partir le citoyen Thomas; mais, comme il le faisait partir entre deux gardiens déguisés, c'est une arrestation déguisée aussi peut-être, mais toujours une arrestation.

» Or, un ministre n'est pas un exécuteur de mandats d'amener. Et arrêter un citoyen après l'avoir appelé dans son cabinet, par un ordre de supérieur à un inférieur, ce n'est jamais un acte digne d'un mi-

---

[1] On assure que le citoyen Émile Thomas a écrit, pendant son voyage, plusieurs lettres par lesquelles il annonce qu'il est prisonnier et conduit à Bordeaux par deux agents. Ces lettres auraient produit les plus fâcheux effets, comme démentant les paroles du ministre des travaux publics.

(Rapport de haute police à la Commission exécutive. Pièces publiées par le Comité d'enquête.)

nistre. C'est l'inexpérience, soit ; mais le ministre inexpérimenté doit subir la conséquence de ses fautes. »

Je dois déclarer, après cette appréciation, que l'allégation en elle-même est aussi fausse que la première.

M. Trélat n'avait pas de mandat d'amener contre moi. Car ce mandat, pour exister, eût dû être décerné en vertu d'un ordre de la Commission exécutive.

Or, des cinq membres de cette Commission, le seul M. Garnier-Pagès avait connaissance de mon enlèvement ; les quatre autres membres l'ignoraient encore le lendemain 27, ainsi que l'a formellement déclaré M. Marié à M. Cauchois-Lemaire.

Il y a plus : la dépêche télégraphique qui ordonnait mon arrestation émanait seulement de MM. Garnier-Pagès et Trélat ; elle était inconnue aux quatre autres membres de la Commission ; et le ministre de l'intérieur lui-même, M. Recurt, dans les attributions duquel sont les télégraphes, n'en avait pas été informé. C'est en l'apprenant, par la réponse télégraphique du préfet, que, se rendant à la Commission, il en instruisit MM. Arago, Marie, Lamartine et Ledru-Rollin, leur en démontra l'illégalité et envoya à la hâte une seconde dépêche annihilant la première. M. Recurt m'a lui-même affirmé l'authenticité de ces détails, qui impliquent une méconnaissance complète de la légalité.

Je dois ajouter que je n'ai vu et lu les deux dépêches que grâce à l'étonnement, à l'indignation presque, qu'en a éprouvé le commissaire du gouvernement à Bordeaux, M. Ducos, et peut-être aussi à la fausse position dans laquelle il s'est trouvé placé, par la méprise du commandant de gendarmerie, qui avait oublié de donner un contr'ordre, oubli grâce auquel les instructions contradictoires des deux dépêches ont été successivement appliquées.

Le discours de M. Trélat, le 30 mai, n'assigne à son acte qu'une cause d'utilité publique, parce que, prétend-il, je refusais d'exécuter, *sous ma responsabilité*, les mesures qu'il m'ordonnait.

Mais alors, ma destitution pure et simple devait s'en suivre et non pas une arrestation inavouée, déguisée par une mission illusoire.

D'ailleurs, je n'avais refusé d'exécuter les mesures que je jugeais *impraticables et dangereuses* que sous ma responsabilité; et mes objections n'avaient pas d'autre cause que celle d'éclairer le ministre sur les conséquences inévitables et funestes de cette exécution.

Quant à *l'utilité publique*, pouvait-on supposer un instant que je favoriserais une insurrection? Ma conduite antérieure ne pouvait laisser place à un tel soupçon; et même après que le ministre, m'avait par son hostilité, enlevé tout devoir de fonctionnaire, je remplissais encore dans ce sens mes devoirs de bon citoyen; car je restais à Bordeaux, je n'y voyais personne, j'y refusais une candidature qui m'y était proposée, et enfin j'écrivais, dans une lettre qu'on a pu voir affichée sur les murs de Paris, et que j'adressais à ma mère, la phrase suivante :

« Conjure les élèves de l'École, de faire tout au » monde pour maintenir les ouvriers; je serais dé- » solé que la violence exercée contre moi, devînt la » cause d'un désordre, quel qu'il fût. »

Dans sa déposition au comité d'enquête, M. Trélat m'accuse de *lui avoir déclaré que je regrettais de ne pas avoir accepté les propositions de M. Louis Blanc au 15 mai, car alors j'avais une armée de 100,000 hommes tout organisés, et que les choses se seraient passées autrement.*

Je ne sais par quelle aberration d'esprit, M. Trélat a pu prononcer de semblables paroles, car je lui avais dit le contraire à savoir :

« Qu'on ne pouvait avoir le moindre doute sur » mon dévouement à la cause de l'ordre, puisque le » 20 avril, j'avais refusé jusqu'aux instances électo- » rales des délégués du Luxembourg, fort puis- » sants, alors; jusqu'aux insinuations de bon accord » émanant des mêmes hommes. Que d'ailleurs ma » conduite passée répondait de ma conduite à venir.»

Je ne connais pas M. Louis Blanc et ne lui ai jamais parlé. Témoigner un semblable regret, aurait été de ma part une inconséquence, je dirai plus, un démenti donné à toutes mes pensées, à toutes mes actions, à ma vie tout entière.

Enfin, M. Boulage, qui était présent le 26 mai à mon entrevue avec M. Trélat, a déclaré au comité d'enquête, *que je n'avais pas dit ces paroles*, et qu'en tout cas, *il répondait de ne pas les avoir entendues.* Or il était matériellement impossible que M. Boulage n'eût pas entendu chaque mot d'une conversation aussi grave et à laquelle il prenait part. — Je suis forcé de donner cette déduction, car le propre de M. Boulage, est de chercher à ne jamais se compro- mettre, ni par une affirmation, ni par une négation positive.

Dans la séance du 15 juin, M. Trélat refuse d'in- diquer un motif à la violation de ma personne et de- mande à cet égard qu'il lui soit permis de ne s'expli- quer que devant la commission.

Et le rapporteur de cette commission, l'honorable M. de Falloux, me déclare le 19 juin, et m'autorise à déclarer et à publier en son nom, comme en celui de la commission, qu'elle s'est montrée entièrement satisfaite des explications que je lui ai données, et qu'elle n'en a pu obtenir *aucune* de M. Trélat, qui, à ce sujet, s'est renfermé, comme toujours, dans des réticences systématiques.

Le seul motif plausible de mon enlèvement a été enfin divulgué par M. Garnier Pagès dans sa déposition au comité d'enquête.

— Il a déclaré qu'on n'avait usé de rigueur envers moi, que parce que j'avais exprimé l'intention de me porter à la candidature lors des élections, et qu'on craignait qu'à cet égard j'abusasse de mon influence sur les ouvriers, et qu'enfin, membre de l'Assemblée, je ne la plaçasse sous la pression des Ateliers nationaux.

Ceci possède au moins l'avantage de reposer sur un fait véritable.

Oui, je comptais me présenter aux suffrages des électeurs, mais dans un but précisément contraire à celui qu'invoque M. Garnier-Pagès, et il le savait bien.

Le 24 mai, j'avais été trouver successivement MM. Recurt et Adam; je leur avais dit que je craignais que le danger résultant de l'inoccupation des ouvriers n'augmentât dans des proportions effrayantes; que je ne rencontrais au-dessus de moi qu'inertie, ignorance, ou mauvaise volonté; que j'étais alarmé que les intentions occultes de M. Trélat fussent, par les mesures qu'il m'ordonnait, de provoquer l'émeute, de donner des soldats aux chefs anarchistes, et que tout, dans sa conduite, jusqu'à ses relations intimes, m'inspirait cette crainte; — que, d'un autre côté, l'Assemblée nationale se méprenait sur les intentions des ouvriers, et qu'en poussant, comme elle le faisait, à une dissolution complète et irréfléchie des Ateliers nationaux, elle perdait une popularité qu'il lui importait de reconquérir par l'adoption de mesures de transformation sages, concilatrices et économiques.

Je ne voyais qu'un moyen de prévenir le péril que je redoutais, et ce moyen était de parvenir à porter moi-même à la tribune de l'Assemblée, les supplications de la classe ouvrière, la connaissance d'une misère profonde et déchirante dont nul ne se faisait une idée juste, des propositions urgentes quant à leur exécution et à leur effet, et enfin une juste méfiance des intentions de certains membres du pouvoir.

Ces Messieurs m'avaient pleinement confirmé dans ma résolution, ainsi que dans celle que je leur avais exposée, de résigner, si je ne réussissais, les fonctions de directeur des Ateliers nationaux, et de les remettre aux mains d'un de mes collaborateurs.

Je me rappelle à ce propos une expression de M. Récurt; il me dit : Faites une bonne profession de foi, et présentez-vous *carrément*.

Il fut convenu que je me porterais avec MM. Ed. Adam et Carteret, sous-secrétaire d'État à l'intérieur. Quant à songer un moment à user de mon influence sur les ouvriers, et cela à mon profit, un abus semblable de mon autorité a toujours été aussi loin de mes intentions que de mes actes; ma conduite aux élections précédentes, le langage que je tenais aux ouvriers dans toutes mes proclamations, démentent assez énergiquement une pareille allégation pour que je ne cherche pas à la réfuter.

Il est beaucoup plus probable que, d'une part, MM. Garnier-Pagès et Trélat avaient résolu de s'acquérir pour eux-mêmes, un moyen d'action auquel je mettais obstacle ; que de l'autre, ils avaient tout à craindre, connaissant mon caractère, mes antécédents et mes intentions hautement avouées, si je parvenais à l'Assemblée, de ma connaissance du passé, et de ma ferme résolution de ne rien taire et de ne ménager personne lorsqu'il s'agirait à mes yeux du salut public.

En effet, par qui me remplace-t-on ?

Par un homme dont les opinions avouées appartiennent à la linge de la *Réforme*, et qui s'adjoint aussitôt un autre homme dont la rumeur publique pouvait dire :

« Il y a aux Ateliers nationaux un sous-directeur, nommé M. Barral.

» M. Barral était capitaine de la garde nationale; nous disons *était*, car, depuis le 15 mai, la compagnie de M. Barral ne veut, à aucun prix, être commandée par lui, et lui a signifié sa ferme volonté à cet égard.

» Le motif du mauvais vouloir de la compagnie en question est très-obscur, dit-on.

» Veut-on un moyen de savoir à quoi s'en tenir là-dessus : Qu'on demande à M. Barral ce qu'il faisait le 15 mai?

» Et tout s'expliquera [1]. »

(*Extrait de la France Nouvelle, du 16 juin.*)

Mes amis, les ouvriers eux-mêmes, pendant que j'étais retenu à Bordeaux, proclamaient ma candidature (*Voir aux pièces justificatives*). Qu'y oppose-t-on ?

Des calomnies insérées au *Moniteur* (partie non officielle), par M. Garnier-Pagès lui-même.

Et, je le crois, l'ordre, au dépouillement du scrutin, de supprimer les suffrages que j'obtiendrais, sous prétexte que mon état d'arrestation me rendait inhabile à être élu; car, dans le sixième arrondissement, où j'ai la preuve formelle, par des témoignages au-

---

[1] MM. Louis Blanc et Ledru-Rollin, qui jamais n'avaient mis les pieds à Monceaux pendant ma direction y ont été vus plusieurs fois pendant celle de mon successeur.

thentiques que je puis invoquer, qu'il m'avait été accordé un nombre considérable de voix, le dépouillement *complet*, qui va jusqu'à indiquer *une voix* donnée à l'un des candidats, n'en annonce pas *une seule* en ma faveur. Ils craignaient donc bien qu'à l'Assemblée, je ne m'élevasse contre eux de toute la hauteur de mon indignation.

Quelles sont maintenant les accusations dont j'ai été l'objet ?

Voici d'abord l'article du *Moniteur*, qui, pour plus de publicité avait été *envoyé* en communication aux principaux journaux, d'un desquels je l'extrais.

« On nous communique ce soir la note suivante :

» Il y a huit jours, lorsque les Ateliers nationaux étaient sous la direction de M. Émile Thomas, il régnait un grand désordre et un esprit de violence difficile à contenir. M. Thomas lui-même s'était plaint plusieurs fois des périls qu'il courait à Monceaux et des menaces qui le poursuivaient sans cesse.

» Depuis ce moment, il n'a été pris que des dispositions auxquelles le précédent directeur avait toujours refusé son concours, parce que, disait-il, elles étaient dangereuses et impraticables. Ces mesures, loin d'accroître le mal, l'ont déjà profondément diminué.

» L'ordre et le calme règnent partout, les rouages de l'administration se simplifient, la surveillance est plus facile et mieux faite ; l'économie amenée par un examen sévère pénètre et modifiera bientôt toutes les parties et tous les détails de cette importante comptabilité.

» Pour se faire une idée du luxe et de la dissipation de la précédente administration, il suffira de savoir qu'elle avait pour le service seul de ses remises et de ses écuries, cinq coupés, quatre cabriolets, quatre tilburys, une calèche, en tout quatorze voitures et trente-huit chevaux.

» La plupart de ces voitures sont en vente. Dix chevaux ont été retirés des écuries et onze sont encore à vendre. Le recensement qui sera terminé samedi, paraît devoir amener pour l'État une économie de 25 à 30,000 fr. par jour. »

(Extrait du Siècle, 4 juin)

Je réponds en peu de mots à cette note :

J'en appelle au témoignage public pour attester qu'avant le 26 mai, aucun désordre ne s'est manisfesté, de nature à être attribué aux ouvriers des Ateliers nationaux.

Et, qu'au contraire, à partir du jour de mon enlèvement, ont commencé ces attroupements de la porte Saint-Denis et d'autres lieux, qui se sont fatalement terminés par l'insurrection de juin.

L'esprit de violence difficile à contenir, datait seulement du 24 Février, et pourtant pendant trois mois je l'avais contenu, et si j'avais obtenu la seule chose que demandaient les ouvriers, et que je réclamais pour eux, du travail professionnel, il eût disparu.

Quant aux menaces dont j'ai été l'objet, je les ai toujours méprisées, et ne m'en suis jamais plaint. A une époque où le maire de Paris lui-même m'avait ordonné d'établir la nuit une garde de sûreté au bureau central ; je faisais remplir ce service par les ouvriers eux-mêmes, à titre de gardes nationaux, et je ne les choisissais pas, je prenais ceux qui se présentaient. Il n'a été pris aucune des mesures que j'avais blâmées avant le 22 juin ; et sur leur annonce seule l'insurrection favorisée par le mécontentement des ouvriers, a éclaté. Loin que mon successeur eût amené une économie quelconque, le relevé des livres des Ateliers établit que sa dépense moyenne par jour, a, jusqu'au bout, surpassé celle des derniers jours de ma direction, car il avait augmenté les appointements de tout son état-major ; portant à 20 francs par jour les sous-directeurs ; à 10 fr. les chefs d'arrondissement qui, préalablement, touchaient seulement 10 fr. et 5 fr. Quant aux chevaux et aux voitures, j'ai prouvé plus haut qu'ils apportaient une économie réelle et considérabl e, dans le service. Loin d'en vendre tout ou partie, mon digne successeur se borna à envoyer induement dix chevaux gratuitement à l'état-major, et à les remplacer par quatorze voitures de louage, attribuées aux chefs d'arrondissement. Aucune des voitures, aucun des chevaux n'ont été mis en vente avant le 8 août.

Le recensement, loin d'être terminé le samedi suivant, et d'apporter une économie quelconque, n'avait pas, au 23 juin, encore été fini, et aucun résultat n'en était provenu [1].

La note du *Moniteur* se trouve donc, et d'un bout à l'autre, réduite en entier à l'état de calomnie.

Le 30 mai, M. Trélat m'accuse à l'Assemblée : « De » n'avoir pas voulu, à sa requête, même à celle de la » Commission des travailleurs, opérer de recense- » ment. »

La réponse est bien simple et je l'ai déjà faite : Le recensement presque terminé était mis, le 22 mai, à la disposition de la Commission, et le tableau résumé par profession , qui , des mains de M. Beslay, a passé à celles de M. Falloux , puis à celles de M. Thiers , est inséré aux pièces justificatives de cet ouvrage.

« D'avoir successivement porté le nombre des ou- » vriers, depuis le 12 mai jusqu'au 25, du chiffre de » quatre-vingt-dix mille à celui de cent quinze mille.»

Ici M. Trélat perd jusqu'à la mémoire de ses ordres et de ceux de la mairie de Paris ; car il me semble qu'il devait savoir que cet accroissement véritable de

---

[1] En outre, le désordre financier était tel que les feuilles de rôle du 30 mai n'étaient pas rentrées le 23 juin.

vingt-cinq mille hommes a été dû à l'embrigadement successif, depuis le 12 mai :

Des cinq mille ouvriers du Champ de Mars, sollicité depuis un mois, et par le colonel du génie, et par les autres ouvriers, qui se plaignaient hautement de l'injustice qu'il y avait de payer ces hommes régulièrement 2 francs par jour, tandis qu'eux ne recevaient, en moyenne, que 1 fr. 15 c.

Puis des ouvriers de toute la banlieue de Paris, inscriptions auxquelles j'avais sans cesse résisté, et auxquelles je n'ai cédé que devant des ordres écrits et signés, soit du maire de Paris, soit du ministre, et que j'ai d'ailleurs insérés aux pièces justificatives, où le lecteur les trouvera.

« D'avoir apporté des objections à ses ordres, et » d'en avoir refusé la responsabilité. »

Oui, parce que ses ordres étaient inintelligents ; oui, parce qu'ils provoquaient l'émeute ; oui, parce qu'ils violaient, par l'arbitraire, la foi des promesses jurées; oui, parce que je ne voulais pas être responsable d'un acte auquel mon patriotisme, ma conscience, ma prudence se refusaient.

Les événements ne m'ont-ils pas que trop donné raison ?

A côté de ces reproches que m'adressait M. Trélat, et dont j'ai montré jusqu'à l'évidence toute la méséance, il comblait la gestion de mon successeur, c'est-à-dire sa propre intervention dans l'administration des Ateliers nationaux, des éloges les plus pompeux. Étaient-ils mieux mérités ?

Ainsi M. Trélat disait à l'Assemblée nationale :

«Citoyens, j'ai de bonnes nouvelles à vous donner au sujet des Ateliers nationaux. Les Ateliers nationaux sont complètement transformés ; il n'y a plus d'agitations, plus de plaintes, plus de murmures ; le recensement s'opère avec calme, avec dignité, avec le sentiment du devoir de la part des ouvriers. Les bons ouvriers demandent du travail. (Très-bien !) En voilà. (En disant ces mots, M. le ministre indique divers projets de loi qu'il tient à la main. Une explosion de marques d'adhésion se fait entendre dans les diverses parties de la salle.)

» Le travail à la tâche est substitué au travail à la journée pour les tailleurs et les cordonniers[1] ; il va l'être également dans tous les autres états. Les ouvriers, les bons ouvriers, et ils sont en grand nombre, demandent du travail. Les mauvais ouvriers vont à l'émeute. »

(Extrait de la Patrie, du 9 juin.)

« Si les Ateliers nationaux ne sont pas diminués, ils sont transformés du moins, et nous avons eu la satisfaction de ne voir aucun des ouvriers qui les composent dans les derniers troubles. »

(Séance du 15 juin.)

Et puis cette économie de 30,000 fr. par jour, sans cesse prônée, sans cesse annoncée !

Et des louanges perpétuelles adressées à la direction, à l'administration des travaux publics, au corps des ingénieurs des ponts et chaussées !

En présence de tout ceci, je citerai un article de *la Liberté*, du 19 juin :

« Tandis que M. Emile Thomas demande à grands cris une enquête, remplit les journaux de ses doléances, adresse en haut lieu lettres sur lettres, et que ses ci-devant subordonnés font chorus avec lui , *le Moniteur* continue son œuvre de glorification à l'endroit de la nouvelle direction.

» Sans nous porter les défenseurs de l'un ou de

---

[1] Ceci avait été fait par moi, dès le milieu du mois de mai, comme e l'ai dit plus haut.

l'autre des partis militants, nous avons dû vouloir éclairer notre conscience.

» Informations prises, il semblerait que les mesures tant vantées de MM. Lalanne et Trélat ont eu jusqu'ici un résultat entièrement négatif, et qu'elles satisfont médiocrement les intéressés.

» Au dire d'un grand nombre d'employés dans l'administration, on reprocherait au ministre des travaux publics ses réponses évasives, ses sourires équivoques, ses mystérieuses réticences, ses promesses jamais remplies.

» Quant au nouveau directeur des Ateliers nationaux, il embrouillerait tout en voulant tout réformer; à un système d'excessive indulgence aurait succédé la sévérité exagérée, un système despotique et tracassier.

» Serait-ce un calcul ?

» On l'assure. »

Il faut convenir que si les louanges de M. Trélat tombaient à faux, du moins il était bien réel que M. Trélat avait, depuis mon enlèvement, entièrement changé d'avis.

Et qu'il ne *voulait* plus, qu'il *s'opposait* même à la dissolution des Ateliers nationaux.

J'étais las cependant de ce système jésuitique et fallacieux, qui, sous les apparences de la bonhomie, de la probité, de la sincérité la plus entière, consistait à débiter les fables les moins réelles, les assertions les plus erronées.

Car, précisément le 9 juin, les crédits alloués étaient épuisés; *rien* n'avait été fait, pas même tenté; le recensement était à peine commencé, les rassemblements nocturnes ne se composaient que des ouvriers, si contents et si paisibles, au dire du ministre; pas un pouce de travail n'avait été ajouté, pas un seul ressort n'avait été simplifié.

Et, pour cacher son insuccès et ne pas s'exposer

aux reproches de l'Assemblée, il y avait huit jours, le 12 juin, que M. Trélat soldait les Ateliers nationaux, au mépris de la loi, sur de simples virements de fonds consentis par le ministre des finances.

Ce que je viens de dire a été constaté dans un article de la *Presse*, en date du 12 juin, et pour lequel je renverrai le lecteur aux pièces justificatives où il est reproduit.

Cet article, aux accusations nettement formulées, auquel le ministre, le directeur, se trouvèrent dans l'impossibilité de répondre, réveilla l'attention de l'Assemblée nationale, qui s'aperçut enfin qu'on pouvait bien l'avoir trompée, et qu'en fait de sincérité il ne fallait pas toujours s'en fier aux apparences.

Le 14 juin au matin, M. de Falloux, avec lequel, j'avais déjà été en relation à l'époque où je dirigeais les ateliers, et où il faisait partie de la sous-commission chargée de l'examen de cette question, M. de Falloux, dis-je, me fit appeler.

Il me demanda les renseignements les plus précis sur les faits qui s'étaient accomplis, et je les lui donnai jusqu'aux moindres détails.

A la séance même de ce jour, M. de Falloux, convaincu de la réalité des assertions que je lui avais faites, *força* M. Trélat à demander un crédit pour les Ateliers nationaux, et lorsque ceci fut fait, il déclara à la tribune qu'il avait provoqué cet acte, et démêla avec autant de fermeté que de dignité l'écheveau embrouillé des allégations du ministre, pour le contraindre à donner des explications sérieuses, et sur son administration, et sur la violence qu'il m'avait fait subir.

Le ministre se vit dans la douloureuse nécessité d'avouer, que s'il avait beaucoup *préparé*, il n'avait encore *rien fait*. Et le décret fut renvoyé à une commission spéciale chargée des pouvoirs les plus étendus.

*

La commission prit M. Goudchaux pour son président, M. de Falloux pour son rapporteur.

M. Trélat, M. Lalanne et moi, y furent sucessivement entendus.

Je consacrai toute une longue séance, à donner à la commission les explications les plus étendues et les plus minutieuses. — Je dis tout ce que je savais, et ne reculai devant aucun, aveu, devant aucune expression de mes sentiments quelque grave qu'elle fût.

Et de nouveau j'y prophétisai une explosion si la même marche continuait à être suivie.

Je remis à l'honorable rapporteur toutes les pièces que j'avais en ma possession.

Ces mêmes pièces, il me les a tout récemment renvoyées sur ma demande, pour que je les joignisse à l'histoire que j'écris, en accompagnant son envoi de la lettre suivante :

« Je vous envoie avec empressement, Monsieur, les pièces qui vous appartiennent, et je désire vivement vous le savez, qu'elles contribuent à une justice qui, selon moi, n'a pas été rendue à vos actes.

» Le résumé du recensement est dans les mains de M. Thiers, auquel je l'ai remis à une époque où il devait traiter cette question à la tribune ; le recensement lui-même est demeuré parmi mes papiers à la chambre, je vous le ferai reporter un de ces jours.

» Mille remerciements de l'envoi que vous m'annoncez ; je crois que votre ouvrage nous sera utile à nous autant qu'à vous.

» Le Représentant du Peuple.

» Veuillez, etc.   De Falloux. »

Paris, 16 août.

Comme je l'ai déjà dit, la commission m'avait remercié de mes communications, elle avait ajouté que, quant à ma conduite, l'impression qu'elle en gard était des meilleures et qu'elle se déclarait satisfaite de mes explications.

Il n'en fut pas de même de celles de mes adversaires.

Elle crut devoir leur faire entendre de sévères conseils, en proposant, le 20 juin, à l'Assemblée, le décret suivant qui impliquait une méfiance bien justifiée.

Art. 1er. L'allocation de 3 millions demandée par le ministre des travaux publics pour les Ateliers nationaux lui est accordée d'urgence.

Art. 2. Chaque allocation nouvelle, afférente au même emploi, ne pourra excéder le chiffre d'un million.

Art. 3. Les pouvoirs de la commission chargée de l'examen du présent crédit sont continués jusqu'à ce que l'Assemblée en ait autrement ordonné.

Ce projet de décret fut voté, mais non sans de vives réclamations de la part de M. Trélat, qui se dévoila à cette séance, et fit peser sur la commission, sur l'Assemblée entière les doutes les plus injurieux, allant jusqu'à l'accuser de vouloir traiter les ouvriers comme des malfaiteurs. — *Je ne le veux pas, c'est impossible, jamais je ne consentirai à agir avec précipitation, avec irréflexion, quand les intérêts de mes semblables sont en jeu.* — *J'ai la responsabilité des Ateliers nationaux, je les garderai.* — Et bien d'autres paroles violentes, auxquelles l'Assemblée répondait : — *Vous calomniez nos intentions,* — *vous calomniez la commission,* — *à l'ordre,* — *c'est intolérable.*

Quoi que pût dire et faire M. Trélat, la commission n'en resta pas moins en permanence, et déposa par la suite un rapport où les actes de la gestion des Ateliers nationaux étaient blâmés de la manière la décidée.

Quant à la question qui m'était personnelle, la commission avait cru devoir la réserver pour la discussion de son rapport, et pleine justice devait m'être rendue par l'organe de son rapporteur.

Cette discussion, arrêtée par les événements de juin, fut écartée lors de la dissolution complète des Ateliers nationaux qui s'en suivit.

Ce qui ressort de tout ceci, et qui doit paraître fort inexplicable au public, c'est le singulier revirement qui s'était opéré dans l'esprit et dans la conduite de M. Trélat.

Il s'était débarrassé de moi, parce que je refusais, prétendait-il, de me prêter à un renversement subit des Ateliers nationaux, à une dissolution immédiate, provoquée par les mesures les plus rigoureuses.

Et à peine suis-je parti qu'il n'est plus question de l'exécution de ces mesures et qu'elles sont ajournées indéfiniment.

Bien plus, le ministre s'oppose de tout son pouvoir à la dissolution des Ateliers; et, parce que l'Assemblée s'étonne que rien n'ait été fait, qu'on n'ait pas donné un travail sérieux et productif à ces hommes, au lieu d'une solde prétorienne; qu'on ne projette pour eux tout au plus que des travaux de terrassement en province, c'est-à-dire tout autre chose que ce qu'indique le bon sens, tout autre chose que des travaux professionnels et convenables; qu'on semble absolument vouloir en faire les lazzaroni de la civilisation! M. Trélat ose accuser l'Assemblée tout entière de considérer et de vouloir traiter les ouvriers comme des malfaiteurs?

Le but qu'on se proposait, l'histoire de la gestion de M. Lalanne nous l'apprendra peut-être.

Comme je l'ai annoncé, M. Lalanne entre aux Ateliers nationaux, semblable à un tranche-montagne administratif. Tout doit plier sous sa loi; le travail doit reprendre son cours, la malveillance disparaître; il faut que tous les ressorts de l'administration, si mal combinés, si compliqués, se simplifient et marchent pour le mieux; chaque carton doit recevoir son étiquette ; un peu plus, chaque ouvrier aura la sienne.

Il entre aux Ateliers nationaux avec toutes les ressources qui m'étaient si obstinément refusées. Il dispose de l'imprimerie nationale ; la force armée obéit à ses injonctions ; le pouvoir exécutif lui accorde autant d'audiences qu'il en désire (et je n'en avais jamais pu obtenir une seule) ; le ministre des finances enfin, auquel je devais, pour ainsi dire, arracher les subsides, le ministre des finances est devenu pour lui un caissier complaisant, et se prête aux versements de fonds les plus hasardés !

Que fait-il ?

D'abord ce fameux recensement qu'il se chargeait d'accomplir en vingt-quatre heures sans doute !

Non. Il l'opère *simultanément*, il est vrai, mais il passe au préalable douze jours pleins à le préparer, et ne l'exécute que le 7 juin ; il croit un instant constater qu'au lieu du chiffre de cent quinze mille ouvriers que j'avais annoncé, il n'y en a que cent trois mille ; mais bientôt il est désabusé, et par la paye qui reste invariable, et par les nombreuses réclamations d'ouvriers oubliés qui se présentent de toutes parts et le reportent au chiffre total que lui eût appris la simple inspection des états de service.

Il est vrai qu'il a utilement employé ces douze jours ; il a rompu un à un et avec le plus grand soin tous ces fils précieux que j'avais pris tant de peine à attacher, et qui reliaient les ouvriers à la direction ; il s'est enfermé dans son cabinet, et personne ne peut plus l'approcher, pas même les chefs de service, dont un grand nombre encore maintenant ne l'ont jamais vu ; il s'est isolé complètement et renfermé dans le silence de la méditation administrative.

Au moins pense-t-il à améliorer le sort des travailleurs ? Je l'espère, bien que nul résultat ne l'ait démontré ; mais, en tout cas, il épluche soigneusement les formes de toutes choses, et veille avec sollicitude à ce que les en-tête de chacune des pièces de la comptabilité soient parfaitement calqués sur la formule administrative ; à ce que tout se passe selon les règles invariables d'une hiérarchie scrupuleuse, de façon à ce qu'il devienne presque impossible d'apporter en haut lieu une réclamation ou un avis, tout à fait impossible d'en obtenir une réponse ; et le 23 juin, la correspondance si exactemeut tenue au courant par le chef de mon cabinet, se trouve en retard de plus de quinze jours.

Il est vrai que M. Lalanne s'est débarrassé d'un seul coup de tous les solliciteurs, quelque malheureux, quelqu'à plaindre qu'ils soient, en déclarant par la voie des journaux qu'il ne sera plus fait de réponse à toute demande d'audience ou à toute lettre ayant pour but l'obtention d'un emploi.

Le recensement est terminé ; il faut en opérer le contrôle, et le 23 juin ce contrôle n'est pas terminé!

Puisqu'il est si difficile de trouver ce que M. Lalanne a fait, constatons au moins ce qu'il a détruit.

Le service des agents d'arrondissement est dans la meilleure voie; il a présenté au 25 mai une liste de troix mille deux cents radiations ; il opère graduellement un contrôle positif, basé sur une inspection opérée à domicile, à l'improviste! Non-seulement M. Lalanne supprime ce service comme inutile, mais encore il laisse subsister dans les cadres les trois mille deux cents noms indiqués par l'état de radiation. Il supprime impitoyablement le service de moralisation, accompli avec tant de dévouement par M. Chailly, parce qu'il le trouve *souverainement inutile et ridicule.*

Le bureau de placement volontaire qui devait être dirigé par MM. Desfossés et Guéroult, probablement

jugé *souverainement inutile* et *ridicule* aussi, est également supprimé.

L'assemblée des délégués avait eu le malheur d'exiger de M. Trélat des explications catégoriques ;
M. Lalanne n'en comprend ni le sens ni la portée ; il
ne s'aperçoit pas de la merveilleuse action qu'elle
procure sur l'ensemble des ouvriers ; donc, c'est une
création monstrueuse qu'il faut faire disparaître.
M. Lalanne, à sa première réunion, ne daigne pas s'y
rendre, et on l'y demande ; il envoie son *ultimatum*
qui proclame que seul il aura le droit de parler, et
nul celui de lui répondre ; et après s'être cent fois
assuré qu'il n'y courra pas de dangers personnels ;
s'être entourés d'agents de police, il s'y rend. Les délégués lui tournent le dos et s'en vont ; l'assemblée,
par son ordre, est dissoute.

Il est vrai qu'à partir de ce moment, les délégués
que j'avais rendus les adversaires constants de ceux
du Luxembourg sont gagnés par ceux-là, qu'ils se joi-
gnent ensemble, qu'ils s'assemblent régulièrement.....

Et je n'en veux d'autres preuves que les pièces
suivantes :

« — Le comité des délégués des Ateliers nationaux
nous adresse la lettre suivante :

« Citoyen Rédacteur,

» Nous vous prions de vouloir bien insérer, dans
votre prochain numéro, les lignes suivantes : Afin
de vous avertir que nous ne nous rendons pas responsables de toutes affiches, protestations et pétitions
faites au nom des Ateliers nationaux, et qui ne seraient pas signées par les membres de notre bureau
et avec approbation des délégués présents à nos
réunions ; attendu qu'il y a eu un délégué de nommé
par chaque arrondissement, dont douze pour Paris et
deux pour la banlieue, qui ont été chargés des récla-

mations à faire auprès de l'administration, et, en conséquence, un comité de délégués par arrondissement.

» D'après ces renseignements, on pourra donc se
rendre compte des arrondissements qui auront par-
ticipé à l'approbation de tel ou tel article imprimé,
soit dans les journaux, soit par affiches, etc.; car nous
vous ferons observer, citoyen rédacteur, que tous les
travailleurs, ainsi que nous, leurs délégués, nous ré-
clamons toujours fraternellement, et que nous ne ré-
clamerons jamais que d'une manière paisible et loyale
l'amélioration du triste sort qui nous accable en ce
moment.

» Pour le comité des délégués des travailleurs des
Ateliers nationaux du douzième arrondissement.

» *Le président,*

» DUVAL.

» Paris, le 18 juin, 1848. »

(*Extrait de la Gazette de France,* 21 *juin.*)

—Le directeur des Ateliers nationaux entendu
par le comité du travail, a déclaré qu'il ferait rentrer
beaucoup d'ouvriers dans l'industrie privée qui manque de bras et dont plusieurs chefs lui ont adressé
directement des demandes d'ouvriers, notamment
pour la chapellerie. Nous avons eu sous les yeux des
lettres émanées de la corporation des ouvriers cha-
peliers, qui nous font croire que le beau-frère du citoyen Trélat, directeur des Ateliers nationaux, a été
induit en erreur.

— Voici comment le journal des *Ateliers nationaux*
explique le fait de la distribution des 50 centimes
que nous avions reproduit après un autre journal :

« Les 50 centimes dont il est question ont été alloués, par le directeur des Ateliers nationaux, à chacun des ouvriers, chefs d'escouade et brigadiers, à
titre d'indemnité pour le jour du recensement : — Il

y a donc, comme on le voit bien, loin de là à une tentative d'embauchage en faveur de Napoléon-Louis. Qu'on le sache bien, du reste, l'ouvrier n'est pas de ceux qui se vendent à tel ou tel : si vous voulez trouver de la corruption et de la servilité, cherchez ailleurs.

« Le peuple ne se vend pas, il sait souffrir patiemment et attendre ; il le prouve depuis quatre mois. Misérable, et pourtant calomnié, lui que l'on a appelé le peuple souverain, il ne réclame aujourd'hui que l'accomplissement des promesses faites le 25 février, par les citoyens gouvernants, en qui il a mis sa confiance au jour de la victoire. Il saura patienter encore, si le salut de la République l'exige ; mais si, après tant d'abnégation et de misère, il était encore une fois trompé et le jouet d'intrigants, il se réveillerait, et vous verriez bien ce jour-là que ceux qui l'accusaient de se vendre mentaient et calomniaient. »

(Extrait de la Vraie République, 23 juin.)

Affiche apposée, le 18 juin, sur tous les murs de Paris.

RÉPUBLIQUE FRANÇAISE.

A TOUS LES TRAVAILLEURS.

Nous, délégués des ouvriers au Luxembourg, nous, délégués des Ateliers nationaux ; nous, voués corps et âme à la République pour laquelle, comme vous tous, nous avons combattu, nous vous prions, au nom de cette *Liberté*, si durement achetée ; au nom de la *Patrie* régénérée par vous ; au nom de la *Fraternité*, de l'*Égalité*, de ne pas joindre vos voix et votre appui à des voix anarchiques, de ne pas prêter vos bras et vos cœurs pour encourager les partisans d'un *trône* que vous avez brûlé ! Ces hommes sans âme, sans conviction, amèneraient inévitablement l'anarchie au milieu du pays, qui n'a besoin que de *liberté* et de *travail*.

Nul ne doit prétendre désormais qu'au plus beau de tous les titres, à celui de *Citoyen*. Nul ne doit essayer de lutter contre le véritable souverain, le *Peuple*.

Le tenter serait un *exécrable crime*, et quiconque l'oserait, serait traître à l'*honneur* et à la *patrie*.

La *réaction* travaille, elle s'agite; ses nombreux émissaires feront luire à vos yeux un rêve irréalisable, un bonheur insensé.

Elle sème l'or. *Défiez-vous, amis, défiez-vous. Attendez, attendez encore quelques jours, avec ce calme dont vous avez fait preuve, et qui est la véritable force.*

Espérez, car les temps sont venus; l'avenir nous appartient; n'encouragez pas par votre présence les manifestations qui n'ont de populaire que ce titre; ne vous mêlez pas à ces folies d'un autre âge.

Croyez-nous, écoutez-nous, rien n'est maintenant possible en France que *la* RÉPUBLIQUE DÉMOCRATIQUE ET SOCIALE.

L'histoire du dernier règne est terrible; ne la continuons pas; pas plus d'*empereur* que de *roi*. Rien autre chose que la *Liberté*, l'*Égalité*, la *Fraternité*.

Tel est notre vœu, tel doit être le vôtre, celui du *Peuple*.

Vive la République !

> PIERRE VINÇARD, président des délégués des ouvriers au Luxembourg. — AUGUSTE BLUM, vice-président. — JULIEN, trésorier. — LEFAURE, secrétaire. — BACON, vice-président des délégués des ouvriers des Ateliers nationaux. — EUGÈNE GARLIN, secrétaire. PETIT-BONNEAU, lieutenant. — ARDILLON, *idem*.

Ainsi, le club dissous par M. Lalanne, utile parce qu'il recevait les impressions sages et les conseils toujours écoutés de la direction, se recompose en toute sécurité ailleurs ; il se crée une organisation formidable ; quatorze délégués *d'arrondissement* communiquent l'impulsion et signent pour tous ! il a un bureau constitué, il fonde un *journal,* il pose des affiches de concert avec le Luxembourg ; et M. Lalanne ne voit rien, ne sait rien, n'entend rien, et continue à se glorifier dans son isolement !

Il est vrai qu'il a également supprimé, et le bureau de bienfaisance, et le service des journaux qui pouvait être profondément *inutile* et *ridicule,* mais qui, je le crois, m'avait rendu de grands services, et lui aurait au moins fait connaître, dans le ressort de son administration , une création aussi *monstrueuse* (le mot est vrai cette fois), que tout le monde savait, excepté lui.

Enfin, le 21 juin, paraît au *Moniteur* cet arrêté retardé d'un mois, qui porte que tous les ouvriers, âgés de dix-huit à vingt-cinq ans seront forcés à s'enrôler dans l'armée.

Que tous les ouvriers qu'on désignera devront partir pour se livrer dans les départements à des travaux de terrassement.

Et comme si ce n'était pas assez d'une provocation, le même jour M. Lalanne, achevant ces intelligentes réformes, supprime le bureau des secours, augmente de 50 p. 0|0 le prix des produits des ateliers de cordonniers et de tailleurs, et donne à cette mesure un effet rétroactif d'une injustice criante, en annulant les bons délivrés sur payement du prix primitif depuis plus de quinze jours. Il supprime le bureau médical ; il donne l'ordre qu'à l'instant tous les chefs d'arrondissement suppriment les travaux sur leurs chantiers.

A la nouvelle de ces actes sans nom, que semble dicter la démence, ou l'aveuglement, j'accours chez M. de Falloux.

Je lui fais part de mes impressions, et je lui déclare que, selon moi, si dans la journée la direction des ateliers n'est pas changée, les suppressions rétablies, l'article du *Moniteur* contredit, le mécontentement des ouvriers donnera aux anarchistes, sans cesse prêts au combat, une occasion qu'ils ne laisseront pas échapper, et je termine en lui prophétisant l'émeute, l'insurrection même sous peu de jours.

Malgré sa bonne volonté, M. de Falloux n'avait pas mon expérience du passé ; il trouva mes craintes exagérées, et ne donna pas de suite à mes conseils.

Qu'arriva-t-il ? le soir même, les délégués des Ateliers nationaux se réunirent à ceux du Luxembourg sur la place du Panthéon, et une protestation en corps est décidée pour le lendemain.

Je cite un journal du 23 juin qui rapporte cette démarche opérée le 22.

» Ce matin, à neuf heures, on avait convoqué les ouvriers des Ateliers nationaux sur les diverses places où s'effectuait ordinairement la solde, afin de savoir s'ils voulaient consentir à se soumettre à ce décret, qui consiste à les envoyer en province sous un prétexte de défrichement. Après avoir renvoyé les employés chargés de cette opération, les ouvriers se sont réunis en masse et se sont transportés devant le Luxembourg. Le citoyen Pujol, délégué par eux près de la Commission exécutive, a été d'abord admis près de M. Marie, et n'a consenti à devenir l'organe de la députation qu'après avoir obtenu la présence de quatre délégués ; cette autorisation obtenue, le citoyen Pujol s'est exprimé à peu près en ces termes :

« Avant la Révolution du 24 février, les travail-
» leurs de la France étaient soumis à l'arbitraire et à
» l'égoïsme des fabricants. Pour se soustraire à cette
» fatale exploitation, les travailleurs de Paris avaient
» versé leur sang pour renverser un pouvoir cor-

» rompu, qui tolérait une semblable servitude. Les
» ouvriers de Paris n'avaient quitté les barricades
» qu'après avoir proclamé une République démo-
» cratique et sociale, qui devait détruire cette exploi-
» tation de l'homme par l'homme. Aujourd'hui, les
» ouvriers comprennent parfaitement qu'ils ont été
» leurrés par des promesses mensongères, et ils vont
» encore devenir, par la violence du sabre, les vic-
» times d'un pareil système; ils sont décidés à faire
» encore des sacrifices pour le maintien de nos
» libertés, et ils demandaient avant tout l'organisa-
» tion d'ateliers dans lesquels toutes professions
» seraient exercées, et qui serviraient de refuge aux
» ouvriers, forcés de chômer une partie de l'année,
» etc. »

M. Marie a répondu avec une certaine irritation
qui sied mal à un représentant du peuple, « que les
» ouvriers qui ne voudraient pas se soumettre au
» décret seraient renvoyés de Paris par la FORCE [1]. »
Le citoyen Pujol aurait même été apostrophé en ces
termes : « Nous vous connaissons, nous avons l'œil
» sur vous; vous avez parlementé avec moi, après
» avoir franchi, le premier, la grille de l'Assemblée
» nationale, le 15 mai. » Il aurait même traité d'esclaves les quatre délégués qui avaient montré certaine
sympathie pour celui-ci, en refusant de parler sur la
demande de M. Marie. Le citoyen Pujol aurait répondu : « Citoyen représentant, vous insultez des ci-
» toyens investis d'un caractère sacré en tant que dé-
» légués du peuple; nous nous retirons avec la con-
» viction profonde que vous ne voulez pas l'organisa-
» tion du travail, ni la prospérité du peuple travail-

---

[1] Ah! vous êtes bien dignes de la liberté! bien dignes de cette
République que vous avez conquise, et que vous saurez maintenir,
etc. (*Discours de M. Marie aux délégués des Ateliers nationaux,
le 20 mars.*)

» leur, et que vous n'avez pas répondu à la confiance
» aveugle que nous vous avions accordée ; nous ren-
» drons compte, par la publicité, de votre mauvaise
» réception, qui nous prouve bien que vous avez bien
» vite oublié des hommes dont vous vous étiez mon-
» tré le défenseur, etc. »

« Les ouvriers se sont réunis sur la place Saint-
Sulpice, où le citoyen Pujol leur a rendu compte de
la réception hostile de M. Marie ; ceux-ci, indignés, se
sont concertés pour prévenir les autres arrondissements, afin de s'entendre pour protester en masse
contre cette loi de proscription qui ne tend qu'à les
diviser d'abord, pour les rendre impuissants plus
tard. Le peuple s'est montré calme et digne, comme
toujours, et si son indignation s'est manifestée dans
toute son énergie, c'est qu'elle était justifiée par un
décret qui porte atteinte à sa liberté, à sa souveraineté. Nous sommes forcé d'annoncer que M. Marie
aurait formellement dit aux délégués : On vous a
tourné la tête ; c'est le système de Louis Blanc ; nous
n'en voulons pas. »

(Extrait de la Vraie République.)

On sait le reste ; ce n'est pas à moi de retracer l'histoire de ces néfastes journées.

Qu'on me permette, en terminant, une seule observation.

Mon successeur aux Ateliers nationaux n'est peut-
être pas coupable d'avoir *provoqué* l'insurrection,
mais il est sûrement coupable de ne pas l'avoir *empê-
chée.*

Qu'on se pénètre bien d'une triste vérité.

Il y a dans tous les temps, à toutes les époques, sous
tous les règnes, des esprits inquiets et turbulents, qui
cherchent le désordre et aiment l'anarchie, souvent
par ambition, plus souvent sans aucun motif.

Ceux-là sont toujours prêts, mais seuls ils ne peuvent aboutir qu'à une émeute; jamais ils ne feront une insurrection quelles que soient leurs provocations à la révolte. Ce sont les chefs, il leur faut une armée.

Pour leur créer cette armée, il faut un moteur plus puissant que leurs discours, et ce moteur...

C'est la Faim !

Les Ateliers nationaux ont été dissous complétement et brusquement le 28 juin.

Aujourd'hui le peuple a faim, songez-y ! au moins par charité pour nos frères !

Songez que la misère monte, que la compression violente n'est pas un moyen durable; qu'il est beau de proclamer les droits et les devoirs, mais qu'il est mieux de savoir avant contenter les besoins.

PIÈCES JUSTIFICATIVES.

I.

NOTE PRÉSENTÉE PAR M. ÉMILE THOMAS A MM. LES MEMBRES
DU COMITÉ SPÉCIAL DES ATELIES NATIONAUX.

Paris, le 26 juin 1848.

**Mesures à prendre aussi promptement que possible, pour éviter
le retour de la catastrophe dernière.**

1° Publier une proclamation dans laquelle il sera dit qu'en
supprimant l'organisation actuelle des Ateliers nationaux,
l'intention de l'Assemblée nationale n'était pas de laisser
les ouvriers de Paris sans pain, et livrés à leurs seules ressources, mais bien de mettre un terme à l'existence anormale d'une agglomération oisive, funeste aux ouvriers eux-
mêmes, comme elle l'a été à la confiance publique :
agglomération que l'impéritie des gouvernants avait laissé se
produire, faute d'avoir su comprendre et soulager d'une
manière efficace les souffrances réelles et matérielles des
classes laborieuses.

Que la République, comme une bonne mère, ne refuse,
tant qu'elle en a, du pain à aucun de ses enfants. — Que
l'ouvrier rougit de recevoir un salaire, qui n'étant pas gagné, devient une aumône, tandis qu'il peut accepter dignement le pain qui lui est nécessaire pour subsister en attendant des jours meilleurs. — Que l'Assemblée *veut* que les
ouvriers ne soient plus exposés, pour vivre, à perdre leur
dignité d'hommes libres et honnêtes et que sur-le-champ
elle se mette à l'œuvre. — Que, par conséquent, les ouvriers

vont être appelés, par l'élection directe de conseils de profession, composés moitié d'ouvriers, moitié de patrons, à juger eux-mêmes dans chacune de leurs professions des nécessités et des exigences de la situation, ainsi qu'à renseigner la représentation nationale, sur la position réelle de leur industrie. Qu'en attendant ils recevront à domicile, des mains de leur municipalité, les vivres nécessaires à l'existence d'eux-mêmes et de leurs familles, les vêtements dont ils seraient dépourvus; les loyers même dans certains cas, qu'ils ne pourraient acquitter seraient réglés avec leurs propriétaires, soit comme délai, soit comme avance, et cela jusqu'à ce que par suite des renseignements et des décisions de chaque conseil de profession, et avec le plein concours du gouvernement, tous les ouvriers aient retrouvé un travail normal et productif pour eux comme pour l'État.

2° Mettre fin absolument à tout subside en espèces, et le remplacer par des secours en nature, qu'il est très-facile de distribuer sous forme de bons, par suite d'un arrangement passé avec les syndicats de la boulangerie et de la boucherie de Paris.

Voici comment cette distribution, confiée à chaque municipalité, serait organisée. Dans la même journée et dans chaque mairie, il serait désigné, par cinquante maisons d'une même rue, deux visiteurs (officiers de la garde nationale) qui dresseraient de concert la liste très-explicative des familles et célibataires ouvriers, dont la position nécessite le secours. Le dépouillement, sur-le-champ opéré, donnerait lieu à la formation immédiate de listes de cinquante familles chaque, demeurant, autant que possible, dans la même rue ou dans des rues voisines. — Il serait désigné autant d'agents de secours rétribués que de listes; un contrôleur (*une dame vaut mieux*) par quatre listes, et un bureau central de secours par mairie, placé sous les ordres du maire, formeraient toute l'organisation. — On laisserait subsister le bureau médical que j'ai établi et qui donne d'excellents résultats. — Chaque agent de secours le distribuerait alternativement à chacune des listes, ce qui rendrait la fraude impossible, puisqu'il n'aurait jamais affaire aux mêmes familles. — Le secours distribué serait dans la proportion de une demi-ration militaire (*pain et viande crue*) par jour, par individu au-dessous de dix ans, mais au-dessus de quatre, et d'une ration entière par adulte. — Les dames contrôleurs seraient chargées de vérifier les besoins autres que ceux de la faim, et la charité publique, sollicitée par elles, y subviendrait dans une large proportion.

3° Rendre un décret par lequel les logeurs en garni ne pourront, sous les peines les plus sévères, recevoir que les individus porteurs d'un bulletin timbré par le préfet de police, et visé par la mairie de l'arrondissement. Le personnel de chaque commissariat de police sera, pour cette opération, augmenté de deux employés spéciaux, qui ne délivreront de bulletin de logement qu'aux individus nés à Paris ou domiciliés dans cette ville depuis plus d'un an. Les garnis seront visités scrupuleusement par lesdits employés, avec l'assistance de la garde nationale, et tout individu qui ne se trouverait pas dans la position ci-dessus relatée, recevra une feuille de route, ainsi qu'un secours par étape pour se rendre dans son département, où des moyens d'existence lui seront assurés. — Cette mesure, que j'ai conseillée depuis six semaines, est de la plus haute urgence et débarrasserait Paris de près de trente mille hommes des plus dangereux.

4° Dans chaque profession, il sera nommé, par élection directe, un conseil composé de cinq ouvriers nommés par les ouvriers, et de cinq patrons nommés par les patrons. Ce conseil élira un syndic magistrat. — Il est nécessaire qu'il y ait un conseil par chaque profession, parce qu'on ne peut avoir de renseignements exacts et de solution satisfaisante et acceptable à la fois par les ouvriers et par les patrons qu'à cette condition. Voici quelle sera la méthode de formation de ces conseils, qui ne doivent pas, pour remplir leur but, exister seulement à Paris, mais bien dans chaque département. (Un conseil de chaque profession par département, dont les membres, rétribués par l'Etat, se réuniront au chef-lieu.) — Il sera ouvert dans chaque arrondissement un bureau où viendront s'inscrire les candidats, maîtres et ouvriers, aux fonctions de membres du conseil. Chaque candidat donnera une note détaillée sur sa profession, ses antécédents et sa personne, ainsi que sur la manière dont il comprend les fonctions auxquelles il aspire. Au bout de quatre jours, les listes seront récolées à l'Hôtel-de-Ville, et la liste générale des professions auxquelles un conseil est particulièrement nécessaire en ressortira, ainsi que celle des candidats aux fonctions de membres des conseils. — Il sera aussitôt, par la voie du sort, désigné un bureau provisoire pour chaque profession, composé de dix ouvriers et de dix maîtres. — Chaque bureau s'installera dans un local spécial, dont l'adresse sera publiée par voie d'affiche, et qui, pendant huit jours, inscrira tous les électeurs de la profession, en leur délivrant des bulletins pour l'élection (de couleur différente pour les maîtres et les ouvriers). Au bout de ce temps l'élection aura lieu et donnera naissance aux conseils de profession définitifs, dont les membres recevront une indemnité journalière et devront, sans retard, résoudre les questions suivantes, ainsi que celles relatives à la spécialité de la profession, et que leurs connaissances théoriques et pratiques particulières leur inspireront.

— Combien la profession occupe-t-elle dans le département de patrons et d'ouvriers?

— Combien, actuellement, s'en trouve-t-il en grève, et par quels motifs?

— Quelles sont l'époque, la durée, la nature, la cause des mortes-saisons?

— Quels sont les besoins et les souffrances générales de la profession, ainsi que les causes de malaise propres aux ouvriers qu'elle emploie?

— Quel est le taux moyen du salaire à la tâche ou à la journée?

— Fixer d'abord pour six mois le salaire ultérieur, soit à la tâche, soit au temps. (Dans ce dernier cas, on choisira pour unité l'heure au lieu de la journée, ce qui débarrassera de cette lourde question de la durée du travail, qui sera dès lors laissée au libre arbitre de l'ouvrier ou à l'accord qu'il en fera avec son patron.)

— Quels sont les moyens pratiques et possibles pour la profession, d'association : 1° des ouvriers entre eux ; 2° des ouvriers avec les patrons (du capital avec le travail) ; 3° des patrons entre eux, ainsi que de fondation de caisses de secours et de pensions de retraite ?

— Quels remèdes sont les plus efficaces pour parer à la crise actuelle et faire reprendre le travail pour tous les ouvriers dans des conditions satisfaisantes, et pour eux, et pour les patrons, et pour l'Etat ? Examiner cette question sous les points de vue : 1° d'avances à l'industrie privée; 2° d'avances à des associations des patrons et des ouvriers, simultanément ou entre eux ; 3° de création d'Ateliers nationaux, spéciaux à la profession, régis par un directeur nommé par le conseil, travaillant à prix de salaire réduit, employant le moins de matière première et le plus de main-d'œuvre possible, et dont les produits garantissant le capital fourni, soit par l'Etat, soit par les particuliers, s'écouleront, soit par l'exportation, soit lentement et au cours exact de l'époque à laquelle ils seront vendus.

Les conseils de profession dont je viens de parler devront servir de bureaux de placement gratuit et de circulation pour les ouvriers dans toute la France; à cet effet, et à l'avenir, ils publieraient tous les mois, dans chaque département, un état de situation indiquant les besoins ou les excédants d'ouvriers, renseignements au moyen desquels la balance pourrait s'établir dans toute la France pour la profession, et qui indiqueraient d'ailleurs le nombre d'apprentis à créer. — Les conseils de profession pouvant se réunir en conseil de famille (famille du bâtiment, famille des subsistances, famille de l'habillement, etc.), on déverserait ainsi l'excès d'ouvriers d'une profession dans une profession analogue. Les voyages d'ouvriers d'un point à un autre s'opéreraient, soit avec leurs économies, soit au moyen d'avances remboursables par une retenue sur le salaire.

Les avantages d'une semblable institution sont inappréciables; elle seule peut sauver Paris et la France de la crise qui nous frappe et du retour d'effroyables catastrophes, en rendant à l'Assemblée nationale la popularité et l'amour des ouvriers, en l'éclairant de la manière la plus nette sur les souffrances de l'industrie et de l'état social tout entier, et en lui indiquant les remèdes les plus énergiques et les plus salutaires.

Elle laissera d'ailleurs à l'Assemblée tout le temps de

préparer avec maturité le développement des travaux industriels, agricoles et publics, en se servant, comme le-
viers, de la colonisation, de l'exportation, de la circulation.

Elle démontrera d'ailleurs, je l'espère, comme je suis
convaincu que tous les ouvriers intelligents le savent, que
l'association des travailleurs vaut mieux que l'organisation
du travail.

E. Thomas.

II.

ORDRES D'EMBRIGADEMENT.

1. MINISTÈRE DES TRAVAUX PUBLICS. Paris, le 9 avril 1848

—

Au citoyen Émile Thomas,

Le maire de Neuilly m'écrit et me demande que les
ouvriers de sa commune soient employés aux travaux du
chemin du parc.

Règle générale, les ouvriers de la localité doivent participer pour un tiers dans les travaux de l'État, les deux tiers
étant fournis par nos ouvriers embrigadés.

J'écris au maire dans ce sens.

Salut et fraternité.
Marie.

Je voudrais bien causer avec vous, pouvez vous venir
dans la journée?

—

2. MINISTÈRE DES TRAVAUX PUBLICS. Paris, le 25 avril 1848.

—

Monsieur le Directeur,

Le ministre des Travaux publics vous autorise à embrigader les ouvriers de la commune de Belleville, a-

**

nombre, de trois mille, sous la condition par cette commune, de contribuer au tiers de la dépense.

> Salut et fraternité.
>
> *Le chef du cabinet,*
>
> ARMAND COQUET.

Le ministre des Travaux publics invite M. É. Thomas, à envoyer dans le Loiret un des élèves de l'École centrale attachés aux Ateliers nationaux pour préparer l'installation d'ouvriers qui seraient chargés des travaux d'ouverture du canal de la Sauldre.

> *Le secrétaire général,*
>
> BOULAGE.

Mon cher M. Thomas

Je vous prie de vous mettre immédiatement en rapport avec le maire de Charonne et de prendre la moitié des ouvriers.

J'aurais bien le désir de vous voir.

> Tout à vous.
>
> E. ADAM.

5. MAIRIE DE PARIS.   Paris, le 10 mai 1848.

—

Citoyen directeur,

Le maire de Pantin demande l'embrigadement dans les Ateliers nationaux de soixante-dix ouvriers de cette commune. J'appuie sa demande près du citoyen ministre des Travaux publics; mais comme il y a urgence, je vous invite directement, soit à organiser un atelier spécial, si le ministre l'autorise, soit à recevoir ces ouvriers dans l'atelier de Montmartre.

Je vous prie de faire connaître les dispositions que vous pourrez prendre aux ouvriers délégués que je charge de vous remettre cette lettre; vous leur indiquerez au besoin les conditions que chacun des ouvriers de Pantin auront à remplir pour être admis sur l'Atelier national que vous leur auriez désigné.

Salut et fraternité.

Pour le membre du Gouvernement provisoire,
Maire de Paris,
Le Maire adjoint,

Edmond Adam.

———

6. MAIRIE DE PARIS.   Paris, le 14 mai 1848.

—

Citoyen,

Le maire de Saint-Mandé demande l'embrigadement de cent ouvriers de sa commune sur deux cent-cinquante qui sont sans travail. Il se charge d'employer directement les cent-cinquante autres.

S'il vous est possible de comprendre ces cent ouvriers dans les Ateliers nationaux de la banlieue, vous voudrez bien vous concerter avec le maire pour leur embrigadement.

A cette occasion je vous prie d'assister à une réunion

de plusieurs maires des communes qui doivent se rassembler à l'Hôtel-de-Ville, lundi 15 du courant, à sept heures et demie du soir, pour la question des ouvriers.

Salut et fraternité.

EDMOND ADAM.

---

7. MINISTÈRE DES TRAVAUX PUBLICS.　　　Paris, le 15 mai 1848.

Monsieur le Directeur,

Je vous autorise à embrigader dans les Ateliers nationaux, la moitié des ouvriers de la commune de Vaugirard qui manque de travail; l'autre moitié restera à la charge de la commune. Veuillez vous concerter avec M. le maire pour procéder sans délai à cet embrigadement dans lequel il importe de ne comprendre que les ouvriers qui résident dans la commune.

Agréez, Monsieur le Directeur, etc.

Le Secrétaire général,

BOULAGE.

---

8. MAIRIE DE PARIS:　　　Paris, le 16 mai 1848.

Mon cher Citoyen,

Je vous adresse M. le maire des Batignolles auquel nous accordons l'autorisaiton de faire embrigader la moitié de ses ouvriers.

Tout à vous,

E. ADAM.

9. MAIRIE DE PARIS.   Paris, le 17 mai 1848.

—

Citoyen,

Je vous adresse le citoyen maire de la Villette pour s'entendre avec vous sur l'embrigadement de la moitié de ses ouvriers.

Il est convenu avec tous les maires de la banlieue que je vous ai envoyés déjà qu'ils concourront pour le tiers de la dépense.

Salut et fraternité,

E. ADAM.

---

10. MAIRIE DE PARIS.   Paris, le 18 mai 1848.

—

Je prie le citoyen Émile Thomas d'embrigader cinq cents ouvriers de la Chapelle qui lui seront envoyés par le maire de la Chapelle.

EDMOND ADAM.

---

11. MAIRIE DE PARIS.   Paris, le 20 mai 1848.

—

J'ai l'honneur de prévenir M. le maire de Charonne que M. Émile Thomas a reçu l'autorisation d'embrigader aujourd'hui même la moitié des ouvriers à la charge de sa commune.

EDMOND ADAM.

---

12. MINISTÈRE DES TRAVAUX PULICS.   Paris, le 22 mai 1848.

—

Je prie M. Émile Thomas de faire embrigader jusqu'à concurrence de la moitié, les ouvriers de la commune de Montrouge.

Le Secrétaire général

BOULAGE.

III.

QUELQUES LETTRES COLLECTIVES PRISES PARMI LES NOMBREUSES PROTESTATIONS DES OUVRIERS CONTRE LES DÉSORDRES DU 15 MAI.

Paris, 15 mai 1848,

Monsieur,

1. — Chargé par la quatrième compagnie du deuxième service du cinquième arrondissement de rédiger une protestation, que nous sommes en train de signer, je suis également chargé de vous la remettre; cette protestation toute spontanée de la compagnie, se rapporte à la revue de samedi. Ceux qui ont troublé l'accord ne sont pas des nôtres, nous les renions, ils ne sont pas nos frères.

Je viens en conséquence vous prier de m'adresser de suite une lettre d'admission pour moi et les quatre délégués.

En attendant votre réponse, je vous prie de me croire,

Votre tout dévoué,

LAURENT.

58, rue Rochechouart.

———

Au citoyen Émile Thomas.

Paris, le 17 mai 1848.

Citoyen,

2. — Je viens au nom de la brigade de la compagnie du service, vous marquer toute la peine que nous ressentons, d'entendre chaque jour les fausses accusations dirigées contre vous.

Soyez assuré, Citoyen, que tous ses membres sont restés et resteront étrangers, à ces sales menées de partis, si ce n'est pour vous défendre, s'il y avait lieu, et soutenir les bons droits de la République.

Je viens en outre, citoyen Directeur, vous prier d'agréer nos vœux de prospérité en remerciement de la sollicitude que vous portez chaque jour aux ouvriers nationaux, et vous dire : Comptez sur nous.

Au nom et pour la brigade,
Salut et fraternité.
Le Brigadier, BOURDIER.

22, rue des Messageries,

CITOYEN,

3. — J'assistais aujourd'hui à la revue du cinquième arrondissement, en qualité de lieutenant de la troisième compagnie, service Pérugia. Vous êtes passé devant ma lieutenance ; mais vous étiez tellement entouré, pressé, emporté par une masse compacte, que je n'ai pas pu vous parler.

M. Pérugia, après votre passage, m'a dit de licencier mes hommes ; je l'ai fait et suis moi-même parti. Un quart d'heure après, on est venu me dire que l'on vous avait insulté à la barrière du Combat.

Je viens protester contre les violences qui vous ont été faites et suis tout prêt à défendre, au péril de ma vie, l'homme qui fait vivre une masse de citoyens et qui contribue, par l'ordre qu'il a su introduire dans les Ateliers nationaux, à la tranquillité de Paris ; ordre qui a été troublé aujourd'hui par quelques communistes, que nous saurons mettre à la raison.

Agréez, citoyen Directeur, l'assurance de
ma considération distinguée,
Le Lieutenant de la troisième compagnie,
EUG. JEANNE DUCLOS.

Faubourg du Temple, 69.

---

4. — Au citoyen Émile Thomas, directeur général des Ateliers nationaux.

Paris, ce 15 mai 1847!

Citoyen,

Les soussignés composant la sixième brigade, deuxième

service, sixième compagnie des Ateliers nationaux, viennent vous exprimer le regret et le chagrin qu'ils ont éprouvé quand ils ont appris le désordre arrivé samedi dernier sur le boulevard de Strasbourg, pendant lequel des cris insultants pour vous ont été proférés; ils déclarent avoir été étrangers à ces manifestations, et protestent de leur obéissance et de leur dévouement au chef qui a été choisi pour diriger les Ateliers nationaux.

Agréez, citoyen, l'expression de nos

sentiments affectueux,

VIVE LA RÉPUBLIQUE

Suivent les signatures.

---

5. — *Au citoyen Émile Thomas, directeur des Ateliers Nationaux.*

Citoyen,

Je viens protester de toute mon énergie, au nom de la brigade dont je me fais honneur d'être le délégué, contre l'acte odieux de brutalité que quelques malheureux, égarés sans doute, ont exercé sur vous au moment où des élans de fraternité devaient partir de tous les rangs et de tous les cœurs.

Pitié! pitié! pour les hommes qui ne comprennent pas la sainte mission que vous remplissez. Qui vous frappe, nous frappe, nous travailleurs; puisque vous nous avez appelés loyalement à élaborer en commun les plans de cette vaste administration; les extrêmes se touchent, c'est bien, *Égalité! Fraternité!* Je suis heureux de pouvoir vous affirmer que notre indignation à tous a été spontanée; que le citoyen Hédouin, chef de notre première escouade, a été brutalisé en cherchant à faire rentrer quelques hommes dans de meilleurs sentiments. Oui, sous la blouse déloquetée du vieux prolétaire, il y a des cœurs jeunes et généreux; oui, sur le front courbé par les fatigues incessantes de l'exploitation, brille encore cette intelligence qui comprend que, sans l'échelle des grades, il n'est pas de mouvement, d'harmonie possible; il faut un tronc à l'arbre pour que les plus petites branches rapportent des fleurs et des fruits ; donc, respect à l'arbre du travail, c'est l'arbre de la *Liberté !*

Salut et fraternité.

Pour la brigade entière,

Le Délégué

DESVIGNES.

Cinquième arrondissement. — Quatrième service. — Dixième compagnie. — Cinquième brigade.

———

IV

LETTRE DE M. DESFOSSÉS, INSPECTEUR DE TRAVAUX.

25 mai 1848.

Monsieur Émile Thomas,

Permettez-moi de vous soumettre l'expression de l'opinion que m'a inspirée la lecture de la lettre que vous a adressée M. le ministre des travaux publics, en date du 25 courant.

Certes, la situation actuelle des Ateliers nationaux est intolérable. Elle amène après elle un avenir gros d'orages. Sans modifications profondes l'institution n'aura servi qu'à remédier à un mal invétéré et qui demande plus que des palliatifs.

L'agglomération d'hommes insoumis, fiers des droits qu'ils ont conquis et qu'a reconnus le pouvoir qui nous gouverne ; plus fiers de leur force indisciplinée ; persuadés de la possibilité d'une organisation du travail, qu'on leur avait présentée comme immédiate et devant réaliser pour eux tous les avantages qu'ils réclament à juste titre, mais qu'il leur est impossible de formuler parce qu'ils ne les ont jamais connus et qu'ils en ignorent, par conséquent, la juste limite ; les doctrines des clubistes habilement répandues chez eux par des agents de trouble et d'anarchie, les ont conduits à considérer les immenses sacrifices que fait

pour eux en ce moment la République, non comme un secours, mais comme une avance minime.

Ils pensent enfin qu'on leur donne moins que ce qu'on
leur doit et l'ignorance de leurs devoirs les amène à s'exa-
gérer leurs droits·

De là est venue la perturbation actuelle ; des nouvelles
mesures viendra l'anarchie prochaine ! Le travail qu'on
leur a offert et dont le résultat ne pouvait en aucun cas
devenir bien satisfaisant, s'est trouvé littéralement an-
nulé, ou peu s'en faut.

Messieurs les membres de la Commission des travailleurs
ont bien mis le doigt sur la plaie ; et cela n'était pas difficile ; mais M. le ministre a-t-il trouvé le remède ?

C'est ce que je conteste, et l'examen des mesures émanant de la Commission du pouvoir exécutif vous prouvera,
si déjà nous ne nous sommes rencontrés dans leurs appré-
ciations, que ces mesures deviendront, par leur sévérité,
par leur dureté même, après une indulgence extrème,
inexécutables dans leur ensemble, sans compression , sans
coërcition !

Et quelle compression, quelle coërcition serait assez puissante dans le moment présent pour réduire cent vingt
mille hommes forts de cette liberté de la misère que n'ef-
fraie aucune perturbation, parceque derrière chacune
d'elle leur raison obscurcie entrevoit le prisme d'un meilleur
avenir?

L'article 1er des mesures mentionnées dans la lettre du
ministre, porte que, etc.............

Mais cet article est inexécutable : à lui seul il soulèvera
toute cette population immense d'ouvriers. Comment? on
veut faire des soldats de tous les jeunes citoyens de dix-
huit à vingt-cinq ans enrôlés dans les Ateliers nationaux,
ou les renvoyer inhumainement ! A-t-on pensé que chacun
de ces jeunes gens a près de lui, dans les brigades, un
père, un parent ; en dehors une mère, une famille ! A-t-on
oublié que plusieurs d'entre eux sont soutiens de veuves
et d'orphelins?

Cette mesure est cruelle, elle suffit à elle seule pour bou-
leverser tout Paris Elle me paraît de plus, peu économique; car, à part les besoins de la guerre, *et dans ce cas*

tout y vient, il n'est pas de bon soldat, que je sache, qui coûte moins qu'un mauvais travailleur.

Pour ce qui est de l'article 4, il est illusoire dans son application, et les ouvriers, s'il est permis de donner ce nom à des gens qui font en ce moment tout autre chose que ce qu'ils savent faire, ne s'y laisseront pas prendre. Quoi! diront-ils, travailler à la tâche dans des travaux de nivellement, de régalage, là où il s'agit de déplacer sur un chemin de ronde une croûte de trente cinq à quarante centimètres d'épaisseur pour la reporter un peu plus loin·! Mais, en pleins terrassements, en tranchées régulières, nous n'y gagnerions pas vingt sous par jour! Le travail que nous avons fait jusqu'à ce jour ne nous en rapportera pas la moitié. Je suis orfèvre, moi. — Moi, je suis menuisier. — Moi, je suis peintre, etc., etc., donnez-nous des travaux en rapport avec nos facultés et nous gagnerons notre pain ! Mais jusques-là, nous proposer une tâche, c'est vouloir nous tromper ! !

L'article 5 réunit les inconvénients de l'article 4, plus l'exil, plus l'inconnu, hideux, horrible, inacceptable pour des gens qui, sans feu ni lieu, tiennent cependant à leur Paris.

Pour me résumer, l'arrêté en projet est inexécutable et j'ai la conviction que, s'obstiner à le mettre en vigueur serait donner le signal des plus grands désordres.

En effet :

L'article 1er atteint et blesse les affections de famille, puisqu'il tend à arracher, brusquement, à une vieille mère, à des sœurs, à des enfants, un protecteur naturel.

L'article 4 atteint l'existence de l'ouvrier qu'il lui est impossible de se procurer en travaillant à la tâche.

L'article 5 a le même résultat que le précédent, car une fois à la merci des ingénieurs des ponts et chaussées, que deviendra l'ouvrier inhabile aux rudes travaux qui exigent, pour y être rompu, qu'on y ait été initié dès la jeunesse?

Je ne vois, dans les mesures dont je vous entretiens, Monsieur Emile Thomas, que proscription déguisée, exil avoué, et plus bas encore misère et ruine !

— Vous ne vous y associerez pas !

Vous trouverez, dans votre ardente sympathie pour les classes ouvrières, un meilleur remède à tant de maux.

DESFOSSÉS,

V

TRAVAUX.

1. — *Travaux à exécuter, sollicités par M. Emile Thomas.*

1° Les terrassements du chemin de fer de ceinture, reliant entre eux tous les chemins de fer rayonnant Paris ;

2° Le chemin de fer d'Argenteuil pour relier le chemin de fer de Rouen à celui du Nord ;

3° Le creusement des canaux de Saint-Maur, de Saint-Denis. Prolongation à la basse Seine et à l'Oise ;

4° L'achèvement d'un grand nombre de voies de communication ; celles qui vont surgir par suite de la chute du mur d'enceinte d'octroi, reculé aux fortifications ;

5° L'exécution d'un grand nombre de voies de communication dans les communes de Batignolles, Surennes, Noisy-le-Sec ;

6° L'exécution de travaux de défrichement et d'irrigation pour l'agriculture ;

7° Le dock sec et à flot d'Ivry ;

8° Quatre quartiers à établir en plaine, logeant cinq mille familles ; sur le système des baux amphytéotiques et des avantages de la vie en commun ;

9° Quartier Rollin, avec le concours des propriétaires ;

10° d° Ferdinandville d° ;

11° Atelier de tissage ;

12° Prolongement de la rue des Pyramides et de la Bourse jusqu'au boulevard, et des trente-deux passages qui s'en suivront ;

13° Prolongement de la rue de Rivoli ;

14° Continuation du Louvre ;

15° Construction de l'Opéra aux Champs-Elysées ;

16° Achèvement des chemins de fer de Lyon, de Chartres, de Strasbourg, du Centre et de Bordeaux ;

17º Ponts sur la Seine à divers endroits notamment en face la préfecture de police ;

18º Chemin de halage de Neuilly au canal Saint-Denis ;

19º Barrage de Villequier ;

20º Achèvement des travaux de Romainville et de la Villette, pour la suppression de Montfaucon, et abaissement des Buttes dangereuses ;

21º Boulevard de Montmartre à exécuter en partie aux frais de la commune ;

22º Abaissement des Buttes Saint-Chaumont au bénéfice de la commune de Belleville ;

23º Voies souterraines à établir pour le roulage de Paris (système Kermaingant).

Tous ces travaux effectués soigneusement soit par nous-mêmes, soit par d'autres ingénieurs qui nous les avaient communiqués, ont précieusement été enfouis dans les cartons du ministère, et on n'a donné de suite à aucun.

———

2. — Monsieur le Directeur de la *Presse*,

Les débats de l'Assemblée nationale relativement à la question des Ateliers nationaux et les diverses appréciations que nous avons lues à ce sujet dans les organes de la presse, nous ont inspiré les réflexions suivantes que nous vous adressons pour être livrées à la publicité.

Nous pensons que vous voudrez bien faire place dans vos colonnes à ces quelques lignes, qui n'ont d'autre but que de rectifier quelques erreurs et de rétablir les faits dans toute leur vérité.

Agréez, Monsieur, l'assurance de notre parfaite considération ,

> Signé : IsouARD, sous-chef des études et des travaux ; E. HENRY, ingénieur civil ; COURTASSE, ingénieur civil ; F.-F. TAGUEL, ingénieur civil et ancien élève de l'École centrale.

Paris, le 30 mai 1840.

Après avoir calomnié les travailleurs des Ateliers nationaux, en publiant, comme l'a fait le *Constitutionnel*, des statistiques qui ne tendaient rien moins qu'à présenter ces ateliers comme composés de forçats libérés, de paresseux et de gens suspects, on veut aujourd'hui les présenter comme un ramassis d'hommes incapables de rien faire de bon et d'utile. Ainsi, le rapport de M. de Falloux à l'Assemblée nationale, accuse les Ateliers nationaux de n'avoir rien produit dont l'utilité fût une compensation des sacrifices que l'Etat a faits pour eux, et cherche à rendre responsable de cette impéritie, l'administration des ateliers qui n'aurait su proposer l'exécution d'aucun travail avantageux pour l'Etat.

Il faut pourtant que la vérité soit dite et que chacun accepte la responsabilité de ses actes, que le poids des fautes qui ont été commises retombe sur leurs auteurs. Nous affirmons que depuis l'organisation des Ateliers nationaux, les directeurs, sous-directeurs et chefs d'arrondissement, etc., ont adressé au ministre des travaux publics, divers projets de travaux à exécuter immédiatement, tels que :

1° Les terrassements du chemin de fer de ceinture, reliant entre eux tous les chemins de fer rayonnant Paris ;

2° Le chemin de fer d'Argenteuil pour relier le chemin de fer de Rouen à celui du Nord ;

3° Le creusement des canaux de Saint-Maur, de Saint-Denis. Prolongation à la basse Seine et à l'Oise ;

4° L'achèvement d'un grand nombre de voies de communication, celles qui vont surgir par suite de la chute du mur d'enceinte d'octroi, reculé aux fortifications ;

5° L'exécution d'un grand nombre de voies de communication dans les communes de Batignolles, Surennes, Noisy-le-Sec ;

6° L'exécution de travaux de défrichement et d'irrigation pour l'agriculture ;

7° Le dock sec et à flot d'Ivry ;

8° Quatre quartiers à établir en plaine logeant cinq mille familles ;

9° Quartier Rollin ;

10° Quartier Ferdinandville ;

11° Atelier de tissage ;

12° Prolongement de la rue des Pyramides et de la

Bourse jusqu'au boulevard, et des trente-deux passages qui s'en suivront ;

13° Route de Surennes ;

14° Mairie, église et école de Joinville-le-Pont.

Il était facile de choisir parmi ces travaux ceux qui auraient paru les plus urgents, et qui, par leurs genres, auraient été un puissant moyen de rétablir la confiance dans Paris, en même temps qu'ils assuraient à l'ouvrier, *dans son état*, un salaire proportionné et justement dû à son mérite ; il était facile de diriger sur ces divers points, les travailleurs. Les dépenses du Trésor nécessitées par les circonstances auraient été au moins fructueuses.

Mais, au contraire, on s'est abstenu de répondre aux divers projets présentés, et en laissant leurs auteurs dans l'incertitude, on les a obligés de faire exécuter des travaux qui, comme on l'a dit, ont été peu productifs comparés aux dépenses faites.

Ceux qui trouvent qu'on devrait moins prendre de souci des travailleurs, ne manquent pas de dire que la preuve de leur paresse est flagrante, puisqu'ils travaillent avec si peu d'ardeur aux ouvrages auxquels on les occupe ; ceux-là refusent probablement à l'ouvrier toute espèce d'intelligence, puisqu'ils ne comprennent pas que ce manque d'ardeur procède de l'inutilité même du travail.

Quant au refus prétendu des ouvriers de reprendre leurs travaux dans les ateliers industriels, ce refus ne peut être qu'une exception, s'il s'agit d'un travail aux conditions ordinaires et antérieures à la révolution, c'est-à-dire d'un travail rétribué comme par le passé.

On ne doit pas s'étonner que les ouvriers refusent de travailler pour des patrons qui, spéculant sur les circonstances, voudraient faire confectionner, à des prix réduits de moitié et même des trois quarts, des produits avec lesquels ils pourraient faire une terrible concurrence à leurs confrères qui, moins riches ou moins spéculateurs, n'auraient pu faire travailler aux mêmes conditions. Les ouvriers refusent dans ce cas de servir la convoitise et de se prêter à une exaction usuraire ; ils sont dans leur droit.

Les travailleurs ont fait, jusqu'à ce jour, preuve réelle d'abnégation en se montrant satisfaits d'un salaire de huit francs par semaine, salaire évidemment insuffisant. Mais s'il en a été ainsi, et s'ils persistent dans cet état, c'est parce qu'on leur a formellement promis en février une modification dans la répartition du travail et dans l'appréciation des salaires ; et s'ils refusent d'entrer dans les ateliers particuliers, c'est qu'ils attendent (suivant toutes les apparences en vain) l'accomplissement des promesses qui leur ont été faites.

Comme l'a fort bien dit la *Presse* du 29 mai, le langage du gouvernement à l'égard des ouvriers est bien changé depuis le mois de février.

— —

5. — A M. LE DIRECTEUR DES ATELIERS NATIONAUX.

Rapport concernant les travaux.

La disposition des hommes est bonne sous tous les rapports, seulement ils se plaignent du manque de présence sur les chantiers de leurs chefs de service, et lieutenants.

Cependant il y a des exceptions à faire, car les ateliers de MM. Masney, Cohen, Delmas, Pérugia, Canse, Constantin, Fontenay et Tessier, n'ont été suivis régulièrement qu'à cause de la présence assidue de ces Messieurs sur les ateliers.

Les transports de terre et fourniture de cailloux avaient été généralement peu surveillés. Des marchés faits à tort et à travers, ainsi que des réceptions trop faciles, ont été supprimés par la présence d'inspecteurs devenus responsables de ces dépenses importantes, nécessitées pour l'achèvement des chemins qui n'eussent pas été en état de réception sans la fourniture du caillou.

Des nivellements et redressements de pentes pour assurer l'écoulement des eaux ont été mis à exécution par le concours des inspecteurs, qui tous devaient être choisis parmi des constructeurs, architectes ou ingénieurs exercés.

De très-grands changements ont été faits pour le redressement indispensable de ces chemins.

A cet effet, un plan général a été dressé, avec profils et

détails de chaque partie de chemins et ateliers, faits ou en cours d'excution.

Les terres enlevées à un atelier ont été transportées sur un autre où les remblais étaient indispensables.

La pose de la bordure a été ordonnée, et elle est commencée toujours d'après les plans arrêtés à l'avance, ce qui nous permettra de répondre à toute demande, si une commission était nommée pour reconnaître le travail qu'avaient exécuté les Ateliers nationaux.

Quantité de projets, très-sérieusement étudiés, ont été faits et présentés (sans avoir obtenu de réponse), afin d'occuper plus sérieusement les ouvriers, et surtout en plus grand nombre, car c'est à peine si l'on peut en occuper trente mille par semaine en les employant deux jours seulement, lorsqu'il s'en trouve malheureusement cent quinze mille !

J'ai pensé que, dans cet état de choses, il était indispensable d'achéver ce qui était commencé, c'est-à-dire 40,000 mètres environ de chemins de ronde, rues et avenues, non compris l'assainissement de presque tous les boulevards extérieurs et rues attenantes qui étaient dans l'état le plus affreux, ainsi que le déblai des terrains de la ville dont le sol se trouvait en contre-haut du niveau adopté pour les rues, notamment derrière l'église Saint-Vincent de Paul, avenue Trudaine et autres, ainsi que le grand atelier du Trocadéro, où les terres servent à remblayer d'anciénnes carrières dangereuses au public, et à continuer le chemin de halage du quai de Billy.

Des travaux importants ont été exécutés à l'intérieur. (*Voir le plan*[1].) Les métrés de tous ces travaux seront très-prochainement dressés.

J'avais pensé que le transport du caillou extrait à Génévilliers par les Ateliers nationaux se ferait sans la perception des droits de canaux ; mais l'administration, par l'intermédiaire de M. Dupin, son chef, m'a refusé cet avantage, ce qui augmentera nos transports de 0 fr. 5o c. à peu près par mètre cube ; c'est pourquoi je pense qu'il est inévitable de faire cesser le transport par marine, et d'a-

---

[1] Ce plan était annexé au rapport.

cheter le complément au prix de 4 fr. à 4 fr. 5o c. pour en finir.

De nouveaux travaux, boulevard du Temple et rue Mongallet, viennent d'être indiqués par les ponts et chaussées aux chefs d'arrondissement. Je les ai de suite mis en cours d'exécution régulière, pour être achevés plus promptement.

Achèvement du Champ de Mars jour et nuit, par l'intermédiaire de MM. Langlois, Courtépée et Boulanger; et j'engagerais vivement Monsieur le Directeur a visiter de nouveau les ateliers, pour reconnaître par lui-même le résultat extraordinaire qui a été obtenu, malgré les dires de gens qui se plaisent à critiquer sans se rendre compte des difficultés sans nombre qu'il y a de faire exécuter de pareils travaux par des hommes qui changent chaque jour et qui n'ont aucune connaissance spéciale.

Salut, fraternité et respect.

PEAUCELLIER fils.

24 mai 1848.'

4. — AU CITOYEN MINISTRE DES TRAVAUX PUBLICS.

Citoyen,

Nous avons apporté jusqu'ici notre concours pour diriger les travaux des Ateliers nationaux, dans l'espoir que cette institution, tout en venant en aide aux besoins les plus pressants des travailleurs que l'état actuel de l'industrie laisse sans ouvrage, amènerait des résultats utiles en échange des sacrifices que le pays s'impose pour les entretenir.

Nous n'avons pas aujourd'hui de quoi occuper le quart des ouvriers embrigadés; cependant nous n'avons cessé de solliciter des travaux d'une utilité moins équivoque que ceux auxquels nous les avons employés jusqu'à présent.

Nous avons demandé plusieurs fois à exécuter les travaux de terrassement d'un chemin de fer de ceinture, reliant entre eux tous les chemins de fer qui rayonnent de Paris, le chemin d'Argenteuil pour relier le chemin de Rouen à celui du Nord.

Il serait encore possible de confier aux Ateliers nationaux le creusement du canal de Saint-Maur, la prolongation de celui de Saint-Denis à la basse Seine, ce même canal prolongé et réuni à l'Oise ; les chemins de halage de la Seine, notamment entre Neuilly et Saint-Denis, le chemin de halage de Colbec à Rouen et la traversée de Villequier ; *l'achèvement d'un grand nombre de voies de communication dans les communes des Batignolles, Surennes, Noisy-le-Sec, etc.*, l'endiguement de la Loire ; enfin l'exécution des travaux de défrichement et d'irrigation des terres incultes de la France et de l'Algérie.

Les chemins de ronde, les accotements et les contre-allées de plusieurs boulevards extérieurs, différents chemins dans l'intérieur ou à l'extérieur de Paris, représentant environ quarante kilomètres ; des travaux de terrassement à l'avenue Trudaine, au Trocadéro, aux Champs Elysées, près de l'église Saint-Vincent-de-Paul, et que nous avions entrepris, sont achevés ou sur le point de l'être.

Nous demandons qu'une commission, nommée par le ministre, présidée par lui, et composée d'ingénieurs des ponts et chaussées, d'ingénieurs civils, du directeur des Ateliers nationaux et d'agriculteurs, s'occupe immédiatement d'assigner des travaux aux Ateliers nationaux, et procède d'urgence pour cause d'utilité publique.

Les élections sont terminées à Paris, et aucune raison n'empêche les ouvriers d'aller porter leurs bras là où ils pourraient rendre des services au pays.

Les travailleurs honnêtes ne demandent que de l'ouvrage ; ils rougiraient d'être plus longtemps un fardeau stérile pour leurs concitoyens, et de prélever sur la nation un salaire qui ne porterait aucun fruit.

Quant à nous, nous croyons qu'il est de notre devoir, comme citoyens et comme ingénieurs, de protester contre le maintien de l'état de choses actuel, de ne pas laisser perdre la force vive de plus de cent mille hommes, de faire tous nos efforts pour qu'elle soit employée à de grands travaux d'utilité nationale, et de préparer pour l'avenir, au milieu de la crise actuelle, la prospérité industrielle et agricole de la France.

Salut et fraternité !

Paris, le 30 mai 1848.

Suivent les signatures de la direction, des chefs d'arrondissement et des inspecteurs de travaux.

VI.

MESURES RÈGLEMENTAIRES.

1. — *Séance du 9 mai 1848.* — *Conseils des travaux.*

Il a été arrêté que les marchés pour les fournitures des cailloux seraient traités par MM. les inspecteurs et soumis à l'approbation de M. Gonssolin.

MM. les inspecteurs en feront surveiller la livraison, et viseront, sur les factures des fournisseurs, les quantités fournies.

Tous les vendredis, ces factures seront présentées à la séance.

Chacun de MM. les inspecteurs fera ses efforts pour obtenir, dans sa section, l'achèvement des travaux commencés, et surtout des chemins de ronde.

Ils voudront bien aussi se préoccuper de trouver des travaux pour occuper, dans leurs sections, les ouvriers, après l'achèvement des travaux en cours d'exécution.

2. — ORDRE DU JOUR.

Nous apprenons que les ouvriers des Ateliers nationaux refusent de charger les tombereaux employés par l'administration, et que plusieurs même ont réclamé un pourboire pour exécuter un travail commandé par la Républi-

que ; chaque brigade désignée pour ce travail doit l'exécuter, sous peine d'être rayée immédiatement des cadres.

Le Commissaire de la République,
Directeur des Ateliers nationaux,

EMILE THOMAS.

Paris, le 17 mai 1848.

---

5. — Le sous-directeur chargé de l'administration rappelle
à MM. les employés de tous grades la teneur du règlement
des bureaux, et les prévient qu'il doit être strictement exécuté, particulièrement en ce qui concerne les heures d'arrivée et de départ.

Il les avertit, en outre, que l'introduction et la lecture
des journaux, dans l'intérieur des bureaux, est interdite.

PIERRE THOMAS.

Paris, le 1er mai 1848.

---

4. — A dater de mardi, 9 mai, les brigadiers devront,
dans la journée, faire l'inspection des livrets, s'assurer qu'ils
portent la désignation de l'arrondissement, le numéro du
service, celui de la compagnie ou atelier, le numéro de la
brigade, de l'escouade à laquelle appartient l'ouvrier, les
noms de ses lieutenants, brigadiers et chefs d'escouade, et
remplir cette formalité. Sans l'accomplissement de cette
mesure, nul secours ne sera délivré, nulle réclamation ne
pourra être satisfaite.

Le Commissaire de la République,
Directeur des Ateliers nationaux,

EMILE THOMAS.

Paris, 9 mai 1848.

ORDRE DU JOUR.

[p]ar sa lettre du 22 mai, M. le Ministre des Travaux Publics m'invite [à dresser] des états récapitulatifs de paye des ouvriers pouvant au besoin servir [de] pièces justificatives en cas de perte ou de lacération des feuilles de rôle [qui] doivent être dressés par dizaine et par service conformément au modè[le] ci-joint.

TRAVAUX PUBLICS.
—
ATELIERS NATIONAUX.

... arrondissement

M.

BORDEREAU SOMMAIRE des opérations [...] arrondissement, depuis le [...] jusqu'au [...] sous-caissier du [...] inclusivement.

DATES.	SOMMES REÇUES de la CAISSE CENTRALE.	SOMMES VERSÉES [À VER]SER A LA CAISSE.				EXCÉDANTS DE		OBSERV.
		En feuille de rôle.	En autres pièces de dépense.	En numéraire.	Total.	Recettes.	Dépenses.	
Total du [...] au [...] inclusivt.								
Total au [...]								

Vu
Le chef du [...] arrondissement
Paris le [...] 1848

Certifié conforme le présent bordereau par le
sous-caissier du [...] arrondissement
Paris le [...] 1848.

Le montant total des dépenses de chaque compagnie sera certifié en [...] par les chefs de compagnie puis par le chef de service et aussi par u[n] certifié mis à la main par le chef d'arrondissement. Ces états seront dres[sés ...] [...comptables] des chefs de service, ils devront être en parfaite concordance ave[c] les feuilles de rôle et les bordereaux récapitulatifs de ces feuilles, enfin ils [...] pour être vérifiés aux sous-caissiers d'arrondissement, ceux des première [et] deuxième dizaines de mai devront être remis à M. Borda (bureau des vérifica[tions ...] de ce mois.

Le directeur,
ÉMILE THOMAS.

Résumé du recensement par professions, des ouvriers des Ateliers nationaux au 19 mai.

Afficheurs.	8	Report.	7471
Aiguiseurs.	9	Ciseleurs.	1413
Albâtriers.	9	Criniers.	9
Ajusteurs.	8	Confiseurs.	408
Apprêteurs.	118	Couverturiers.	57
Argenteurs.	23	Cuilleristes.	24
Armuriers.	123	Couvreurs.	249
Balanciers.	136	Couteliers.	57
Batteurs d'or.	12	Courtiers.	36
Batteurs d'étain.	61	Corroyeurs.	408
Bijoutiers.	1755	Cordiers.	93
Blanchisseurs.	12	Cordonniers.	1869
Bourreliers.	165	Confiseurs.	87
Boutonniers.	144	Conducteurs.	15
Boulangers.	261	Cochers.	570
Bouchers.	90	Coiffeurs.	42
Bonnetiers.	529	Coloristes.	9
Briquetiers.	18	Colleurs.	21
Brocanteurs.	24	Colporteurs.	30
Brocheurs.	24	Commis.	399
Brunisseurs.	18	Commissionnaires.	120
Bretelliers.	9	Concierges.	126
Brossiers.	261	Compassiers.	15
Broyeurs.	111	Carreleurs.	123
Brasseurs.	30	Cardeurs.	9
Chiffonniers.	24	Cartonniers.	171
Carrossiers.	9	Cloutiers.	123
Carriers.	27	Cartiers.	30
Cambreurs.	9	Découpeurs.	111
Canneleurs.	9	Décorateurs.	9
Chandelliers.	27	Débardeurs.	66
Chaliers.	150	Dégraisseurs.	6
Chapeliers.	529	Dessinateurs.	201
Charpentiers.	1395	Domestiques.	621
Charrons.	570	Doreurs.	804
Charretiers.	177	Distillateurs.	12
Chaudronniers.	381	Divers états.	2937
Chaussouniers.	117	Ebénistes.	5091
Chauffeurs.	51	Emailleurs.	45
Chocolatiers.	39	Employés divers.	732

Report.	24611	Report.	54608
Entrepreneurs.	9	Métreurs.	12
Estampeurs.	141	Modeleurs.	15
Facteurs de pianos.	102	Monteurs en bronze.	729
Ferblantiers.	565	Mouleurs.	126
Fileurs.	417	Miroitiers.	75
Fleuristes.	69	Meuniers.	9
Fontainiers.	9	Militaires.	96
Fondeurs.	1728	Musiciens.	27
Forgerons.	576	Marchands.	9
Fourbisseurs.	21	Opticiens.	210
Frappeurs.	48	Orfèvres.	213
Fumistes.	432	Palefreniers.	34
Gaîniers.	123	Papetiers.	90
Gantiers.	93	Papiers peints.	381
Gaziers.	192	Parquetteurs.	78
Garçons divers.	318	Parfumeurs.	9
Graveurs.	645	Parapluies.	72
Hommes de peine.	552	Passementiers.	327
Horlogers.	514	Patissiers.	165
Imprimeurs.	1246	Paveurs.	57
Jardiniers.	312	Perleurs.	12
Joailliers.	9	Peigneurs de laine.	108
Jouets d'enfants.	15	Peintres divers.	3957
Journaliers.	8976	Pelletiers.	9
Lampistes.	78	Plaqueurs.	54
Lainiers.	48	Piqueurs.	21
Lanterniers.	9	Plombiers.	191
Lapidaires.	84	Perruquiers.	24
Layetiers.	117	Polisseurs.	336
Limonadiers.	153	Plumassiers.	9
Lithographes.	135	Porcelainiers.	42
Libraires.	00	Portefeuillistes.	51
Limeurs.	21	Potiers.	99
Lisseurs de dessins.	21	Sans professions.	7635
Lunettiers.	44	Professeurs.	15
Lisseurs.	9	Raffineurs.	66
Luthiers.	15	Relieurs.	342
Maçons.	4341	Régleurs.	12
Marbriers.	858	Scieurs de long.	852
Maroquiniers	61	Sculpteurs.	1144
Matelassiers.	21	Selliers.	399
Mariniers.	36	Serruriers.	2934
Maréchaux.	102	Tabletiers.	198
Mécaniciens.	442	Tanneurs.	75
Menuisiers.	6312	Tapissiers.	345

Report.	75772	Report.	85475
Tailleurs d'habits.	1899	Terrassiers.	1254
Tailleurs au maillet.	780	Teneurs de livres.	12
Taillandiers.	39	Teinturiers.	366
Toiseurs.	9	Treillageurs.	12
Tourneurs.	2429	Typographes.	57
Tonneliers.	2631	Vanniers.	69
Tôlliers.	99	Voituriers.	99
Tireurs papier.	27	Vernisseurs.	156
Tisserands.	1572		87,942

VII

1. — LETTRES REMISES PAR LE MINISTRE, A M. ÉMILE THOMAS.

Monsieur,

J'ai l'honneur de vous annoncer que, par un arrêté de ce jour, je vous ai chargé d'aller étudier, sur le terrain, la question du prolongement des canaux des Landes jusqu'à Bayonne, et de rechercher les moyens d'installer des brigades d'ouvriers qui seraient employées à l'exécution des travaux et à des essais de colonisation agricole.

Je donne des instructions à MM. les préfets de la Gironde et des Landes pour qu'ils vous procurent les facilités dont vous aurez besoin dans l'accomplissement de votre mission.

Je vous invite à vous rendre immédiatement à Bordeaux où le siége de votre service sera établi.

Le Ministre des Travaux publics,

TRÉLAT.

26 mai 1848.

Monsieur le préfet,

2. — J'ai l'honneur de vous annoncer que, par un arrêté en date de ce jour, j'ai chargé M. Emile Thomas d'étudier la question du prolongement des canaux des Landes jusqu'à Bayonne, et de rechercher les moyens d'installer des brigades d'ouvriers qui seraient employées à l'exécution des travaux et à des essais de colonisation agricole.

Je vous prie de procurer à M. Thomas toutes les facilités dont il aura besoin pour remplir sa mission.

Le Ministre des Travaux publics,

Trélat,

26 mai 1848.

VIII

1. — Pièces relatives a l'enlèvement.

Voilà trois jours que la garde nationale est sur pied à propos des Ateliers nationaux. A défaut d'autres preuves, celle-ci suffirait pour démontrer le vice d'une pareille institution. Qu'on dépense des millions en pure perte pour un simulacre de travail, c'est déjà un grand mal, quand les finances de l'Etat sont si obérées, Mais que les citoyens qui ont besoin de s'occuper de leurs affaires, et qui se livrent, eux, à un travail réel, se voient déranger à chaque instant pour garantir l'ordre menacé par les Ateliers nationaux, c'est ce qui devient intolérable. Gaspiller à la fois et le temps et l'argent, c'est trop de moitié ! Paris ne peut supporter un tel régime.

Aujourd'hui, dès quatre heures du matin, le rappel a été battu. Dans nos principales rues, sur les boulevards, on ne rencontrait que des faisceaux d'armes. L'appareil de la guerre civile se présentait de tous les côtés. Les abords de l'Assemblée étaient gardés par une force imposante. On se serait cru au lendemain du 15 mai.

De quoi donc s'agissait-il? Tout le monde le sait. Le gouvernement a pris, à l'égard du directeur des Ateliers nationaux, une mesure inconcevable. Il l'a fait partir nuitamment pour Bordeaux. Il lui a imposé de force une mission qui ressemblait à une lettre de cachet. Ce procédé a naturellement ému l'opinion, et, même après les explications données aujourd'hui à l'Assemblée nationale par M. Trélat, nous ne pouvons nous l'expliquer.

Le gouvernement avait-il l'intention de faire jouer à M. Emile Thomas le rôle d'une victime intéressante? Non, probablement. Pourquoi donc ce mystère, cet exil clandestin, ces formes inusitées? De grands abus se sont glissés dans la gestion des Ateliers nationaux; c'est évident, et le ministre des travaux publics l'a très-clairement insinué, à travers toutes ses réticences. Si l'on a des motifs de plainte contre M. Emile Thomas, pourquoi ne pas les faire connaître hautement ? Pourquoi ces ménagements ? Pourquoi ces faiblesses ? Est-ce que M. Emile Thomas serait devenu une de ces puissances pour lesquelles les lois ordinaires ne sont plus faites ? Voit-on en lui un prétendant si redoutable, qu'on se croie tenu de procéder à son égard par le bannissement ? Le gouvernement, qui dépose tous les jours tant d'employés, ne se sent-il pas la force d'agir avec M. Thomas comme avec les autres ? En vérité, on se ferait un jeu de créer des émotions dans le public, qu'on n'agirait pas autrement ! Tout ce qui vient de se passer porte le cachet de la plus insigne maladresse. Coupable de malversation, — et ici, nous ne faisons qu'une simple supposition, car nous ne connaissons pas assez les faits, — M. Emile Thomas devait être déféré à la justice. Coupable d'insubordination vis-à-vis de ses supérieurs, — et c'est ce qui semble résulter du discours de M. Trélat, — M. Emile Thomas devait être déposé purement et simplement. C'est là la règle commune, applicable à tout le monde, dans un système de gouvernement quelque peu régulier. Hors de là, il n'y avait place que pour l'arbitraire et l'illégalité. Hors de là on ne pouvait réussir qu'à produire ce que nous voyons : de l'agitation, des alarmes, la capitale tout entière obligée de s'armer, des rues et des promenades transformées en bivouac, de nouveaux obstacles apportés au rétablissement de la confiance, un homme contre lequel on a peut-être de légitimes griefs, et à qui on fournit un prétexte de faire placarder sur tous les murs de Paris des appels dangereux à la sympathie publique !

M. Trélat aujourd'hui, en répondant aux interpellations qui lui ont été adressées, a beaucoup parlé de ces tourments ministériels et des insomnies que lui a causées le directeur des Ateliers nationaux. S'il s'était montré plus ferme dans l'exercice du pouvoir qui lui est confié, il se serait épargné une partie de ses souffrances morales, et il aurait épargné à la population parisienne des inquiétudes, des excitations qui achèvent d'anéantir le commerce. Pour avoir manqué de fermeté, il a été obligé de recourir à des expédients qui ne sont plus de notre siècle. Ce n'est pas là racheter un premier tort, c'est l'aggraver !

Nous regrettons vivement que l'Assemblée ait étouffé par l'ordre du jour le débat qui s'était engagé à ce sujet. Les questions de cette nature, quand une fois elles sont soulevées, doivent être vidées. Il faut que chacun puisse voir jusqu'au fond ce qu'elles contiennent, afin qu'on n'ait plus à y revenir. La France a, sans doute, bien autre chose à faire que de sonder cette énigme de l'enlèvement de M. Thomas ! Mais savez-vous pourquoi tout le monde s'en préoccupe ? C'est qu'il y a là un précédent qui, si on le laisse passer, pourra devenir fertile en mesures d'exception.— Nous reviendrons, pour notre compte, sur ce point.

Au surplus, cette lourde charge des Ateliers nationaux ne peut être plus longtemps maintenue. Tout le monde le sent aujourd'hui. M. de Falloux a présenté, dans la séance qui vient de finir, un projet de décret qui a pour but de leur enlever un partie de leurs inconvénients. Mais il y aura beaucoup à faire encore.

(Extrait de la Presse du 30 mai.)

2. — PROTESTATION DES OUVRIERS DES ATELIERS NATIONAUX.

Citoyens,

Depuis trois jours, nous nous réveillons au bruit du rappel : nous descendons dans la rue, nous nous informons de ce qui en est la cause, et nous sommes fort étonnés d'apprendre que ce sont les ouvriers des Ateliers nationaux qui troublent la tranquillité publique.

Nous nous demandons quelle peut être la source de ces prises d'armes que l'on renouvelle ainsi. Nous ne pouvons nous les expliquer qu'en parcourant les rues où l'on rencontre des groupes. N'est-il pas facile d'y remarquer des hommes qui font les récriminations les plus malveillantes, les plus absurdes, les plus calomnieuses contre les citoyens qui composent nos Ateliers nationaux ? N'est-il pas évident que des meneurs, à la solde de différents partis réactionnaires, cherchent, par de fausses insinuations, à amener une collision entre des citoyens qui n'ont qu'un même but, qu'une même pensée ? Que demandons-nous? Que l'on s'occupe sérieusement de décréter, de sanctionner notre droit au travail, d'établir sur de larges bases le principe d'association et les moyens de le réaliser. Hommes de labeur, nous ne cherchons point à vivre dans l'oisiveté, nous voulons un travail productif. Pour cela, organisez-le de manière que nos facultés soient employées efficacement.

Si cette manifestation n'avait eu lieu que samedi 27, nous l'aurions comprise ; car d'après la disparition du citoyen E. Thomas, on pouvait craindre une protestation en sa faveur. Mais comment voulez-vous que nous prenions fait et cause pour quelqu'un, lorsque nous ignorons même ce qu'on lui impute. Seulement, il est incroyable que le pouvoir exécutif reste muet à son égard, en face de ce qui se passe. L'opinion publique, n'en doutons pas, fera justice de ces odieuses calomnies et flétrira les individus qui se servent de tels moyens pour parvenir à leur but.

Vive la République démocratique et sociale !

Les Membres de la Commission des délégués.

Bachelot, Chocat, Cornu, Labache, Ligonier, Laffitte, Lambert. Bacon, président ; Gibon, secrétaire ; Eugène Garsin, secrétaire ; Ch. Courtet, délégué.

30 mai.

———

IX

4. — PIÈCES RELATIVES AUX ÉLECTIONS.

Lettre adressée au public, par les employés des Ateliers nationaux.

Citoyens,

Pour vous tous qui connaissiez le citoyen Emile Thomas, et saviez ce qu'il vaut, ce qu'il projetait pour l'avenir du travail, ce que son cœur renfermait de sympathie pour l'émancipation politique et matérielle des travailleurs, cet écrit est inutile.

Travailleur lui-même, le salut public l'avait engagé à quitter ses occupations pour accepter une tâche, sinon au-dessus de ses moyens pour la remplir dignement, du moins au-dessus de ses forces, pour la lutte que lui préparaient l'envie et ses sourdes manœuvres.

Là, encore une fois, d'autres ont été appelés à recueillir le fruit du dévouement.

Mais vous qui ne connaissiez pas le citoyen Emile Thomas, et qui ne l'aviez apprécié que par les services qu'il a rendus, mais dont l'opinion que vous vous étiez formée de lui a pu être faussée par les événements extraordinaires qui ont préparé et consommé sa chute du poste si honorable qu'il remplissait, c'est à vous que nous adressons ceci.

Après une excessive indulgence envers les ouvriers des Ateliers nationaux, le pouvoir, poussé par l'Assemblée constituante, a voulu adopter un système diamétralement opposé.

Le citoyen Emile Thomas a cherché à mettre une digue à cette brusque irruption de mesures sévères; il a cherché à en adoucir l'effet, à en préparer l'adoption et il s'est refusé à les appliquer immédiatement, parce que, dans sa pensée, ce but ne devait être atteint que par des moyens transitoires.

Voilà son crime, voilà son insubordination, voilà les motifs des actes extra-légaux qui ont été posés vis-à-vis de lui.

Pour vous donner une idée de la sévérité des mesures dont on voulait lui imposer l'exécution et la responsabilité, et que, malgré son éloignement, on n'a pas encore effectuées, nous les reproduisons ici, extraites de l'instruction émanée du ministère des travaux publics. (*Suit la série des cinq mesures, voyez page* 271.)

Que penserez-vous, citoyens, de l'article Ier? Sera-t-il facilement exécutable? Il faudra donc faire des soldats de tous les jeunes citoyens de dix-huit à vingt-cinq ans enrôlés dans les Ateliers nationaux ou les renvoyer ! A-t-on pensé au désespoir des familles ? A-t-on oublié que plusieurs jeunes hommes de cet âge sont soutiens de veuves ou d'orphelins ? Et puis la belle économie ! Nous n'aurions jamais cru qu'un soldat engagé à long terme coûtât moins qu'un médiocre travailleur, momentanément à la charge de la République, et nous étions bien loin de croire que l'enrôlement fût la dernière ressource de nos jeunes ouvriers.

Quant aux autres articles, chacun porte la trace des mêmes dispositions peu bienveillantes ; chacun était également impossible à exécuter du jour au lendemain.

Le citoyen Emile Thomas devait refuser de s'associer à de semblables mesures. Il l'a fait.

Mais nous devons aussi, nous, citoyens électeurs, le récompenser de sa consciencieuse conduite, et remplacer la dignité qu'il a perdue par celle de représentant du peuple, de ce peuple pour les intérêts duquel il a sacrifié les siens.

Nommons donc le citoyen Emile Thomas représentant pour le département de la Seine, et que la reconaissance du peuple le dédommage de l'ingratitude du pouvoir.

1ᵉʳ juin.

(Suivent les signatures d'un grand nombre des employés supérieurs des Ateliers nationaux.)

---

2. — Monsieur le Rédacteur, de la *Liberté*,

Notre volonté ferme est d'obtenir pour Emile Thomas la plus éclatante comme la plus juste réparation. M. le ministre des travaux publics nous a donné cette réparation, écrite il est vrai, mais il ne s'est pas expliqué assez clairement à la Chambre, selon nous.

La sympathie universelle que nous trouvons partout pour Emile Thomas parmi nos concitoyens, nous fait un devoir de publier une profession de foi retrouvée dans ses papiers, profession de foi que les circonstances étranges dans lesquelles on l'a placé lui auraient fait modifier sans doute, mais qui n'en est pas moins l'expression de sa pensée, de ses opinions et du sentiment de ses devoirs.

Aug. Lemeure, ingénieur civil ; Desnoguez, ingénieur ; Borda, ingénieur civil ; Ch. Huot, ingénieur ; Riot, Desnoyer, Humblot, Reinhart, Heroé, Lefèvre, lieutenants aux Ateliers nationaux ; Sassary, ancien entrepreneur; LAVAND, lieutenant aux Ateliers nationaux; VINCENT.

—

5. — *Aux électeurs du département de la Seine.*

Citoyens,

Aux élections dernières, mes amis particuliers et un grand nombre d'ouvriers dont je m'honore d'avoir mérité l'affection, m'ont pressé vivement, et à diverses reprises, de me présenter comme candidat à l'Assemblée nationale.

Quelque touché que je fusse de ces témoignages d'estime et de sympathie, je n'ai pas cru que le mandat de représentant du peuple fût compatible avec celui de directeur des Ateliers nationaux. L'œuvre d'urgence pour laquelle ils venaient d'être formés absorbait d'ailleurs toutes mes pensées et tous mes instants; je me devais tout entier aux actives et difficiles fonctions que le Gouvernement provisoire avait confiées à mon dévouement; je me refusai donc aux instances électorales qui m'étaient faites : cependant près de trente mille suffrages vinrent me trouver. Leur spontanéité, sans rien changer à mes résolutions, n'engageait que ma reconnaissance, mais les motifs de mon refus n'existant plus, je crois, pour mille raisons facilement appréciables, devoir prendre aujourd'hui l'initiative de la candidature.

A cette heure, en effet, mes obligations ont changé avec les circonstances; la partie la plus délicate et la plus laborieuse de ma mission est heureusement accomplie. Les ouvriers accourus vers le refuge hospitalier qui leur était ouvert, non-seulement pour obtenir un soulagement à leur misère, mais pour se soustraire à des égarements dangereux, que la faim excuse et que les factions exploitent, ont déjà compris que si, dans un moment de crise, l'Etat s'était paternellement substitué à leurs patrons, cette substitution anormale ne pouvait se prolonger.

Le peuple, éclairé par cette nouvelle épreuve, est plus que jamais convaincu que l'activité individuelle ne saurait être remplacée par l'aumône collective. La France tout entière, avec ses milliers d'usines, de manufactures, de

métiers, d'entreprises industrielles, commerciales, agricoles, artistiques, la France tout entière est le vaste atelier,
où les *Ateliers nationaux*, ressource précaire née de la
perturbation des lois du travail, doivent verser désormais
et répartir graduellement la population ouvrière. Elle restera sans doute aux Ateliers nationaux qui l'ont accueillie,
tant qu'elle ne trouvera point à s'occuper ailleurs ; mais
des abris plus sûrs, des occupations plus honorables et plus
lucratives s'offrent de différents côtés et tendent à se mul-
tiplier de toutes parts.

L'heure est donc venue pour celui qui, dans un élan
d'inspiration soudaine, s'est chargé d'un fardeau devant lequel les plus hardis reculaient, qui l'a porté avec courage
du moins, et n'a fléchi ni sous la calomnie, ni sous la menace, ni sous sa propre responsabilité ; l'heure est venue
pour moi d'aspirer à l'honneur de servir à la tribune les
intérêts réels de la population industrieuse. Ce n'est pas
l'ambition qui m'y porte : c'est le besoin, c'est le devoir de
répondre aux interpellations, d'entrer dans toutes les explications qu'il appartient au pays de réclamer, de payer
mon tribut d'observations positives sur la grande question
du siècle, question dont je changerais volontiers la formule:
Organisation du travail, pour celle-ci : *Moralisation,
association des travailleurs*. J'ajouterai, pour résumer
en un mot le problème qui nous agite : *A chacun suivant
sa capacité, à chacun suivant ses œuvres*. J'ajouterai
tout de suite, comme complément de ma pensée, sauf à la
développer plus tard, j'ajouterai ceci : *Le Gouvernement
ne doit être ni propriétaire, ni entrepreneur*.

Quant à ma profession de foi politique, elle sera courte.

A mon âge, on est républicain naturellement et de
cœur. Mais, comme l'époque dans laquelle nous vivons mû-
rit vite un jeune homme, je puis dire encore que mes
convictions réfléchies me confirment dans ma foi républicaine.

Mes précédents ne remontent pas à une date éloignée ;
mais l'exemple et les leçons d'un père, dont la ville de Paris
a connu et apprécié les services, n'ont pas été perdus pour
moi. Je me suis formé, de bonne heure, sous les regards de
ma famille, aux sentiments d'honneur, à la vie active, à

l'utilité pratique, aux théories applicables. Mes études, comme ingénieur civil, ont fortifié cette éducation première, et l'école de l'adversité, la nécessité de me suffire à moi-même et d'être utile aux miens, m'ont fait homme de bonne heure.

Aussi, est-ce en homme que j'ai supporté les petites injures et les grosses injustices ; aussi, est-ce en homme que j'ai discerné les vertus de nos frères malheureux, le caractère généralement honorable des ouvriers sauf quelques apparences fâcheuses, qui proviennent, soit du malheur lui-même, soit des vices et des instincts pervers de quelques-uns ; aussi n'hésitai-je point à déclarer que la masse des bons ne demande pas mieux que d'expulser de ses rangs le petit nombre des mauvais. Aujourd'hui, surtout, si l'on si prend bien, l'épuration est devenue facile ; aujourd'hui, la seule organisation possible, c'est-à-dire l'application réelle et utile des facultés de chacun, est à l'ordre du jour dans les Ateliers nationaux ; l'armée des travailleurs se discipline ; elle est prête à entrer dans les voies véritablement sociales que vont lui tracer ses chefs naturels, ses représentants légitimes : ceux-ci prenant pour base d'opération le territoire français dans toute son étendue, dirigeront sur les points où les bras manquent, les soldats du labeur et de l'industrie, que l'association particulière et libre, ou le choix volontaire d'une occupation régulière et spéciale, n'aura point attachés à un poste sédentaire.

C'est à cette œuvre que je contribuerai autant qu'il est en moi, par la pensée, par la parole, après l'avoir préparée par l'action.

EMILE THOMAS.

4. — LES OUVRIERS DES ATELIERS NATIONAUX A LA GARDE NATIONALE.

D'odieuses calomnies ont été répandues contre nous.

Elles ont trouvé des échos dans la presse et à la tribune.

Il faut que le peuple sache enfin que nous sommes dévoués de cœur et d'âme à la patrie, aux principes sacrés de l'ordre et de la liberté ; que si notre œuvre n'a pas répondu aux sacrifices faits par la République, c'est que le travail a manqué à notre bon vouloir.

Pour justifier de nos bons sentiments, il suffit de nous connaître.

Que la lumière se fasse donc !

Envoyons d'un commun accord à la représentation nationale, Emile Thomas, qui a défendu, jusqu'à être victime de son dévouement, la cause de la démocratie et de l'ordre.

Représentant du peuple, il soutiendra nos droits, il fera connaître nos véritables sentiments, et dira à la France que les ouvriers sont liés fraternellement à la garde nationale pour défendre l'ordre et les principes sacrés inscrits sur notre bannière républicaine : liberté, égalité, fraternité.

RECCOUF, LEPETIT, SILLOT, A. DELARME, A. PICARD,
ouvriers délégués des Ateliers nationaux.

X

1. — REPONSES AUX ATTAQUES DE M. TRÉLAT.

On nous prie de publier la lettre suivante en réponse à une note qui nous a été communiquée, et que nous avons publiée sur la nouvelle direction des Ateliers nationaux de Paris :

« Monsieur le Rédacteur,

» Les violences dont vous parlez dans votre journal du 4 étaient le fait de fauteurs de troubles, dont l'ordre maintenu par Emile Thomas dérangeait les projets ; il n'avait point de baïonnettes pour le défendre, et sa popularité auprès des vrais travailleurs l'a toujours sauvegardé. Le nombre assez considérable de voitures, beaucoup moindre d'ailleurs que celui que vous annoncez, affecté au service des Ateliers nationaux, est non-seulement resté le même sous la nouvelle administration, mais douze coupés de remise ont été depuis ajoutés au service spécial des chefs d'arrondissement.

» Quant aux dix chevaux supprimés, voici la teneur d'une lettre de M. le ministre, qui explique cette mesure :

» M. Emile Thomas nous a demandé l'autorisation de se défaire de dix chevaux maintenant inutiles pour le service des Ateliers, etc.

» TRÉLAT. »

» Le travail à la tâche avait été déjà substitué à celui de la journée dans nos ateliers intérieurs, en attendant l'obtention d'une semblable mesure pour les ateliers extérieurs; le premier ordre en a été signé le 25 mai dernier par M. Thomas.

» L'économie de 30,000 francs par jour devant résulter du recensement, sera obtenue sans doute comme nous l'espérions nous-même, mais encore faut-il attendre qu'elle soit réalisée pour en féliciter le nouveau directeur.

» Enfin, il y a lieu de croire, et nous sommes assez bon patriote pour l'espérer, que l'administration, soutenue et aidée par tout ce qui l'attaquait ou venait l'entraver, marchera désormais plus facilement dans des voies d'amélioration ; mais il est peu généreux d'ajouter pour nous le reproche à tout ce que nous avons souffert dans notre administration.

» Salut et fraternité.

RIOT,

27 mai 1848. *Ancien élève de l'Ecole centrale,*

(*Extrait du Constitutionnel du 5 Juin*).

« 2. — M. Trélat, républicain de la veille, a fait enlever M. Emile Thomas, absolument comme l'eût fait de quelque vilain quelque baron du douzième siècle !

» L'Assemblée nationale qui, devant un pareil acte arbitraire, aurait dû, indignée, se lever comme un seul homme, est restée paisiblement assise, tant il est vrai que la France est toujours la même.

» Semez-y de la liberté, il y poussera de l'arbitraire.

» De retour à Paris, M. Emile Thomas ne paraît pas devoir être d'humeur aussi accommodante que l'Assemblée nationale.

» Il demande une enquête, il la demande avec instance ! Il ne veut pas rester sous le poids d'insinuations perfides, plus lourdes à porter que des inculpations précises.

**

» Si nous sommes bien renseignés, le remplacement de M. Emile Thomas, loin d'avoir produit une économie, aurait pour résultat une grave augmentation de dépenses.

» Le relevé suivant nous est communiqué par un ami de la vérité, ennemi de l'arbitraire. Si les chiffres sont inexacts, M. Lalanne les rectifiera.

DÉPENSE DE 13 JOURS. GESTION E. THOMAS.		DÉPENSE DE 13 JOURS. GESTION LALANNE.	
Du 11 au 25 mai inclus.		Du 27 mai au 10 juin inclus.	
11	159,637 fr. 54	27	198,438 fr. 58
12	179,774 75	28 Dimanche	
13	196,107 42	29	190,922 25
14 Dimanche		30	173,856 36
15	184,904 06	31	201,813 93
16	180,243 62	1er Juin	149,360 75
17	169,109 71	2	188,580 04
18	182,908 06	3	204,416 79
19	182,879 79	4 Dimanche	
20	223,035 81	5	177,422 90
21 Dimanche		6	173,760 04
22	189,742 20	7	188,848 65
23	193,662 67	8	180,288 48
24	178,135 95	9	183,636 60
25	184,983 41	10	208,127 86
Total.. .	2,425,423 02		2,419,562 93

Reversé à la caisse générale par les caissiers d'arrondissement.

	32,731 90	Total	2,419,562 93
			2,393,693 12
Total	2,393,693 12		
		Différence. . . .	25,869 81

» Mais ceci n'est qu'un des points de l'accusation. Ces chiffres ne détruisent pas ce qui a été dit des dépenses exagérées, des *folles* dépenses, du luxe asiatique, des débauches romaines dont la hauteur des murs du parc de Moncéaux aurait protégé le scandale, pendant tout le temps que M. Marie a été ministre des Travaux publics, et M. Emile Thomas, directeur des Ateliers nationaux.

» Qu'y a-t-il de vrai, qu'y a-t-il de faux, qu'y a-t-il d'exagéré dans tous ces bruits que le *Moniteur* a achevé d'accréditer ?

» Il faut que la lumière se fasse.

» La question des Ateliers nationaux est loin d'être épuisée.

» Il n'y a d'épuisés que les crédits alloués.

» Le dernier des crédits alloués par l'Assemblée nationale est épuisé depuis avant-hier samedi. Il ne restait plus un centime pour payer ce matin les ouvriers.

» L'Assemblée n'a pas voté de nouveaux crédits.

» Avec quoi payera-t-on?

» Le ministre des finances a promis à son collègue, le ministre des travaux publics, 5oo,ooo fr., par une simple lettre d'avis ; mais une lettre d'avis n'est pas une lettre de change, et fût-elle une lettre de change, que, par le temps qui court, ce ne serait pas de l'argent.

» Est-ce qu'il n'y a pas le budget?

» Mais la spécialité du crédit est une barrière infranchissable !

» Ah ! c'était bon sous un gouvernement dilapidateur comme le dernier gouvernement ; mais sous un gouvernement régulier, économe, populaire, républicain, comme le gouvernement actuel, les barrières sont devenues inutiles. On prendra sur le crédit de 32 millions affecté aux routes et ponts.

» Mais ce sera un détournement, une prévarication !

» Est-ce donc que ce sera la première fois depuis le 25 février?

» En république, tout est bien, car tous les moyens se justifient par la fin.

» L'Assemblée nationale sera-t-elle de cet avis ? »

Émile de Girardin.

(*Extrait de la Presse, du 12 Juin.*)

---

3. — Nous publions aujourd'hui la lettre de M. Emile Thomas, que l'abondance des matières ne nous a pas permis d'insérer hier ;

Elle est catégorique.

M. Trélat, le ministère, la commission exécutive, ne peuvent pas la laisser sans réfutation.

Encore une fois, il faut que la lumière se fasse.

L'enlèvement de M. Emile Thomas est un acte d'arbitraire qui ne doit pas rester impuni.

Il y va de la sécurité et de la liberté de tous les citoyens.

« Monsieur le Rédacteur,

» Je suis heureux que, dans votre estimable journal, vous veuillez bien me donner l'occasion de répondre d'une manière nette à des accusations précises.

» Quant aux commérages du *Moniteur*, quant aux insinuations, aux réticences perfides du citoyen Trélat, républicain de la veille et despote du lendemain, je les dédaigne trop profondément pour y répondre autrement que par les voies judiciaires. Mais aux inculpations franches et loyales d'un homme sérieux, je répondrai par des faits.

» Avez-vous pu croire un instant, Monsieur, à ces reproches de faste, d'orgies romaines et de luxe effréné qu'on me jette à la face, en même temps qu'on m'enveloppe de la lourde responsabilité des fautes et de l'impéritie de quelques-uns des hommes auxquels je devais obéir, jusqu'à cette limite pourtant où la conscience, cette loi souveraine des honnêtes gens et des hommes de cœur, se révolte contre l'arbitraire et la mauvaise foi ?

» Au moins j'espère vous convaincre, car l'estime des gens de bien a pour moi une valeur que ne possèdent ni la faveur du pouvoir, ni même une popularité trompeuse.

» Fils d'un homme autrefois riche, qui, après avoir doté la ville de Paris de plus de *deux cent mille francs de rente*, est mort pauvre pour avoir lutté dix ans contre la faillite ; est mort à la tâche, après avoir sauvé jusqu'aux apparences de son honneur ; j'étais digne du nom que je porte et de la mémoire de mon père.

» Les fonctions que j'ai remplies, je ne les ai acceptées qu'à titre gratuit, parce que je les considérais comme une dette que tout bon citoyen doit payer à sa patrie. Je n'ai donc reçu aucun appointement.

» Les accusations de débauche et d'orgie doivent tomber devant ce seul fait, que ma mère n'a pas quitté le pavillon de Monceaux tout le temps que j'y ai séjourné, et qu'elle y a sans cesse présidé à la maison et à la table du directeur des Ateliers nationaux.

» Le pavillon de Monceaux, que j'habitais, se compose seulement de sept pièces, dont trois servaient de bureaux ; il était fort délabré, et je ne l'ai fait réparer que sommairement.

» J'ai dû à l'obligeance du conservateur du Garde-Meuble des tapis communs, qu'on a jetés sur les parquets vermoulus ; de vieilles tentures qui ont dissimulé les crevasses des murs, et un mobilier fort peu somptueux. Bien loin que mon appartement fût décoré de tableaux précieux et de riches dorures, il n'y avait pas même une seule glace.

» Le Gouvernement provisoire m'avait accordé, en raison des exigences mêmes du service, qui, au commencement de l'organisation, était de toutes les heures, des frais de table pour dix personnes, à raison de six francs par tête et par jour.

» Ma table a été ce qu'elle devait être, simple et convenable. Mes convives, employés de tous grades aux Ateliers nationaux, peuvent en témoigner.

» Si je n'ai pas rendu complètement public le parc de Monceaux, je le devais, et à cause de l'importance du service qui s'y exécutait, et parce qu'en *bon père de famille* j'étais responsable, à l'égard de l'administration de l'ex-liste civile, des dégâts qui s'y seraient commis ; mais je n'ai jamais refusé les cartes d'entrée aux personnes qui m'en ont demandé, et tous les dimanches les portes de cette promenade étaient ouvertes à tous ceux qui en faisaient la demande au concierge. Je n'ai renvoyé aucun des anciens employés de l'établissement de Monceaux ; j'ai surtout tenu à y conserver l'ancien régisseur, afin qu'il pût contrôler mes actes d'occupant obligé.

» Trente-huit chevaux et quatorze voitures étaient employés pour mon administration ; mais ce matériel, que j'ai acquis avec l'autorisation du ministre, était nécessaire aux service de paix, d'inspection et d'ordre public.

» J'ai acheté de beaux chevaux et de belles voitures, parce que tout cela, à cette époque, se vendait à vil prix, et que l'État devait profiter d'une plus value de 200 o/o au moins.

» Je crois en cela avoir bien administré, puisque chaque

voiture attelée coûtait, tout compris, 7 fr., par jour, tandis qu'une voiture de louage coûte 15 à 20 fr., et qu'en outre j'aurais, lors de la liquidation, procuré au trésor un bénéfice de 60,000 fr. sur des achats qui se montaient à 30,000 fr. environ.

» Toutes ces acquisitions, aussi bien que les dépenses de toute nature, ont été accomplies sous le contrôle d'un inspecteur des finances, attaché aux Ateliers nationaux sur ma demande.

» Pour juger de l'utilité de ce service de chevaux et de voitures, il vous est loisible, Monsieur le Rédacteur, de demander d'ailleurs à l'ancien ministre des Travaux publics et au maire de Paris quelle est la mission d'ordre qu'ont accomplie jour et nuit, sur la voie publique, du 14 mars au 15 mai, les élèves de l'Ecole centrale, à la tête desquels je me trouvais, et de leur rappeler le souvenir des agitations de Neuilly, de Montrouge et de Belleville entre autres.

» Pardonnez-moi, Monsieur le Rédacteur, de vous avoir donné d'aussi longues explications, et permettez-moi d'espérer que vous voudrez bien les rendre publiques. J'attends cette justice de votre haute impartialité.

» Je compte d'ailleurs livrer bientôt à la publicité un Mémoire historique sur ma gestion des Ateliers nationaux, qui, j'en suis convaincu, me justifiera pleinement aux yeux de mes concitoyens.

« EMILE THOMAS. »

4.— « Monsieur le Rédacteur en chef de la *Presse*,

« Permettez-nous de venir protester, dans votre journal, contre les déclarations faites à l'Assemblée nationale par le citoyen Trélat, ministre des Travaux publics, qui, pour échapper à la vérité qui l'oppresse, se traîne et trébuche de subterfuges en subterfuges.

» Il est entièrement faux que les ouvriers aient jamais refusé le travail, ou qu'ils se soient montrés, moins qu'à présent, désireux d'en obtenir; depuis trois mois, nous n'avons cessé de solliciter pour eux des travaux et de leur en promettre; mais nous n'avons jamais pu parvenir à être écoutés.

» Le citoyen ministre s'est trouvé, pour la première fois, le 27 mai, en rapport avec les délégués des ouvriers, et ce n'était pas pour leur parler de travail, mais bien pour calmer leur trop légitime agitation, causée par la disparition de leur directeur. — Les travailleurs des Ateliers nationaux n'ont pas troublé l'ordre public, et nous ne sachions pas qu'il y ait eu des émeutes avant le 27 mai. — Enfin, quant à la question de personne, que devons-nous penser de cette nouvelle version d'un mandat d'arrêt en poche, nous, à qui le citoyen ministre a affirmé que le citoyen Emile Thomas avait reçu une mission importante et qu'il lui avait serré la main au départ, comme à un honnête homme!

« Non, Monsieur le ministre, vous ne nous vaincrez pas avec de si indignes armes, et dût la calomnie, parce qu'elle sort de votre bouche, en imposer à l'Assemblée nationale, à la France entière, nous sommes là, nous, solidaires des actes inconnus dont on paraît accuser le citoyen Emile Thomas, et, n'en doutez pas, si le besoin, qui seul peut faire capituler avec les suprêmes délicatesses de l'honneur, enchaîne la parole de plusieurs des nôtres, leur pensée, qui nous juge, vous condamne et nous absout.

» Veuillez agréer, Monsieur le Rédacteur, l'expression de nos sentiments dévoués.

» V. DELISSE et BOUCARD, » *Anciens élèves de l'Ecole centrale, ex-sous directeurs aux Ateliers nationaux.*

» RIOT et GASTELLIER, » *Anciens élèves de l'Ecole centrale.*

(Extrait de la Presse).

FIN.

Poissy. — Imp. de G. Olivier.